Leuenhagen & Paris

1. Auflage Mai 2014

Lister Meile 39, 30161 Hannover
www.Leuenhagen-Paris.de

Layout und Gestaltung:
Anna Niffka-Konarski, Neustadt a. Rbge.

Druck: CPI – Ebner & Spiegel, Ulm

ISBN: 978.3.923976.94.2

Klemens Weilandt (Hg.)

„... als ob die Hölle los sei"

Das Tagebuch des Kanoniers Heinrich Bartel 1914-1918

Marktplatz von Bausk.
RIGA

„... als ob die Hölle los sei“

Das Tagebuch des Kanoniers Heinrich Bartel 1914-1918

„Festhalten, was untergegangen ist und vergessen zu werden droht, jetzt, da die Letzten, die die alte Zeit noch gekannt haben, dahingehen.“

So beantwortete ein Rezensent vor einigen Monaten seine eigene Eingangsfrage *„Weshalb dieses Buch?“*, in dem immerhin das *„Profil einer europäischen Adelsfamilie“*, der Dohnas, nachgezeichnet wird.[1]

Die soeben zitierte Antwort drückt auch das Leitmotiv dieses Buches aus, das das Geschehen des Ersten Weltkriegs aus der Perspektive eines einfachen, sich bis zu seiner *„Mobilmachung“* im Grunde stets nur in den engen Grenzen seiner Heimatregion bewegenden Soldaten beleuchtet.

Der Tagebuchschreiber, der Kanonier Heinrich Bartel aus Wathlingen, Landkreis Celle, verstarb schon vor einigen Jahrzehnten, nämlich am 19.04.1973, aber seine Aufzeichnungen, die bis vor kurzem völlig verborgen in der Obhut seiner Tochter in der Nachbargemeinde Uetze, Region Hannover, geschlummert haben, lassen ihn dadurch, dass sie nun und damit hoffentlich für eine nicht gar zu kurze Zeit das Licht einer interessierten sowie womöglich sogar beeindruckten und dankbaren Öffentlichkeit erblicken, wieder sehr lebhaft vor unser

---

[1] Lothar Graf zu Dohna, *„Die Dohnas und ihre Häuser. Profil einer europäischen Adelsfamilie“*. Wallstein Verlag, Göttingen 2013.
Die Besprechung, auf die hier Bezug genommen wird, erfolgte durch Werner Paravicini in der Frankfurter Allgemeinen Zeitung (fortan FAZ) am 23.05.2013 auf Seite 30.

geistiges Auge treten.[2]

Es ist nun an der Zeit, die Vorgeschichte dieser Herausgabe zu skizzieren, denn sie weist in ihrer Einfachheit eben doch Details auf, die sich nicht als alltäglich und belanglos abtun lassen, vielmehr auch, was den besonderen Reiz ausmacht, Züge des Zufälligen und damit für die ertragreiche historische Forschung erwiesenermaßen Wertvollen tragen.

Ohne auch nur zu ahnen, dass ich jemals vor der Aufgabe stehen könne, das Tagebuch eines Soldaten des Ersten Weltkriegs zu edieren, hatte ich mich nach meinem Eintritt in den Ruhestand sprachkritischen Studien zugewandt. Es entstanden drei Bücher, die an dieser Stelle immerhin erwähnt werden müssen, denn sie hatten eine gar nicht zu übersehende Relevanz für diese Publikation: Der Bürgermeister meiner Heimatgemeinde Uetze, Werner Backeberg, lud zu Lesungen in das Rathaus ein , und unter den Anwesenden war auch meine Mitbürgerin Elisabeth Wrede geb. Bartel, die Tochter des Heinrich Bartel, 1932 in Wathlingen geboren und seit 1956 in Uetze wohnhaft.

Sie war auch im Dezember 2011 meine Zuhörerin und das, wie sie mir später sagte, mit einer Begeisterung, die sie ermutigt habe, mich zu bitten, in die in ihrer Obhut befindlichen „Kriegstagebücher“ ihres verstorbenen Vaters – die er selbst übrigens nie so genannt hat –, eben des Heinrich Bartel aus Wathlingen, Landkreis Celle, also nur 10km von unserem gemeinsamen Wohnort Uetze entfernt, zu schauen. Sie seien, wie sie, fast um Entschuldigung nachsuchend, hervorhob, in der Sütterlinschrift geschrieben worden, aber sie habe im Jahre 2007 alle Texte in die lateinische Schrift übertragen und vertraue mir nun beide Fassungen an. Ihr sei nicht zuletzt an einer sprachlichen Würdigung dessen gelegen, was sie von ihrem Vater geerbt habe.

---

[2] In einem Buch, das einem anderen Schwerpunkt des Ersten Weltkriegs gewidmet ist, der Seekriegsführung, wird der Anspruch angemeldet, *„eine Sicht auf die Vergangenheit zu ermöglichen, indem die Betroffenen selbst ausführlich zu Wort kommen.“* (vgl. Nicolas Wolze, *„Und wir verrosten im Hafen“*, dtv, München 2013). In unserem Falle geschieht genau das – aus der Sicht eines einzelnen Betroffenen!

An einen besonderen historischen Wert ihres Materials hat sie, das wurde mir später deutlich, nicht gedacht.

Im Januar des Jahres 2012 hielt ich die Tagebücher in meinen Händen und war - ergriffen. Fasziniert käme als Beschreibung meiner Reaktion auch in Betracht, aber ich war ergriffen im Sinne der vielfältigen Bedeutungsschattierungen dieses Wortes.

Da hatte ein einfacher Soldat den Ersten Weltkrieg vom ersten bis zum letzten Tag durchlitten und, Wunder genug, auch ohne nennenswerte Verwundungen überlebt. Und er hatte zudem seine Erfahrungen, seine Beobachtungen und seine Wertungen in, gewiss, sehr einfacher, aber bewundernswert ausdrucksstarker Sprache zu Papier gebracht, sich selbst zurücknehmend, den Blick erstaunlich oft auf erkenntnisvermittelnde Einzelheiten gerichtet.

Wohl wahr, manche Notiz scheint isoliert betrachtet banal zu sein, manche Einträge wiederholen schon von ihm selbst und natürlich von anderen Festgehaltenes. Aber für den aufmerksamen Leser liegt ein unschätzbarer Gewinn in dem Gesamtbild des Krieges, das – aus deutscher Sicht – an seinen beiden Fronten aus der Perspektive des zwangsläufig Handelnden, aber auch des Betroffenen, des Leidenden und vor allem des Mitleidenden vor Augen tritt.

Ein unschätzbarer Gewinn, fürwahr. Ich betonte gegenüber Frau Wrede, sie habe einen Schatz in ihrer Obhut, den es zu heben und zu würdigen gelte. Das könne am besten dadurch geschehen, dass dieses *„Kriegstagebuch“* ihres Vaters einer breiten Öffentlichkeit zugänglich gemacht werde, auch um seinen Intentionen Rechnung zu tragen und noch weit nach seinem Tode Wirkung zu verleihen.

Wir kamen also überein, eine Publikation in meiner Herausgeberschaft anzustreben. Das Schicksal hat es gewollt, dass Frau Wrede das nun vorliegende Ergebnis nicht hat erleben können. Sie starb 80jährig im Februar 2013. Ihre Kinder und die Nachkommen ihrer Geschwister, die noch in Wathlingen leben, haben das Vorhaben aber ohne Zögern und mit Freude zu ihrem Anliegen gemacht und auf diese Weise realisieren lassen.

Es ist bereits erwähnt worden, dass der Soldat Heinrich Bartel an den beiden Fronten des deutschen Heeres, soll heißen *„an der Westfront“* und *„an der Ostfront“* eingesetzt war. Das verleiht seinen Aufzeichnungen einen besonderen Wert, spiegeln sie doch dadurch des Deutschen Reiches fundamentales politisch-militärisches Problem wider, die Zweifrontenlage, die Auslöser verhängnisvoller und letzten Endes kriegsentscheidender strategischer sowie außen- und bündnispolitischer Fehlplanungen und -einschätzungen wurde.[3]

Ebenso ist schon angedeutet worden, dass die Literatur zum Ersten Weltkrieg schier unübersehbar geworden ist und im Erinnerungsjahr 2014 ganz erheblich vermehrt werden wird. Es sei betont, dass diese Edition an einen breiteren Leserkreis gerichtet ist, nicht auf den fachwissenschaftlichen Diskurs, jedenfalls nicht in erster Linie.

Besondere Beachtung haben über viele Jahrzehnte hinweg bis in unsere Tage hinein Bücher gefunden, die von vornherein nicht fachwissenschaftlich ausgerichtet waren, sondern ein breites Publikum ansprechen sollten. Ernst Jüngers Kriegs

---

[3] An dieser Stelle soll bereits betont werden, dass auf den fachwissenschaftlichen Rahmen dieser Publikation nur sehr begrenzt eingegangen werden wird. Die erzielten Forschungsergebnisse und die zum Teil äußerst heftig ausgetragenen Kontroversen – Kriegsschuldfrage, Militärstrategien, Bündnispolitik seien beispielhaft genannt. – sind dem Herausgeber weitgehend bekannt.
Er kann die Leserschaft nur bitten, ihm überall dort mit Vertrauen zu begegnen und zu folgen, wo er Bezüge herstellt, ohne im einzelnen mit Belegen aufzuwarten. Die wichtigste Literatur neueren Datums zum Komplex Erster Weltkrieg ist unter dem Gesichtspunkt des Überblickswissens in den bibliographischen Anmerkungen genannt und wird zudem zur Lektüre mit dem Ziel eines vertieften Verständnisses empfohlen.
Wenn der Potsdamer Militärhistoriker Gerhard P. Gross, wie in einer jüngst gedruckten Rezension von Manfred Nebelin (FAZ, 6.1.2014, S. 8) zustimmend herausgestellt wurde, im Jahre 2006 von der *„vergessenen Front im Osten“* gesprochen hat, dann darf man mit der Publikation des Tagebuchs Heinrich Bartels die Hoffnung verbinden, dass die beklagte Lücke wenn schon nicht geschlossen, so doch etwas kleiner wird, denn Bartel hat fast dreieinhalb Jahre an der Ostfront zugebracht und manche wertvolle Beobachtung überliefert.

tagebuch *„In Stahlgewittern“* und Erich Maria Remarques Roman *„Im Westen nichts Neues“* seien beispielhaft genannt.[4]

Heinrich Bartels Erlebnissen, Erkenntnissen und Wertungen einen ähnlichen Rang zuzuschreiben, wäre vermessen, ja anmaßend. Gleichwohl: Sie sind, auf ihren Kern reduziert und entsprechend gelesen, Bestätigung und Ergänzung der zur großen Literatur zählenden Werke der genannten und weiterer Schriftsteller von Weltrang – man denke zum Beispiel an Arnold Zweig oder Ernest Hemingway sowie an die außerordentlich aufschluss- und einflussreichen Gedichte des Engländers Wilfred Owen, der 25jährig im Jahre 1918 als Soldat in Flandern den Tod fand.

Auf Ernst Jüngers *„In Stahlgewittern. Aus dem Tagebuch eines Stoßtruppführers“*, ein wirkmächtiges Buch mit weltweiter Verbreitung, das bereits 1920 erschien, soll hier unter dem Aspekt der Gegenüberstellung und der Abgrenzung kurz eingegangen werden.

Wegen des relativ einfachen Zugangs zu dem Nachschlagewerk wird ausschließlich auf Kindlers vielbändiges Literaturlexikon in seiner dtv-Ausgabe von 1974 Bezug genommen. Dort heißt es auf Seite 4835 zunächst, Jüngers Publikation zeichne sich durch die *„Unmittelbarkeit und Einfachheit eines Diariums“*, also eines Tagebuchs, aus. Für Heinrich Bartels Aufzeichnungen gilt das, wie Ausführungen zu seiner Person noch bestätigen werden, in besonderem Maße.

Dann wird betont, Jünger habe sehr bald *„alle Formen des Krieges“* erlebt. Bei Heinrich Bartel war das, wenn wir *„alle“* etwas bescheidener und gewiss zutreffender durch *„viele“* ersetzen, nicht anders. Der große Unterschied wird deutlich, wenn über Jüngers Tagebuch ausgeführt wird: *„Die gesamte*

---

4 Ernst Jüngers *„In Stahlgewittern. Aus dem Tagebuch eines Stoßtruppführers“*, ist vom Verlag Klett Cotta, Stuttgart, im Jahre 2013 neu aufgelegt worden. Erich Maria Remarques Kriegsroman *„Im Westen nichts Neues“* hat im Verlag Kiepenheuer & Witsch, Köln, eine Neuauflage erfahren – also jeweils rechtzeitig zum Gedenkjahr.

Darstellung ist überaus ichbezogen, von einer bisweilen landsknechthaften Gleichgültigkeit gegenüber der moralischen Problematik des Tötens und nicht frei von Eitelkeit.... Es finden sich in dem Buch kaum Reflexionen über politische Hintergründe, über Sinn oder Berechtigung des Krieges, der als >Teil kreatürlichen Lebens< und wie eine Naturerscheinung hingenommen wird.“ Aus diesen Feststellungen leite ich als Herausgeber dieses Buches die Empfehlung an die Leserschaft ab, Bartels Tagebuch immer auch vor dem Hintergrund der soeben zitierten Passage über Jüngers Werk zu lesen.

Tagebücher, eben nicht nur die Ernst Jüngers, sind, häufig wie in unserem Falle ergänzt um Erinnerungen, in größerer Zahl geführt und veröffentlicht worden. Insofern wird mit dieser Publikation einer Düne lediglich ein Sandkörnchen hinzugefügt. Allerdings: Von Belang ist tatsächlich die Person des Tagebuchschreibers, genauer die Perspektive, aus der das Kriegsgeschehen erlebt, erfasst und bewertet wird.

Es geht um das Geschehen eines Krieges, der nicht nur in den Rang eines, des Ersten Weltkrieges gehoben worden ist, sondern von der Fachwissenschaft als *„Urkatastrophe des 20. Jahrhunderts“* begriffen wird.[5]

---

[5] Der fachwissenschaftlich längst etablierte Begriff *„Ur-Katastrophe“* ist auf eine etwas ungewöhnliche Weise in die Terminologie der deutschen Geschichtswissenschaft geraten. Er ist ursprünglich dem Versuch zu verdanken, die These des amerikanischen Historikers George F. Kennan, der Erste Weltkrieg sei *„the great seminal catastrophy of this Century“* gewesen, in angemessenes Deutsch zu übertragen: In der deutschen Ausgabe von 1981 eines seiner Werke wurde daraus *„die Urkatastrophe der Gegenwart“*. Es sei angemerkt, dass *„seminal“*, isoliert betrachtet, mit *„den Keim legend“* oder *„den Samen darstellend“* wiederzugeben wäre. Vgl. dazu Andreas Hillgruber, *„Der Historische Ort des Ersten Weltkriegs: Eine Urkatastrophe“*, in: Gregor Schöllgen (Hrsg.), *„Flucht in den Krieg? Die Außenpolitik des kaiserlichen Deutschland“*. Wissenschaftliche Buchgesellschaft, Darmstadt 1991, Seite 230ff.
Auch der Begriff *Erster Weltkrieg* wurde, allerdings bereits 1921, von einem Amerikaner geprägt. Er hat sich dann durchgesetzt. Im englischsprachigen Raum ist gleichwohl lange Zeit, sogar bis in unsere Tage hinein, *„The Great War“*, also *Der Große Krieg*, die gängige Bezeichnung gewesen.

Einer der Hauptakteure in der unmittelbaren Vorkriegszeit und zu Beginn des Ersten Weltkrieges, der britische Außenminister Sir Edward Grey, muss diese *„Urkatastrophe“* bereits vor Augen gehabt haben, als er nach dem Einmarsch der deutschen Truppen in Belgien und der darauf folgenden Kriegserklärung Großbritanniens an das Deutsche Reich formulierte: *„Die Lampen gehen in ganz Europa aus, wir werden sie in unserem Leben nie wieder leuchten sehen.“* Gelegentlich taucht in den deutschen Übersetzungen seines Satzes für *„Lampen“* auch *„Lichter“* auf.[6]

Zur Außenpolitik der europäischen Mächte am Vorabend des Ersten Weltkrieges und zur Kriegsschuldfrage hat der australisch-britische, an der Universität Cambridge lehrende Historiker Christopher Clark mit seinem Werk *„Die Schlafwandler. Wie Europa in den Ersten Weltkrieg zog“*[7] neue Maßstäbe für die Bewertung gesetzt und die bis dahin über Jahrzehnte hinweg die wissenschaftliche Kontroverse dominierenden Bücher von Barbara Tuchman (*„August 1914“*, nunmehr aktuell als Fischer Taschenbuch erhältlich) und Fritz Fischer (*„Griff nach der Weltmacht“*, zuerst erschienen 1961) in ihren Kernpositionen – die sogenannten Mittelmächte, in Sonderheit das Deutsche Reich seien die Hauptverantwortlichen für den Ausbruch des Krieges gewesen – mindestens relativiert, wenn nicht erschüttert.
Clarks zentrale These lautet, *„die Zusammenhänge dieses (den Krieg auslösenden) Konflikts waren so komplex und seltsam, dass die Soldaten und Zivilisten in allen kriegführenden Staaten überzeugt sein durften, dass sie einen Verteidigungskrieg führten, dass ihre jeweiligen Länder von einem entschlossenen Gegner entweder angegriffen oder provoziert worden waren, ja, dass sich ihre Regierungen nach Kräften bemüht hatten, den Frieden zu bewahren.“* In Europa habe es am Vorabend des

---

6 Diese vielzitierte Passage aus einer Rede wird hier ohne speziellen Quellennachweis verwendet.

7 Christopher Clark, *„Die Schlafwandler. Wie Europa in den Ersten Weltkrieg zog“*. Aus dem Englischen von Norbert Juraschitz. Deutsche Verlags-Anstalt, München 2013.
Dazu liegt eine sehr wertvolle Besprechung von Rainer Blasius in FAZ, 14.10.2013, S. 8 vor.

Ersten Weltkriegs nirgendwo eine *„Begeisterung für den Krieg an sich“* gegeben.
Clark ruft damit die spätere These des britischen Premierministers David Lloyd George in Erinnerung, niemand habe den Krieg wirklich gewollt, alle seien sie in ihn *„hineingeschlittert“*.[8]

Sich diese heftig umstrittene These wieder zu vergegenwärtigen, wird den Leserinnen und Lesern helfen zu begreifen, warum ihnen der Soldat Heinrich Bartel in seinen Aufzeichnungen so begegnet, als sei er völlig emotionsfrei und überhaupt nicht reflektierend, worin denn der Sinn dessen liegen könne, was ihn erwarte, *„an die Front“* gezogen.
Dass er einer „gerechten Sache“ diene, davon wird er wie fast alle seiner Kameraden zutiefst überzeugt gewesen sein.
Einen langen Krieg mit all den grauenhaften Zügen, die dem Ersten Weltkrieg dann sein schreckliches Gesicht gaben, hatte sich ohnehin kaum jemand so richtig vorstellen wollen.[9]
Bartel hat aber, das vermitteln seine Tagebucheintragungen unzweideutig, anders als sehr viele Angehörige des Bildungsbürgertums und der ökonomischen, militärischen, künstle-

---

[8] Der deutsche Historiker Sönke Neitzel betont in seinem Werk *„Weltkrieg und Revolution 1914-1918/19“* (zunächst be-bra Verlag, Berlin-Brandenburg 2008, hier korrigierter Nachdruck Bonn 2011, Lizenzausgabe der Bundeszentrale für politische Bildung) auf Seite 23: *„Der Automatismus von Aktion und Reaktion war jetzt nicht mehr aufzuhalten“*. Alle maßgeblichen europäischen Politiker, der deutsche Reichskanzler Bethmann Hollweg nicht zuletzt, seien bereit gewesen, sich einer *„unausweichlich erscheinenden militärischen Konfrontation zu stellen“* (ebenda, S. 19).

Dass es in mehr als nur Nuancen von Clarks Thesen abweichende Positionen sehr seriöser Historiker gibt, sei am Beispiel des Leiters der Abteilung Forschung des Zentrums für Militärgeschichte und Sozialwissenschaften der Bundeswehr in Potsdam, Professor Dr. Michael Epkenhans, angezeigt, der in einem Interview (Wochenzeitung *Das Parlament*, Nr. 1-3, Januar 2014, S. 9 – die gesamte Ausgabe ist dem Ersten Weltkrieg gewidmet) betonte, im Jahre 1914 seien es in erster Linie Wien und Berlin gewesen, die *„die Weichen auf Krieg gestellt“* hätten.

[9] Epkenhans sagt dazu verallgemeinernd in dem Interview: *„Vor 100 Jahren glaubte man dagegen noch an die Führbarkeit von Kriegen und daran, ihn wie im 18. Und 19. Jahrhundert zu beenden“*.
Das Tagebuch Heinrich Bartels sollte auch unter Beachtung dieses Aspekts gelesen werden.
Im übrigen: Viele waren davon überzeugt, das Weihnachtsfest werde man mit den Soldaten wie gewohnt daheim feiern.

rischen und intellektuellen(!) Eliten, zu keiner Sekunde den Krieg, zunächst abstrakt gefasst, als den Ort einer *„Feuertaufe"* begriffen , in der es gelte, sich zu bewähren, sich als *„Held"* zu erweisen.[10]

Er war meilenweit von den Idealen der Jugendbewegung, die am Vorabend des Ersten Weltkriegs in der Freideutschen Jugend einen Kristallisationsherd hatte, und den Sehnsüchten der *„Wandervogel"*- Welt entfernt, zumal ihm ohnehin jeder Zugang zu diesen Zirkeln auf Grund schichtenspezifischer Grenzen versperrt war. Es kam hinzu, dass er bei Ausbruch des Krieges bereits 29 Jahre alt, verheiratet und Vater zweier Söhne war. *„Für Volk und Vaterland"* sein Leben einzusetzen, das mag noch Bestandteil seiner Antwort auf die Sinnfrage gewesen sein.

Als sehr überzeugter lutherischer Christ wird er in dieser Grundhaltung durch Thesen wie die des Hofpredigers Ernst v. Drysander im Berliner Dom am 04. August 1914 vor Beginn der Reichstagssitzung gestärkt worden sein, der hochpatriotisch behauptete, dem Deutschen Volk sei *„in geradezu frevelhaftem Übermut ... ein Krieg aufgezwungen"* worden.[11]

---

[10] Selbst noch am 2.10.1918 sprach Major i. G. von dem Bussche, als er vor den Parteiführern im Reichstag im Namen der Obersten Heeresleitung (OHL) zur militärischen Lage vortrug, die bemerkenswerten, in vielfacher Hinsicht entlarvenden Sätze: *„Der alte Heldensinn ist nicht verloren gegangen. Die feindliche Übermacht hat die Truppe nicht erschreckt. Offizier und Mann wetteifern miteinander"*. (vgl. Geschichte in Quellen Band V, Bayerischer Schulbuch-Verlag, 1961, S. 103).
Das war wenige Tage nach der dringenden Bitte der OHL an die Reichsleitung, sofort ein Friedensangebot herauszugeben, nicht nur eine Aussage wider besseres Wissen, es war eine perfide Lüge. Aber der *„Heldensinn"* musste natürlich beschworen werden!
Die Lektüre des Tagebuchs Heinrich Bartels wird uns lehren, wie es darum im Angesicht der grauenvollen Wirklichkeit tatsächlich stand.

[11] Vgl. dazu Heinrich August Winkler, *Deutsche Geschichte vom Ende des Alten Reiches bis zum Untergang der Weimarer Republik,* Bundeszentrale für politische Bildung,, Bonn 2000, S. 336f.
Winkler zitiert weitere Stimmen ähnlichen Tenors aus den Kirchen, u.a. den katholischen Bischof von Speyer, Michael v. Faulhaber, der immerhin einigermaßen realitätsnah-nüchtern von einem *„Opfergang auf die Gefilde des Todes"* sprach, um dann allerdings zeitgeistverhaftet hinzuzufügen, es gelte, *„für den notwendigen heiligen Kampf der Völker"* bereitzustehen.

Aber *„im Namen der Ehre"*, wie eine gängige Formel im nationalkonservativ gesinnten Bürgertum lautete, zu kämpfen und zu sterben, einem idealisierten Soldatendasein verpflichtet, das wird wohl außerhalb der Vorstellungswelt Heinrich Bartels gelegen haben. Seine Tagebuchnotizen bieten jedenfalls keinen Anhaltspunkt für eine derartige Gesinnung.
Dass es gerade die *„Wandervogel"*-Generation war, die in den Schützengräben Flanderns desillusioniert und dezimiert wurde, ist eine besonders bittere Ironie der Geschichte.
Von einer wie auch immer gearteten *„Faszination des Krieges"* kann bei Heinrich Bartel keine Rede sein. Er war, erneut sei es betont, auf Grund seiner Herkunft aus sehr einfachen Verhältnissen, völlig frei von der Vorstellung, der Krieg vermöge als *„Stahlbad"* zu dienen, wo die Initiationsriten und -rituale ihren Höhepunkt feierten und den Heranwachsenden endgültig zum Manne erhöben.[12]
Heinrich Bartel war längst zum Manne geworden!

Schon der Anfang seines Tagebuchs lässt uns sicher sein, dass er, auch wenn nicht *„mobilgemacht"*, auf Grund seiner Schichtzugehörigkeit und als auf dem sehr flachen Lande Lebender kaum von den *„Augusterlebnissen"*, die die Heimat erfasst hatten, mitgerissen worden wäre. Das ist der in der Geschichtswissenschaft inzwischen etablierte Ausdruck, mit dem insbesondere die zunächst nicht enden wollenden Freudengesänge, Siegesfeiern und patriotischen Kundgebungen der erwähnten Eliten in den großen Städten auf den Begriff gebracht worden sind.[13]

---

[12] Mit den im vorstehenden Absatz kursiv gedruckten Begriffen arbeitet Nina Verheyen in einer sehr lesenswerten Rezension (FAZ, 30.11.2013, S. L14) des Buches *„Eine Familie im Krieg. Leben, Sterben und Schreiben 1914 bis 1918"* (Wallstein Verlag, Göttingen 2013) von Dorothee Wierling, in dem der Krieg als Initiationsort eine große Rolle spielt.
Bartel wird, anders als die Familie, um die es in dem Buch geht, ganz und gar nicht unehrenhaft, weder den Begriff *„Initiation"* gekannt noch mit damit in Verbindung stehenden hochfliegenden Erwartungen in den Krieg gezogen sein.

[13] Vgl. dazu besonders Sönke Neitzel, a.a.O., vornehmlich S. 28ff.
Zum Verhalten und zum Selbstverständnis der Intellektuellen schreibt er in beeindruckender Dichte: *„Die Aufregung erfasste auch die Intellektuellen, die sich in großer Zahl freiwillig an die Front meldeten und eine wahre Flut von literarischen*

Ein sehr aufschluss- und lehrreiches Beispiel für die Kriegseuphorie, das *„patriotische Hochgefühl“*, eines großen Teils der künstlerischen Elite präsentierte die FAZ in ihrer Artikelserie zum Ersten Weltkrieg[14] mit einer Lithographie Max Liebermanns, die den Auftakt zu einer Folge von 27 weiteren Abdrucken bildete, die als *„Künstlerflugblätter“* firmierten und den Krieg als eine Art aufrüttelndes Geschenk begrüßten. Ein seinerzeit im hohen Ansehen stehender Kunsthistoriker wird mit folgendem Satz zitiert: *„Keine gemächliche Hingabe mehr! Aus Feuerschlünden, aus Not und Blut, aus Liebe und heiligem Hass wird uns Erlebnis. Wehe dem Künstler, der Heute nicht erlebt!“*. Im März 1916 war diese Euphorie, genau wie die anfänglichen Jubelgesänge vieler, verflogen, die *„Künstlerflugblätter“* wurden eingestellt. Auch die Künstler waren desillusioniert worden.
Erneut sei es betont: Heinrich Bartel hatte den Lernprozess nicht nötig. Er brauchte den Hurrapatriotismus nicht abzulegen, denn er hatte nie an ihm teilgehabt, war von ihm nie infiziert und mitgerissen worden, wie seine Tagebucheinträge unzweideutig offenlegen werden.[15]

Reflexionen produzierten. Kein Krieg zuvor und wohl auch keiner danach – so hat Michael Salewski zu Recht festgehalten – ist derart durch die Mühle der Denker und Dichter gedreht worden wie dieser“ (S. 30).
Zusammenfassend führt Neitzel aus: *„Indes ist unzweifelhaft, dass sich die patriotische Aufregung zumindest in den Städten vom Bürgertum auf weite Teile der Bevölkerung übertrug und man gerade im August einer bemerkenswert großen Zustimmung zum Krieg begegnete.“*
Neitzels Buch wird zum Zwecke des Erwerbs eines fundierten Wissens über den Ersten Weltkrieg besonders zur Lektüre empfohlen.

[14] FAZ, 8.1.2014, S. 30. Der Artikel stammt aus der Feder von Irina Renz und trägt den treffsicheren und bedeutungsschweren, weil gewiss auch doppelsinnigen Titel *„Der Krieg als Bescherung“*.

[15] Dass die künstlerischen und viele andere Eliten, wie große Teile der Bevölkerung überhaupt, in dieser Hochphase der Euphorie glaubten, mit dem Krieg eine Art Strafexpedition von kürzester Dauer durchzuführen, belegt das Zitat, das Liebermann, ganz kaiserlicher Untertan, seiner Lithographie beigab: *„Jetzt wolln wir sie dreschen!“*. So hatte der Kaiser getönt, völlig blind für das, was kommen sollte. Verdreschen wollte man den Gegner, mal eben so, und dann natürlich den Sieg, was denn sonst, gebührend feiern.

Zu den bis dahin bekannten Formen des Krieges gesellte sich im Ersten Weltkrieg das diesen wie nichts sonst prägende Phänomen des Stellungskriegs mit den Schützengräben und den Materialschlachten als dem sichtbarsten Ausdruck. Dazu führt Sönke Neitzel aus: *„Das Besondere am Ersten Weltkrieg war vielmehr seine >technische< Dimension... Mit ungeahnter Wucht prallten hochgerüstete Industrienationen aufeinander. Der Krieg wurde industrialisiert, der Kampf Mann gegen Mann vom Kampf Mann gegen Technik abgelöst. Die Materialschlachten an der Westfront, in denen Hunderttausende Soldaten im gegnerischen Artillerie- und Maschinengewehrfeuer ihr Leben verloren, avancierten zum grausamen Sinnbild dieses Krieges. Zudem brachte die Technisierung des Kampfes neue Waffen mit tödlicher Wirkung hervor: das Giftgas, den Panzer, das U-Boot und das Flugzeug.“*[16]

[16] Neitzel a.a.O., S. 9.
Mir scheint an dieser Stelle der Hinweis notwendig zu sein, dass das *„Maschinengewehrfeuer“* erst im Verlaufe des Krieges dominant wurde. Bartels Tagebuch vermittelt das, wenngleich nur indirekt, sehr aufschlussreich.

Heinrich Bartel diente in einer Artillerieeinheit und war somit in den meisten Fällen ein gutes Stück hinter den Infanteristen eingesetzt, die in den Schützengräben, den Trenches, wie die Engländer sagen, den Sturmangriffen, den Trommelfeuern sowie den unvorstellbaren Entbehrungen und den psychischen Dauerbelastungen ausgesetzt waren. Dennoch spiegeln seine Tagebuchnotizen, zuweilen sogar bedrückend intensiv, das Schützengrabendasein wider. Auch insoweit ist das, was er erlebt und beobachtet und dann festgehalten hat, ein Beitrag zu der Alltagsgeschichte ganz und gar neuartiger Formen der Kriegführung. In einem in diesem Zusammenhang besonders wertvollen und zur Lektüre sehr empfohlenen Aufsatz von Wolfgang Krischke, der in der FAZ vom 13. November 2013 erschien, ist von einer *„auf Dauer gestellten Ausnahmesituation eines mörderischen Stellungskriegs“* die Rede, *„die geprägt war durch das Bewusstsein, einer ungeheuren Tötungsmaschinerie ausgeliefert zu sein“*.[17]

Das Sinnlose, Widersinnige, Absurde des Vegetierens und des Tötens, natürlich auch und vor allem des Getötetwerdens in den und von den Schützengräben aus konnte nicht treffsicherer und überzeugender zum Ausdruck gebracht werden als durch das Zitat, das dem Aufsatz Krischkes als Überschrift dienen durfte: *„Wir sind hier, weil wir hier sind“*. Krischke befasst sich mit den *„Schützengräben-Zeitungen als Quelle für die Geschichte des Ersten Weltkriegs“*. Sie seien an allen Fronten und „auf der Seite der Mittelmächte wie der Alliierten“ mit jeweils mehreren Hundert Titeln, meist handgeschrieben oder hektografiert, in Umlauf gebracht worden. *„Erst in den vergangenen Jahren“ seien sie „als wertvolle soldatische Alltagskultur an allen Frontabschnitten“* entdeckt worden. Es heißt dann, sie lieferten *„authentische Stimmungsbilder“*.

Wenn das so ist, und warum sollte man daran zweifeln, dann verstärkt das die Hoffnung, dass mit der Publikation der Tagebuchnotizen und Erinnerungen des Kanoniers Heinrich Bartel ein weiterer, wenngleich möglichst nicht zu überschätzender, aber doch wertvoller Beitrag zu der *„soldatischen Alltagskultur*

[17] Wolfgang Krischke, *Wir sind hier, weil wir hier sind.* In: FAZ, 13.11.2013, Sonderseite Geisteswissenschaften, S. N3. Auf diesen Aufsatz wird in Anmerkungen zum Tagebuch noch zurückgegriffen werden.

an allen Frontabschnitten“ geleistet werden kann, zumal Bartel tatsächlich an vielen wichtigen Frontabschnitten eingesetzt war und *„authentische Stimmungsbilder“* zu liefern vermag.

Den besonderen Reiz der Aufzeichnungen Heinrich Bartels und ihren Wert erschließen wir uns also, wenn wir bedenken, dass historisches Geschehen von epochaler Bedeutung im Sinne der zwar nicht unumstrittenen, aber in ihrem Erkenntniswert längst bestätigten *„Geschichte von unten“* vor unsere Augen tritt, *als „Geschichte des kleinen Mannes“:*
Die Frage, weshalb Heinrich Bartel überhaupt Tagebuch geführt hat, liegt nahe, sie drängt sich geradezu auf. Ob er von vornherein nur *„für meine Familie“* und mit welcher Zielsetzung er Erlebtes und Beobachtetes festhielt, wird letzten Endes nicht geklärt werden können. Gewiss ist, dass er nicht den Ehrgeiz gehabt hat, einer für ihn abstrakten Nachwelt ein historisches Zeugnis zu hinterlassen. Dass es gleichwohl dazu gekommen ist, darf man als eine besondere Pointe ansehen. Wie die zahlreichen Editionen von Briefen und Briefwechseln zählen die Tagebücher zu den *„Ego-Dokumenten“*, auf die die Forschung immer stärker als wertvolle Primärquellen rekurriert.

Wer war dieser „kleine Mann“?[18]

[18] Zu der Metapher gesellt sich hier der ganz konkrete Bezug zur Person: Heinrich Bartel war 1.68m *„klein“*!

Heinrich Bartels Leben erschließt sich auch dem Außenstehenden bis in Einzelheiten hinein aufgrund der Tatsache, dass er am 01.06.1972, an dem Tage, als er 87 Jahre alt wurde, *„für meine lieben Kinder“* seinen Lebenslauf und *„Erinnerungen aus meinem Leben“* niederschrieb. Darauf fußen die folgenden Ausführungen.[19]

Er wurde am 01.06.1885 *„in Wathlingen im Klüberschen Hause in der Schneiderstraße“* geboren. Sein Vater stammte von einem Bauernhof in Schlesien. Heinrich Bartel hielt fest: *„Mein Vater hat sich nach Ende des Krieges 1870-71 hier in Wathlingen seßhaft gemacht“*. Über seine Mutter schrieb er: *„Meine Mutter stammt aus Scheuen-Vorwerk hinter Celle ... (und) kam dann früh hier nach Wathlingen in Stellung bei Biepon-Kesselhut, wo sich Vater und Mutter kennenlernten und geheiratet haben“*. Über seine Eltern führte er aus: *„Unser Vater und Mutter sind uns Kindern dann ganz liebe, treue Eltern geworden. Aufopfernd für uns, für uns alle, bis ins hohe Alter. Sie waren strebsam, treu, ehrlich und wahr. Sie sind uns Kindern rechte Vorbilder geworden. Dafür möchte ich ihnen sowie unserem treuen Gott noch von ganzem Herzen danken“*.

Diese Sätze sind nur auf den ersten Blick als lediglich familiär-pathetisch einzustufen. Vielmehr vermitteln sie einen wertvollen Eindruck des persönlichen Hintergrunds, der für das Verständnis der Aufzeichnungen Heinrich Bartels außerordentlich wichtig ist.

Heinrich Bartel hatte drei Brüder und eine Schwester. Zwei seiner Brüder sind im Ersten Weltkrieg *„in Frankreich gefallen“*, *„liebe, treue Jungen“*. Darauf wird in den Tagebüchern Bezug genommen.

[19] Als echte Randbemerkung sei erwähnt, dass diese *„Erinnerungen aus meinem Leben“* nicht mehr in der Sütterlinschrift, sondern nunmehr in lateinischer Schrift verfasst wurden.

Familie Bartel; Heinrich Bartel ist stehend der 2. von links.

Kindheit und Jugend waren entbehrungsreich, zeittypisch-unauffällig, gleichwohl ist es für das Einordnen der einen oder der anderen Eintragung des Tagebuchs von Belang, das zu erwähnen. Die folgenden Sätze sind wohl besonders geeignet, ein eindrucksvolles Bild zu vermitteln: *„Dann haben sie sich Geld geliehen von Mutters zwei Brüdern und haben den Bauplatz gekauft und sofort angefangen zu bauen. Im Herbst 1893 konnten wir dann in unser neues Haus einziehen. In aller Bescheidenheit ging es dann langsam vorwärts. Erst zwei Ziegen und Schweine, dann ein Kalb, das eine gute Milchkuh wurde. Die Verdienstmöglichkeiten waren schlecht, so haben sie dann mehr Landwirtschaft betrieben. Sie hatten zwei schöne Ziehkühe, womit sie alles selber fahren konnten. Vater hat dann nebenbei Holzpantoffel gemacht. So sind wir alle gut zurechtgekommen"*.[20]

---

[20] In Heinrich Bartels Geburtsurkunde wird sein Vater als *„Abbauer"* geführt. Es ist ein ab dem ersten Drittel des 19. Jahrhunderts verwendeter Begriff für Neusiedler, die in die Dorfgemeinschaft aufgenommen werden und zwar ein eigenes Haus, aber keine eigenen Ackerflächen besitzen. Sie stehen am unteren Ende der dörflichen Sozialstruktur und gehen häufig neben der Landwirtschaft einem weiteren Gelderwerb nach.

Man wird von einem außergewöhnlich prägenden Elternhaus sprechen dürfen. Arbeit und Mühsal waren Heinrich Bartel und seinen Geschwistern von Kindheit an vertraut. Er schreibt dazu: *„Wir großen Jungen mussten dann schon früh zum Bauern und Vieh hüten. Es gab damals noch keine Weidezäune... Als ich zehn Jahre alt war, ging ich nach Nienhagen*[21] *zu Heuers zum Viehhüten usw. Dann auch noch zwei Sommer zu Kesselhuts,* (mein Bruder) *August wurde kleiner Knecht.“*

Dennoch fasst er zusammen: *„Das war eine schöne Zeit für uns Jungen. Wir verdienten etwas Geld und waren gut zufrieden.“*

Man könnte fast meinen, dass die achtjährige Volksschule in Wathlingen, die er besuchte, eher so nebenbei absolviert wurde. Aber man täusche sich nicht, seine Schulbildung war offenbar sehr solide. Sein Tagebuch weist ihn bei allen Einschränkungen, die man aus heutiger Sicht geneigt ist vorzunehmen, als ausdrucksstark und wortgewandt, als im umfassenden Sinne lebenstüchtig aus.

Unmittelbar nach seiner Konfirmation und der fast zeitgleich erfolgenden Entlassung aus der Schule 1899 – Heinrich Bartel wurde erst am 01. Juni des Jahres vierzehn Jahre alt! – begann sein Arbeitsleben. Dazu erfahren wir bündig: *„Dann* (bin ich) *drei Sommer nach der Ziegelei in Schepelse*[22] *gegangen mit Willy Kesselhut zusammen. Die Arbeitszeit war von morgens 6 Uhr bis abends 7½ Uhr. Wir gingen am Montagmorgen um 5 Uhr zu Fuß weg und kamen am Sonnabend abends um 9 zurück. Räder gab es noch nicht. Geschlafen haben wir dort. Es gab die ganze Woche kein warmes Essen, nur Kaffee. Der Lohn war im ersten Jahr 2 Mark pro Tag, im zweiten 2.40 Mark, im dritten Jahr 2.80 Mark.“*

Genügsamkeit, Verzicht, Entbehrung waren Vokabeln, die Heinrich Bartel nicht aus dem Wörterbuch kannte, sondern

---

[21] Etwa 5km entfernt, zwischen Wathlingen und Celle gelegen.

[22] Schepelse ist heute Ortsteil der Gemeinde Eicklingen und liegt von Wathlingen etwa 5km entfernt. Die wenig später erwähnten Ortschaften sind Nachbarorte Wathlingens, alle im Landkreis Celle.

als ständige Wegbegleiter seines Alltags. Manche seiner Tagebuchnotizen wird man nur vor dem Hintergrund dieser Jugend situations- und intentionsgerecht verstehen können.

Er fährt fort: *„Im Winter habe ich mit meinem Vater Holzpantoffel gemacht und sie dann auch weggebracht und wieder neue Bestellungen mitgebracht. Vor allem altes Leder (Stiefelschäfte). Nach Klein und Groß Eicklingen, Bockelskamp und Flackenhorst gingen die meisten. Wir hatten einen großen weißen Beutel für 10 Paar und mehr. Den Beutel* (nahmen wir) *mit einem Handstock über die Schulter und dann alles zu Fuß.“* [23].

Das ist ungewöhnlich viel mehr als ein interessantes Stimmungsbild der Zeit und seiner Jugend. Um es, nur anders formuliert, zu wiederholen: Das Verständnis dessen, was Heinrich Bartels Tagebucheinträge für uns 100 Jahre später erst im vollen Umfange aussagekräftig macht, wäre ohne Kenntnis des soeben über die Zitate Erfahrenen mindestens erschwert, wenn nicht gar nur bruchstückhaft.

Dann verdingte er sich *„als Pferdeknecht“* [24], war auf einem Bauernhof tätig und arbeitete 1 Jahr lang *„auf dem Kaliwerk“*, das seinerzeit errichtet wurde und der Gemeinde Wathlingen über viele Jahrzehnte hinweg zu einem wichtigen Wirtschaftsfaktor wurde: *„Ich war bei dem Abteufen des Schachts dabei, auch in der Schicht als das Wasser kam. Wir mussten ganz eilig mit der Hängebühne hoch, als wir oben waren, war das Wasser auch bis oben. Ich höre immer noch das Rauschen“*. Dieses lebensbedrohende Ereignis wird ihm an den Fronten des Krieges wieder lebhaft vor Augen gestanden haben.

---

[23] Diese lakonische Ausdrucksweise lässt ahnen, was Kindheit und Jugend einfacher Menschen, heute würde man wohl hochtrabend von *„Unterprivilegierten“* sprechen, zur Zeit des Wilhelminischen Reiches kennzeichnete, für das ihr Leben einzusetzen Leute wie Heinrich Bartel nachgerade selbstverständlich gehalten waren.

[24] Das erklärt wohl auch den Eintrag im Militärpass von 1907, wo als *„Stand oder Gewerbe“* die seinerzeit keineswegs seltene und gleich gar nicht unehrenhafte Bezeichnung *„Pferdeknecht“* auffallen mag.

Später war Heinrich Bartel in den nahegelegenen Orten Steinförde, das zu Wietze (Landkreis Celle) gehört, und Hänigsen, heute Ortschaft der Gemeinde Uetze, *„beim Teufen"* [25], um dann auf dem Wathlinger *„Sägewerk Timme"* sein ganzes Berufsleben, *„bis zu meinem 67ten Jahr"*, zu arbeiten, allerdings unterbrochen durch den Militärdienst und den Kriegsdienst. Auf einer Seite des Soldbuches, das offensichtlich während des Krieges aktualisiert wurde, findet man deshalb auch die Eintragung *„Sägerei- und Lagermeister* als Ersatz für das durchgestrichene *„Knecht"*.[26] Er hatte sich also zu Beginn des Krieges in relativ jungen Jahren bereits in eine, wie man heute sagen würde, Funktionsstelle hochgearbeitet.

Heinrich Bartel leistete seinen Militärdienst, den wir inzwischen Wehrdienst nennen, ab 10.10.1907 zunächst *„bei der Fußartillerie in Straßburg im Elsaß"* [27]. Dazu hält er fest: *„Da habe ich viel gesehen und gelernt. Bin im Schwarzwald gewesen und in den Vogesen, auch mehrere Male zu Fuß und mit der Bahn am Rhein entlang von Straßburg bis Köln zu Schießübungen."* Von dort wurde er ausweislich seines Militärpasses[28] am 05.12.1908 zur 2. Kompanie des 5. Großhessischen

[25] Für die mit der Umgebung Wathlingens nicht so Vertrauten sei angemerkt, dass Wietze und Hänigsen seit dem 19. Jahrhundert bis in die jüngere Vergangenheit hinein, wie Wathlingen und das bereits genannte Nienhagen, bedeutende Orte des Bergbaus waren, beide mit Erdölfeldern und je einem Kalischacht *„gesegnet"*.

[26] Dieses Soldbuch enthält auch die Eintragung *„verheiratet seit 1.6.11 mit Marie Filter"* sowie die von 2 (zu Beginn des Krieges) auf 3 korrigierte Kinderzahl; also erfolgte die Korrektur nach der Geburt des dritten Kindes im Juni 1916, die im Tagebuch, wenngleich nur beiläufig, erwähnt wird.

[27] Grundsätzlich bestand die Artillerie aus der Feldartillerie und der Fußartillerie. Wegen der Kaliber der Kanonen, die sie mitführte – Feldkanone 96 (Kal. z.B. 7,7cm) und leichte Feldhaubitze 98 (leFH Kal 10,5cm) -wurde die Feldartillerie auch leichte Artillerie genannt, während die Fußartillerie wegen der schweren Feldhaubitze 02 (sFH Kal 15cm) und des Mörsers (Kal 21cm) schwere Artillerie genannt wurde. Eine Untergliederung war die Reitende Artillerie in z.B. einem Feldartillerieregiment als Reitende Batterie oder Reitende Abteilung. Bartel gehörte also zu einer Einheit der schweren Artillerie; das erklärt die zahlreichen die Leistungskraft der Soldaten überstrapazierenden Märsche hinter den von Pferden gezogenen Geschützen her, die er wiederholt schildert.

[28] Heinrich Bartels Militärpass gehört wie sein Soldbuch zu den hinterlassenen Dokumenten seiner Militärzeit.

Infanterieregiments Nr. 168 nach Butzbach versetzt, ohne dort wirklich länger Dienst zu tun, denn in einem Vermerk steht unter *„Besondere militärische Ausbildung“: „Ausgebildet mit dem Gewehr 91 als Bedienungsmann und Pferdepfleger“.* Seine Vergangenheit als Pferdeknecht holte ihn auf besondere Weise wieder ein. Sodann heißt es: *„War während seiner Zugehörigkeit zum Infanterieregiment Nr. 168 als Bursche zu Hauptmann Schuke A.P.K.*[29] *in Berlin kommandiert und ist daher im Infanteriedienst nicht ausgebildet.“*[30]

Die Zeit als Bursche eines Hauptmanns hat bei ihm bleibende Eindrücke und Erinnerungen hinterlassen. Er schildert sie sehr nachdrücklich: *„Der Hauptmann war nicht verheiratet, und so musste ich alles für ihn machen. Morgens Brötchen und Butter holen, den Kaffee kochen und servieren. Dann die ganze Wohnung saubermachen und in Ordnung halten (5 Zimmer), Mädchen für alles sein. Dazu noch das Reitpferd versorgen. Jeden Morgen ritt der Hauptmann eine Stunde aus, und ich musste ihm das Pferd vors Haus bringen und wieder abnehmen.“*

Die Rangunterschiede, die vor allem das Innenleben des deutschen Heeres bestimmten, wie uns das Tagebuch zu vermitteln vermag, die aber auch für die Wahrnehmung von außen von größter Bedeutung waren, lassen sich eindrucksvoller als in dieser scheinbar belanglosen Reminiszenz kaum vor das staunende Auge eines Lesers zu Beginn des 21. Jahrhunderts, mit dem alles in allem sehr geringen Abstand von 100 Jahren, stellen. Man ist mehr als geneigt, sich an Zuckmayers *„Hauptmann von Köpenick“* zu erinnern.

---

[29] Die Abkürzung steht für Artillerieprüfungskommission.

[30] Diese Tatsache mag ihm sehr zum Vorteil gereicht haben, blieb ihm doch, anders als den Infanteristen, das schreckliche, häufig grauenvolle Schützengrabendasein an vorderster Front erspart.

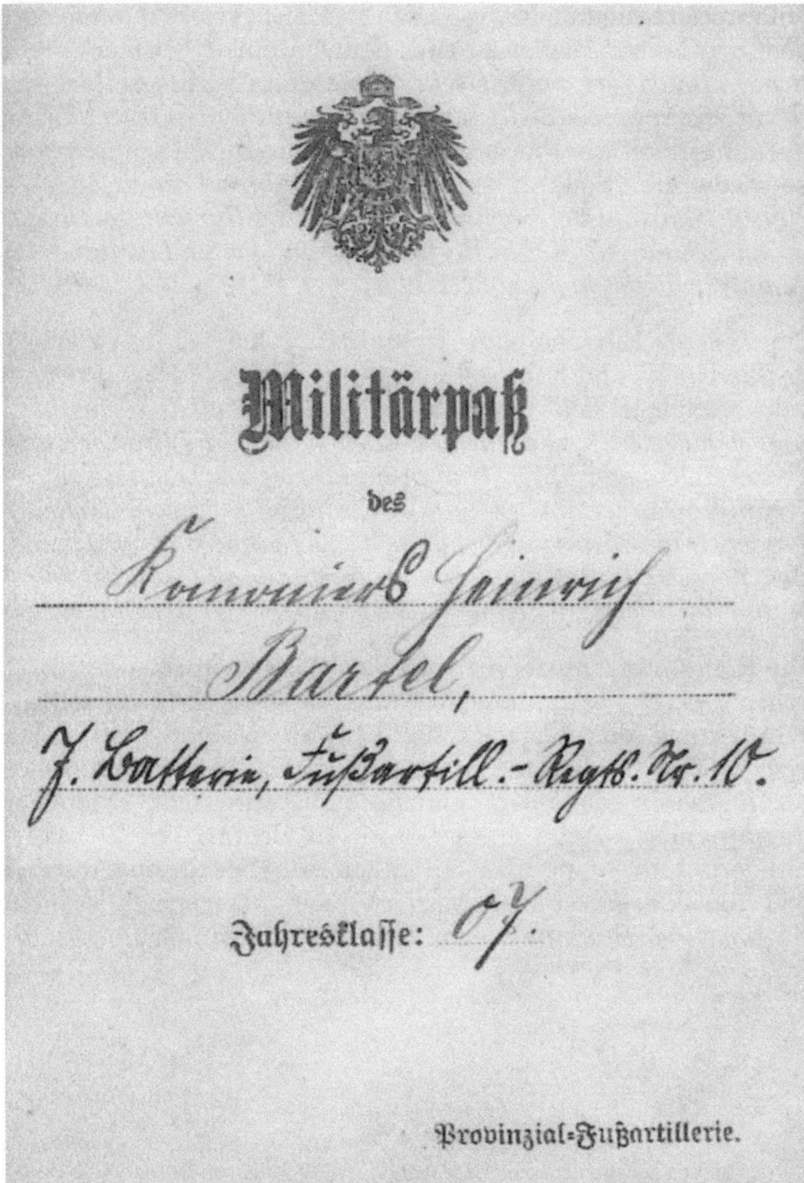

Militärpaß

des

Kanonier Heinrich

Bartel,

7. Batterie, Fußartill.-Regts. Nr. 10.

Jahresklasse: 07.

Provinzial-Fußartillerie.

Die Entlassung aus dem zweijährigen Militärdienst wurde im Militärpass handschriftlich wie folgt vermerkt: „*Am 28. September 1909 z(ur) Reserve beurl. nach Wathlingen, Kreis Celle, Bezirkskommando Celle*“ sowie „*Tritt gemäß §17 G.O. zum Beurlaubtenstande seiner Waffe über. Butzbach, den 28. September 1909*“.[31]

Seinen Militärdienst fasst Heinrich Bartel wie folgt zusammen: „*Ich war von 1907 bis 1909 Soldat. Das war eine schöne Zeit. Ich habe viel erlebt*“.

Nationale des Buchinhabers.

1. Vor- und Familienname: Heinrich Bartel

Geboren am 1ten Juni 1885

zu Wathlingen

Verwaltungsbezirk: Celle

Bundesstaat: Preußen

2. Stand oder Gewerbe: Pferdeknecht

3. Religion: Katholisch

4. Ob verheiratet: /.

Kinder: /.

5. Datum und Art des Diensteintritts: Am 10.10.07

6. Bei welchem Truppenteil (unter Angabe der ~~Kompagnie~~, ~~Eskadron~~, Batterie): Fuß-Artillerie Regiment Nr. 10. 7. Batterie.

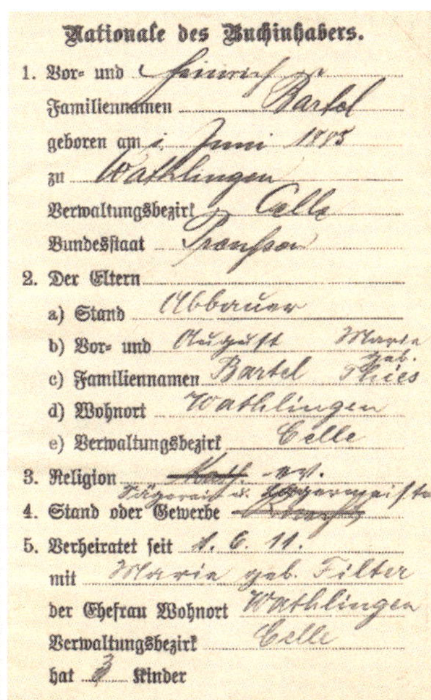
Nationale des Buchinhabers.

1. Vor- und Familiennamen Heinrich Bartel

geboren am 1. Juni 1885

zu Wathlingen

Verwaltungsbezirk Celle

Bundesstaat Preußen

2. Der Eltern

a) Stand

b) Vor- und

c) Familiennamen Bartel

d) Wohnort Wathlingen

e) Verwaltungsbezirk Celle

3. Religion

4. Stand oder Gewerbe

5. Verheiratet seit 1.6.11.

mit Maria geb. Filter

der Ehefrau Wohnort Wathlingen

Verwaltungsbezirk Celle

hat 3 Kinder

---

[31] Im Herbst 1912 wurde Heinrich Bartel „*zu einer 28tägigen Übung zur diesseitigen Batterie*“ auf dem „*Schießplatz Wahn*“ – wir dürfen den heutigen Flughafen Köln-Bonn auf der Wahner Heide dahinter vermuten – eingezogen. Sein Batterieführer, Oberleutnant Rusch, bescheinigte ihm, er sei „*vor der Entlassung ärztlich untersucht, gesund und felddienstfähig befunden*“. Seine Führung sei „*gut*“ gewesen, Strafen habe es „*keine*“ gegeben“. Die Voraussetzungen für eine umgehende Mobilmachung waren also vorhanden.

Ausgebildet war Heinrich Bartel zum Kanonier, und als solcher wurde er im Stande des Reservisten 1914 *„mobilgemacht"*. Die Auszüge aus den *„Erinnerungen aus meinem Leben"* haben ihn uns Heutigen vorgestellt. Wir wissen also durch ihn selbst, mit wem wir es zu tun haben, wenn wir ihn mittels Lektüre seiner Tagebuchnotizen durch den ganzen Ersten Weltkrieg „begleiten".

Unter den nachgelassenen Dokumenten sind also, wie schon ausgeführt, auch sein Militärpass und sein Soldbuch mit zahlreichen aufschlussreichen Eintragungen – die diversen Impfungen gegen Typhus und Cholera seien beispielhaft genannt.[32]

Von herausragender Bedeutung für diese Publikation sind jedoch so gut wie ausschließlich die vier Notizbücher, in denen er, überwiegend auf einzelne Tage bezogen, seine Eindrücke, Erkenntnisse, Beobachtungen, auch seine Gefühle und Gedanken, nicht selten in Gestalt von Wertungen, unmittelbar *„an der Front"* festgehalten hat. Überdies enthalten sie längere Passagen, die aus unterschiedlichen Gründen, die in den meisten Fällen noch zutage treten werden, *„aus der Erinnerung"* niedergeschrieben wurden, gleichwohl erkennbar auf direkten Notizen fußend.[33]

---

[32] Es muss hier auf ein erhebliches Versehen der ausstellenden Behörde hingewiesen werden. Im Militärpass wird Heinrich Bartel als *„katholisch"* geführt. Das ist objektiv falsch. Wahrscheinlich ist die korrekte Zuordnung *„lutherisch"* in der Geburtsurkunde oder in einem anderen Dokument nicht sorgfältig gelesen und entsprechend fehlerhaft als *„katholisch"* wiedergegeben worden. Im später ausgestellten Soldbuch ist *„kath."* gestrichen und durch *„ev."* ersetzt worden.

[33] Eine solche Situation hat Bartel am 12.12.1914 selbst sehr anschaulich geschildert: *„Von hier an habe ich nichts Genaues mehr notiert, da es streng verboten wurde, ein Tagebuch zu führen. Ich schreibe daher nur, was mich interessiert. Ein Datum kann ich nicht mehr angeben, auch nicht immer die Namen der Orte, da es meist verdrehte Namen sind"*. Mit den *„verdrehten Namen"* meinte er die ihm im Dezember 1914 begegnenden slawischen Ortsnamen im polnischen Gebiet zwischen Lodz und Warschau. Die Eingangsbemerkung *„Von hier an"* besagt lediglich, dass er für einen gewissen Zeitraum an der Tagebuchführung gehindert war und auf *„Erinnerungen"* zurückgreifen musste. Es ist unschwer zu erkennen, wann er jeweils wieder zu direkten Tagebuchnotizen überging.

Zudem findet man in den Notizbüchern, wenig systematisch angelegt, zahlreiche Zitate aus Texten des Alten und des Neuen Testaments, Gebete, geistliche Gedichte und vor allem Kirchenliedertexte, gelegentlich mit Bezügen zu Einsatzorten und Kriegsgeschehnissen. Sie bleiben in dieser Publikation bis auf wenige Ausnahmen unberücksichtigt. Sie sprechen aber eine deutliche Sprache hinsichtlich seiner religiösen Verankerung, die im Verlaufe des Krieges in seinen Notizen immer deutlicher zutage tritt.

Alle Eintragungen sind, wie bereits erwähnt, in der Sütterlinschrift erfolgt. Allein das hat eine erhebliche Herausforderung dargestellt, die zwar durch die ungewöhnlich verdienstvolle, in mühevoller Detailarbeit zustande gekommene Übertragung des Urtextes in eine Fassung in lateinischer Schrift durch Frau Elisabeth Wrede gemildert worden ist, dennoch immer neu angenommen werden musste, wenn es galt, Textzusammenhänge zu erschließen, Ortsangaben zu überprüfen und zwangsläufig aufscheinenden Missverständnissen sowie schlichten Versehen nachzugehen.

Damit die Leserinnen und Leser den Soldaten Heinrich Bartel an seinen Einsatzorten in Belgien 1914, Zentralpolen 1914/15, Litauen und Lettland von April 1915 bis März 1918, mit einem Zwischeneinsatz im heutigen Weißrussland, im Elsass im Frühjahr 1918 sowie in Belgien und Nordfrankreich ab Mai 1918 ohne Orientierungsverlust begleiten können, schien es mir notwendig zu sein, die Ortsangaben zu präzisieren. Das verlangt nicht nur die topographische Ein- und Zuordnung, sondern auch die Er- und Vermittlung der Ortsnamen in ihrer gegenwärtigen sprachlichen Gestalt, also in der jeweiligen Landessprache. Bis auf wenige Ausnahmen ist das, zum Teil in detektivischer Kleinarbeit, gelungen; wenn nicht, ist das ausdrücklich vermerkt. In das Buch eingegliedertes Kartenmaterial sollte gleichwohl jeweils konsultiert werden.[34]

[34] Bei der Ermittlung lettischer Ortsnamen habe ich wertvolle Hilfe durch die Deutsch-Baltische Gesellschaft mit Sitz in Darmstadt erfahren.

In Bartels Text habe ich so wenig wie möglich redigierend und nur in ganz seltenen Fällen korrigierend eingegriffen. Tagebuchtypisch bedient er sich häufig des Telegrammstils. Um der Aussageabsicht Nachdruck und Klarheit zu verleihen, habe ich gelegentlich einzelne Wörter in Klammern hinzugefügt. Der Duktus seiner Sprache ist an keiner Stelle verändert worden. Eigenheiten des Ausdrucks, die in erster Linie zeit- und umständebedingt waren, sowie grammatische Unebenheiten sind als unerheblich unverändert geblieben. Nur im Falle eindeutiger Regelverstöße, die sich aber sehr in Grenzen gehalten haben, habe ich den Text den Sprachnormen unterworfen. Die aus der Rechtschreibung, wie sie Bartel gelehrt worden war, abgeleiteten Schreibweisen, die mit der in der Zwischenzeit normierten Orthographie in deutlichem Widerspruch stehen, habe ich modernisiert, wie z.B. wier → wir, giebt → gibt, die Todten → die Toten oder Thür → Tür. Auf die Rechtschreibreform der jüngsten Vergangenheit habe ich hingegen nur im Falle der Veränderung von ß → ss Rücksicht genommen, nicht jedoch im Hinblick auf Getrennt- und Zusammenschreibung sowie Groß- und Kleinschreibung. Zwangsläufig von Bartel verwendete militärisch-technische Fachbegriffe habe ich, wenn als notwendig erachtet, in Fußnoten zu erklären versucht.

Der Anmerkungsapparat hat leider nicht in dem Maße knapp gehalten werden können, wie das für fortlaufendes, sozusagen ungestörtes Lesen wünschenswert gewesen wäre. Das ist zum einen wegen der soeben angesprochenen militärisch-technischen Fachbegriffe, zum anderen auf Grund der zahlreichen Ortsnamen unvermeidbar gewesen. Noch wichtiger aber erschien mir die, wie man heute gern sagt, Kontextualisierung dessen, was Bartel wann und wo und unter welchen Umständen erlebte und festhielt.

In erster Linie ist damit auf den historischen Bezugsrahmen abgestellt, der zur Verfügung stehen muss, damit das Textverständnis uneingeschränkt gesichert ist. Der historische Zusammenhang ist deshalb, letzten Endes unumgänglich, immer wieder in Fußnoten hergestellt worden, zwar auf die notwendigsten Informationen beschränkt, aber alles in allem doch in größerer Zahl. Darüberhinaus habe ich gemeint, die eine oder die andere Eintragung, weil sie in ihrer zunächst isolierten Stellung nicht ohne weiteres ausreichend verstanden werden kann, aus der Kenntnis des gesamten Tagebuchtextes heraus mit einer gewiss subjektiven, aber immerhin um Objektivität bemühten Erläuterung, vielleicht auch Deutung, versehen zu müssen.

Jedes Buch will und soll einen Titel haben. Der gewählte schien mir nach der Lektüre des gesamten Textes so natürlich und so selbstverständlich wie nur irgendetwas zu sein: *„... als ob die Hölle los sei.“* Die Anführungszeichen geben bereits preis, dass es sich um ein Zitat handelt – ein Zitat, das Heinrich Bartel auf dem Tablett selbst serviert hat. Am 14.07.1918, als er in Nordfrankreich an einer Schlüsselstelle der Front eingesetzt war, hielt er in seinem Notizbuch seine Eindrücke eines fürchterlichen und furchtauslösenden Artilleriegefechts fest, das Feuern *„aus allen Rohren“* gleiche einem *„Rummeln als ob die Hölle los sei“*. Die Höllenmetapher begegnet uns im Zusammenhang mit dem Ersten Weltkrieg häufig. Am bekanntesten dürfte das Bild von der *„Hölle von Verdun“* sein. Aber in dem Krieg war die Hölle an allen Fronten, ob in den Flandernschlachten, am Isonzo, in Galizien, an der Bzura in Zentralpolen, wie uns das Tagebuch erschließen wird, oder im Baltikum, wo Heinrich Bartel im Zusammenhang mit einer Schlacht am 09.11.1916 von einem *„Höllenfeuer“* berichtet.[35]

Ein Buch muss keinen Untertitel haben. Dieses hat einen, und das aus gutem Grund. *„Das Tagebuch des Kanoniers Heinrich Bartel 1914-1918“* lädt ein zu einer *„Begleitung“* des Tagebuchschreibers zu verschiedenen Kriegsschauplätzen, und das im Grunde über die ganze Zeit des Krieges hindurch. Die persönliche Entwicklung des Kanoniers Bartel und der Fortgang des Krieges können miterlebt und miterlitten werden. Unter den

[35] Nicht von ungefähr verwendet auch Neitzel den Begriff *„Höllenfeuer“* - aus der bewertenden Rückschau! Bei Bartel begegnet uns dieser die unmittelbare Wirklichkeit spiegelnde Ausdruck mit seiner ganzen überwältigenden Wucht. Der Rezensent Rainer Blasius gab seinem Artikel über einen Sammelband zum Ersten Weltkrieg (vgl. Bibliographische Anmerkungen) die ebenfalls aufschlussreiche Überschrift *„In der Hölle heißem Brand“*!

13 Millionen deutschen Soldaten wird nur eine Minderheit so lange *„an der Front“* gewesen sein wie er, und noch viel weniger werden über den ganzen Zeitraum hinweg so ausdauernd und so gründlich Tagebuch geführt haben. Es kommt hinzu, dass die wenigsten dieser Tagebücher jemals veröffentlicht werden konnten, die meisten wahrscheinlich gar nicht mehr existieren. Bartels Tagebuchnotizen haben, auf welcher Stufe auch immer, die Qualität einer historischen Primärquelle, sie sind fürwahr eine Quelle besonderen Ranges.

Die „Begleitung“ des Kanoniers Bartel ist dann auch so etwas wie eine Zeitreise in eine ferne Welt, die, obwohl sie tatsächlich weniger als 100 Jahre zurückliegt, uns dennoch völlig fremd zu sein scheint und gleichwohl Lehren zu vermitteln vermag, auf die wir nicht verzichten sollten, wollen wir uns eines Lebens ohne Krieg erfreuen. In Anlehnung an einen bekannten Satz heißt das, dass diejenigen, die aus der Hölle des Krieges nicht im weitesten und gleichzeitig tiefsten Sinne ihre Lehren zu ziehen vermögen, verdammt sein könnten, in eine Lebenslage zu geraten *„als ob die Hölle los sei“*.

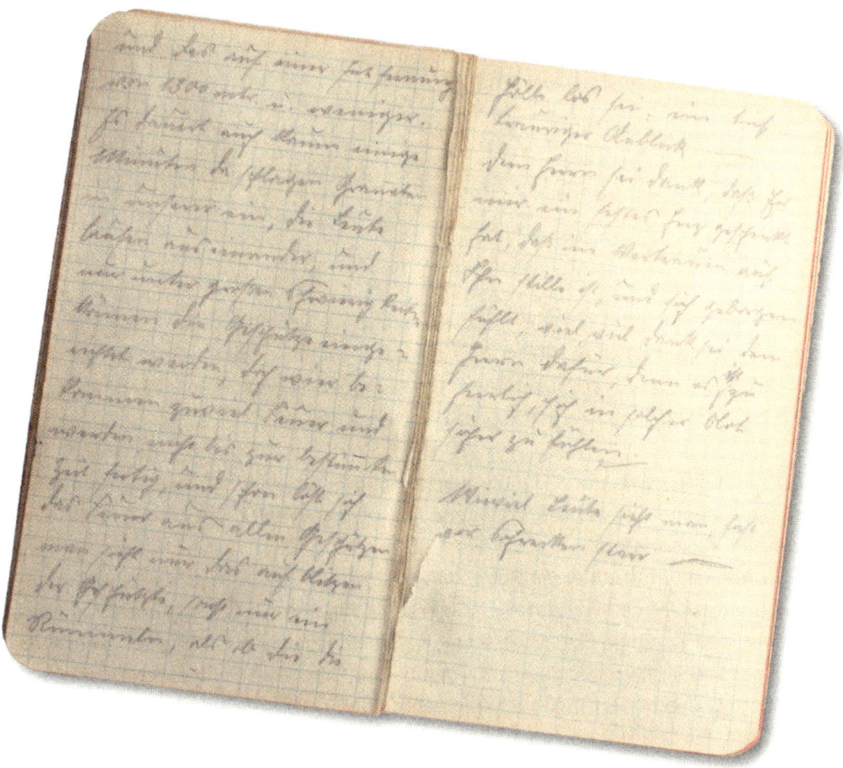

Bibliographische Anmerkungen

Anders, als gemeinhin üblich, sind diese bibliographischen Anmerkungen der im Zentrum stehenden Publikation vorangestellt. Dafür sprechen Gründe, die sich aus den folgenden Ausführungen wie von selbst ergeben sollten, sind diese doch in erster Linie als eine Hinführung zur Hauptlektüre gedacht.

Die im Anmerkungsapparat des Vorworts und des Tagebuchs ausgewiesene, also vom Herausgeber direkt herangezogene Literatur wird hier nicht erneut vorgestellt – mit zwei Ausnahmen.
Die erste Ausnahme bildet ein Buch, das der Leserschaft auch deshalb, weil es relativ günstig erworben werden kann, in erster Linie aber wegen seiner besonderen Eignung, den Komplex Erster Weltkrieg wissenschaftlich und sprachlich makellos sowie auf verhältnismäßig geringem Raum einem breiteren Publikum zum präzisen Verständnis des in den Tagebuchaufzeichnungen erfassten Kriegsgeschehens zu vermitteln, zur Lektüre nachdrücklich empfohlen wird:

- Sönke Neitzel, Weltkrieg und Revolution 1914-1918/19, zunächst be-bra Verlag, Berlin-Brandenburg 2008, hier korrigierter Nachdruck Bonn 2011, Lizenzausgabe der Bundeszentrale für politische Bildung.

Die zweite Ausnahme ist Christopher Clarks hochaktuelles, aufsehenerregendes und intensiv fachwissenschaftlich diskutiertes Werk *„Die Schlafwandler“* (vgl. Verzeichnis weiter unten).

Dass mit der Aussage, die seit langem bereits unüberschaubar gewordene Literatur zum Ersten Weltkrieg werde im Blick auf das Gedenkjahr 2014 noch erheblich anwachsen, nicht nur eine Vermutung ausgesprochen wurde, belegen zum Teil sehr reißerisch angepriesene Publikationen, die als „Vorboten“ bereits im Jahre

2013 auf den Markt geworfen worden sind und die noch zu erwartende Flut – gelegentlich wird von einer *„Schwemme“* gesprochen – von Veröffentlichungen ahnen lassen.

Erwähnt seien in Stellvertreterfunktion:

- Adam Hochschild, *Der Große Krieg, Der Untergang des Alten Europa im Ersten Weltkrieg*, Klett-Cotta Verlag, Stuttgart 2013. Zu diesem Buch führte die Versandbuchhandlung Jokers in ihrem Katalog 09/2013 aus: *„Der Erste Weltkrieg steht für den ewigen Wahnsinn von Kriegen“*. An dem *„ungeheuren Gewaltexzess“* seien 70 Millionen Soldaten aus ca. 40 Nationen beteiligt gewesen. *„Warum?“*, lautet die Leitfrage. Es wird ausdrücklich betont, dass das Buch *„die Ereignisse anhand von acht Einzelschicksalen begreifbar“* mache. Es dürfte nunmehr nicht überraschen, dass die vorliegende Edition der Tagebuchnotizen und der Erinnerungen eines einfachen Soldaten genau diesem Anliegen Rechnung tragen will. Nicht zuletzt die Leitfrage *„Warum?“* sollte beim Lesen stets präsent sein.

- Bruno Cabanes / Anne Dumenil (Hrsg.), *Der Erste Weltkrieg. Eine europäische Katastrophe*, Wissenschaftliche Buchgesellschaft (WBG), Darmstadt 2013.
  Im Prospekt der WBG heißt es einigermaßen selbstbewusst, das Werk liefere *„die neue maßgebliche Gesamtschau mit einmaligem Konzept“*, dem Buch seien *„alle Aspekte des Krieges jeweils unter einem Tagesdatum zusammengefasst“*. Alle Aspekte? Wer will so vermessen sein? Hätte es nicht, anspruchsvoll genug, mit *„die wichtigsten Aspekte“* sein Bewenden haben können? Immerhin hat der heutzutage in der Werbebranche fast unvermeidliche Superlativ bei mir die Hoffnung (und auch den Ehrgeiz) ausgelöst, mit meiner Edition könne vielleicht an dem einen oder anderen Ort des Krieges an dem einen oder anderen seiner vielen schrecklichen Tage ein neuer, möglicherweise sogar erhellender Aspekt aufgezeigt werden. Von *allen* Aspekten dürfte selbst dann noch keine Rede sein!

- Markus Pöhlmann/ Harald Potempa/ Thomas Vogel (Hrsg.), *Der Erste Weltkrieg 1914-1918. Der deutsche Aufmarsch in ein kriegerisches Jahrhundert*. Bucher Verlag, München 2014.
  Dieser Sammelband von Aufsätzen aus dem Zentrum für Militärgeschichte und Sozialwissenschaften der Bundeswehr in Potsdam stellt die militärtechnische Revolution in den Mittelpunkt, für die der Erste Weltkrieg so etwas wie das Exerzierfeld war. In der FAZ vom 18.11.2013 (S. 8) hat der Rezensent Rainer Blasius seinem Artikel die bemerkenswerte Überschrift *„In der Hölle heißem Brand“* gegeben. Auf das im Vorwort behan-

delte *„August-Erlebnis“* bezogen, stellt Blasius einen Beitrag von Wencke Meteling, der die Überschrift *„Heimat“* trägt, besonders heraus und zitiert, dieses sei „ *ein Mythos, hervorgerufen durch suggestive Bilder und Berichte bürgerlicher Journalisten über patriotische Menschenmassen vor den Rathäusern bei der Bekanntmachung der Mobilmachung am 1. August 1914.“* In indirekter Wiedergabe heißt es sodann: *„Eine Schichten, Lager und Konfessionen übergreifende patriotische Kriegsbegeisterung habe es weder in Deutschland noch anderswo gegeben, sondern stattdessen vielfältige Sorgen der Soldaten und ihrer Angehörigen über die Zukunft. In Hochstimmung versetzten sich jedoch Intellektuelle, Schriftsteller und Künstler, die auch >mit Vorliebe< auf die Kriegsfreiwilligen hinwiesen.“* Dazu wieder Meteling wörtlich: *„Deren Anzahl schätzten sie deutlich höher ein, als sie faktisch war, nämlich 185.000.“*
Mancher Eindruck und manche Erkenntnis, die sich aus der Lektüre der Tagebucheinträge Heinrich Bartels ergeben werden, dürften dadurch eine aufschlussreiche Bestätigung finden.

- *Mars. Kriegsnachrichten aus der Familie. Rundbriefe der rheinischen Großfamilie Trimborn 1914–1918*, hrsg. von Heinrich Dreidoppel, Max Herresthal und Gerd Krumeich, Klartext-Verlag Ort 2013.
  Auf diese Publikation ist in der FAZ am 11. September 2013 auf Seite N4, also in der Beilage *„Natur und Wissenschaft“*, besonders aufmerksam gemacht worden: Es handele sich um *„eine einzigartige Sammlung von Kriegsbriefen 1914 bis 1918“*, *„Man erfährt nicht nur vom Leben und Sterben an allen Fronten und in allen Kampfformen, ...“*. Auch das vermag, wie sich hoffentlich zeigen wird, Heinrich Bartels *„Kriegstagebuch“* in vorzüglicher, fast paradigmatischer Weise zu leisten.

- Franz Rosenzweig, *Feldpostbriefe. Die Korrespondenz mit den Eltern (1914 – 1917)*, Verlag Karl Alber, Freiburg 2013.
  Franz Rosenzweig war ein bedeutender deutscher Jude und Philosoph, dessen früher Tod im Jahre 1929 eine große akademische Karriere verhinderte. Über ihn schrieb Wolfgang Matz in einer Rezension in der FAZ am 09.10.2013, Rosenzweig habe sich *„im September 1914 als Krankenpfleger beim Roten Kreuz“* gemeldet. Er fuhr fort: *„Sein Einsatz in Thourout auf dem belgischen Kriegsschauplatz war ihm eine erste Erfahrung mit der >Menschenschlächterei<“*.
  Diese elementare Erfahrung Rosenzweigs werden die Leserinnen und Leser der Aufzeichnungen Heinrich Bartels bestätigt sehen.

Aus dem auch von Fachleuten kaum noch zu überschauenden Reichtum der Veröffentlichungen zum Ersten Weltkrieg werden nur die Darstellungen und Handbücher genannt und zur begleitenden sowie vertiefenden Lektüre empfohlen, die, überwiegend in jüngerer Vergangenheit erschienen, zum einen relativ leicht zugänglich sind und die zum anderen in besonderer Weise, nicht zuletzt auf Grund ihrer klaren Darstellungsformen und ihres Informationswerts, die Voraussetzung erfüllen, sowohl einem breiteren Lesepublikum als auch der fachwissenschaftlich Interessierten Leserschaft ein Verständnis des Krieges - seiner Vorgeschichte, seines Verlaufs und seiner Folgen - zu vermitteln, das über eher oberflächliche und zudem häufig schlagwortartig-vordergründige Aussagen und (Vor)Urteile hinauszugehen hilft:

- Christopher Clark, *Die Schlafwandler. Wie Europa in den Ersten Weltkrieg zog*. Aus dem Englischen von Norbert Juraschitz. Deutsche Verlags-Anstalt, München 2013.
- Gordon A. Craig, *Die preußisch-deutsche Armee 1640-1945. Staat im Staate*. Athenäum/Droste Taschenbücher Geschichte, Düsseldorf 1980.
- Fritz Fischer, *Griff nach der Weltmacht. Die Kriegszielpolitik des kaiserlichen Deutschland 1914-1918*, 1. Auflage Düsseldorf 1961. Neueste Auflage als Taschenbuchausgabe Droste Verlag, Düsseldorf 2000.
- Hans Herzfeld, *Der Erste Weltkrieg*, dtv-Weltgeschichte des 20. Jahrhunderts, Bd. 1, München 1968.
- Gerhard Hirschfeld, Gerd Krumeich, Irina Renz (Herausgeber), *Enzyklopädie Erster Weltkrieg*, 2. Auflage UTB, Stuttgart 2014.
- Gerhard Hirschfeld, Gerd Krumeich, *Deutschland im Ersten Weltkrieg*, S. Fischer Verlag, Frankfurt, 2013.
- Oliver Janz, *„14 - Der große Krieg“*, Campus Verlag, Frankfurt 2013.
- Martin Kronenberg, *Die Bedeutung der Schule für die Heimatfront im Ersten Weltkrieg - Sammlungen, Hilfsdienste, Feiern und Nagelungen im Deutschen Reich*, 2 Bde., phil. Diss. Göttingen 2010 (masch.); gedruckt unter demselben Titel: GRIN-Verlag, München 2011.
- Gunther Mai, *Das Ende des Kaiserreichs. Politik und Kriegführung im Ersten Weltkrieg*, dtv Bd. 4510, München 1987.
- Wolfgang W. Michalke, (Hrsg.), *Der Erste Weltkrieg*, Verlag München 1994.
- Wolfgang J. Mommsen, *Die Urkatastrophe Deutschlands. Der Erste Weltkrieg 1914-1918*, Stuttgart 2002 (Gebhardt, *Handbuch der deutschen Geschichte*, Band 17).
- Herfried Münkler, *Der Große Krieg*, Rowohlt Verlag, Hamburg 2013.
- Ernst Piper, *Nacht über Europa. Kulturgeschichte des Ersten Weltkriegs*. Propyläen Verlag, Berlin 2013.

- Michael Salewski, *Der Erste Weltkrieg*, Schöningh Verlag, 2. Auflage Paderborn 2004.
- Christian Stachelbeck, *Deutschlands Heer und Marine im Ersten Weltkrieg*, Oldenbourg Verlag, München 2013.
- Hew Strachan, *The First World War*. 3 Bände, Oxford 2001f
- Hans-Ulrich Thamer, *Der Erste Weltkrieg. Europa zwischen Euphorie und Elend.* Weltbild Verlag, 2013.
- Barbara Tuchman, *August 1914*, London 1962. Neue Ausgabe als Fischer Taschenbuch, Frankfurt 2013.
- Hans-Ulrich Wehler, *Deutsche Gesellschaftsgeschichte*, Bd. IV, 1914-1949, Verlag C.H.Beck, München 2003.
- Wolfram Wette (Hrsg.), *Der Krieg des kleinen Mannes*, Tb-Ausgabe, München 1998.

Die Bücher von Gordon A. Craig, Hans Herzfeld, Gunter Mai und Wolfgang W. Michalke können inzwischen nur noch aus antiquarischen Beständen erworben werden. Wegen ihrer konzisen und sowohl inhaltlich als auch sprachlich überzeugenden Darstellung des Gesamtkomplexes Erster Weltkrieg sind sie gleichwohl in die Liste der besonders empfehlenswerten Publikationen aufgenommen worden, zumal sie in gut ausgestatteten Bibliotheken zur Verfügung stehen.

Für die intensive Beschäftigung mit dem Kriegsgeschehen an allen Fronten des Landkrieges unentbehrlich ist eine Publikation, die leider nur in englischer Sprache vorliegt. Das vorzügliche Kartenmaterial sowie die graphischen und tabellarischen Darstellungen bedürfen nicht unbedingt der Übersetzung, so dass dieses singulär verdienstvolle Werk auch denjenigen uneingeschränkt empfohlen werden kann, die nicht über erweiterte englische Sprachkenntnisse verfügen:

- Arthur Banks, *A Military Atlas of the First World War*, 2. Aufl. London 1989.

Die grafischen Darstellungen, die in das Tagebuch eingefügt sind, sind diesem Atlas entnommen worden.

Schon von seiner Anlage her fällt ein Buch völlig aus dem Rahmen gängiger Befassung mit dem Ersten Weltkrieg. Es stammt interessanterweise von einem Schweden und liegt seit einigen Jahren in deutscher Übersetzung vor. Sein Autor, Peter Englund, wendet sich mit folgenden Worten *„an den Leser“: „Dies ist ein Buch über den Ersten Weltkrieg. Aber nicht darüber, was er war – seine Ursachen, seinen Verlauf, sein Ende und seine Folgen –, sondern darüber, wie er war... Hier werden weniger die äußeren Faktoren des Krieges beschrieben als die von ihm betroffenen Menschen, ihre Eindrücke, Erlebnisse und Stimmungen. Es ging mir nicht so sehr darum, einen Ereignisverlauf zu rekonstruieren, sondern eine Gefühlswelt.*

Wir begleiten neunzehn Personen, alle real ...alle unbekannt oder vergessen, alle weit unten in den Hierarchien ... Die meisten dieser neunzehn Personen werden dramatische und auch schreckliche Dinge erleben, aber mein Hauptaugenmerk richtet sich dennoch auf den Alltag des Krieges.“ Als Herausgeber der Tagebuchnotizen Heinrich Bartels glaube ich fragen zu dürfen: Hätte nicht der Kanonier Heinrich Bartel die zwanzigste Person sein können? Erfüllt er nicht auf geradezu ideale Weise die Bedingungen für die zusätzliche Aufnahme in den Personenkreis? Liefern seine Einträge nicht eine vorzügliche Ergänzung zu dem Mosaik des Ersten Weltkrieges, das sich aus den dargestellten Einzelschicksalen ergeben hat?
Die Antwort auf diese Fragen überlasse ich gern den Leserinnen und Lesern – sowohl der Aufzeichnungen Bartels als auch des nun präzise anzuzeigenden Buches:

- Peter Englund, *Schönheit und Schrecken. Eine Geschichte des Ersten Weltkriegs, erzählt in neunzehn Schicksalen.* Aus dem Schwedischen von Wolfgang Butt. Bundeszentrale für politische Bildung, Bonn 2012. Die Originalausgabe erschien 2009 im Verlag Atlantis, Stockholm.

  Wer sich darüberhinaus mit Einzelaspekten des Ersten Weltkriegs befassen will, konsultiere für weiterführende Literaturhinweise
- Christoph Regulski, *Bibliographie zum Ersten Weltkrieg.* Tectum Verlag, Marburg 2005.

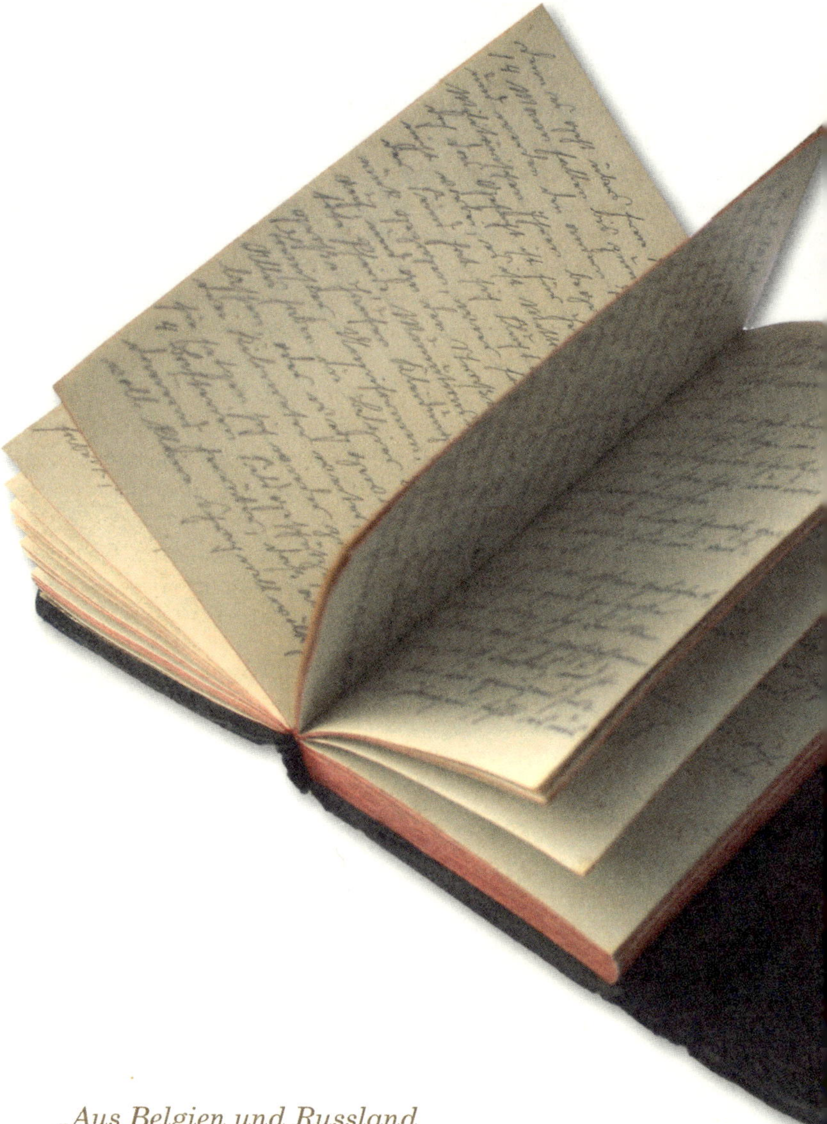

„Aus Belgien und Russland zum Andenken für meine Familie“

Erlebnisse und Erinnerungen aus dem Krieg

1914 – 1918

des Res. H. Bartel
Res. Fußart. Regt. 3/2 (Batterie Weinreben)
6. Res. Division 8. Armee

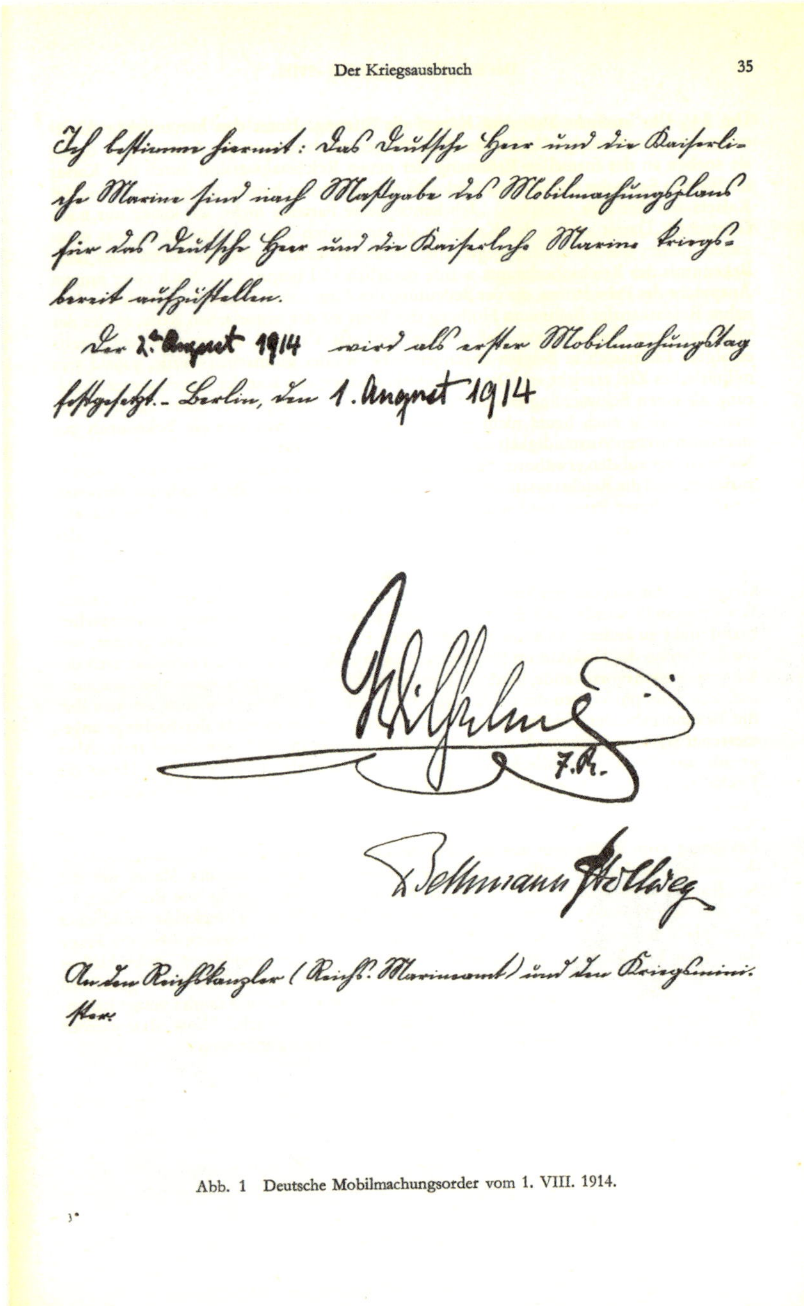

Ich bestimme hiermit: Das Deutsche Heer und die Kaiserliche Marine sind nach Maßgabe des Mobilmachungsplans für das Deutsche Heer und die Kaiserliche Marine kriegsbereit aufzustellen.

Der 2. August 1914 wird als erster Mobilmachungstag festgesetzt. – Berlin, den 1. August 1914

Wilhelm I.R.

v. Bethmann Hollweg

An den Reichskanzler (Reichs-Marineamt) und den Kriegsminister.

Abb. 1 Deutsche Mobilmachungsorder vom 1. VIII. 1914.

3*

1914

AM 2. AUGUST 1914: Eingetreten am zweiten Mobilmachungstage, dem 2. August 1914.[1]

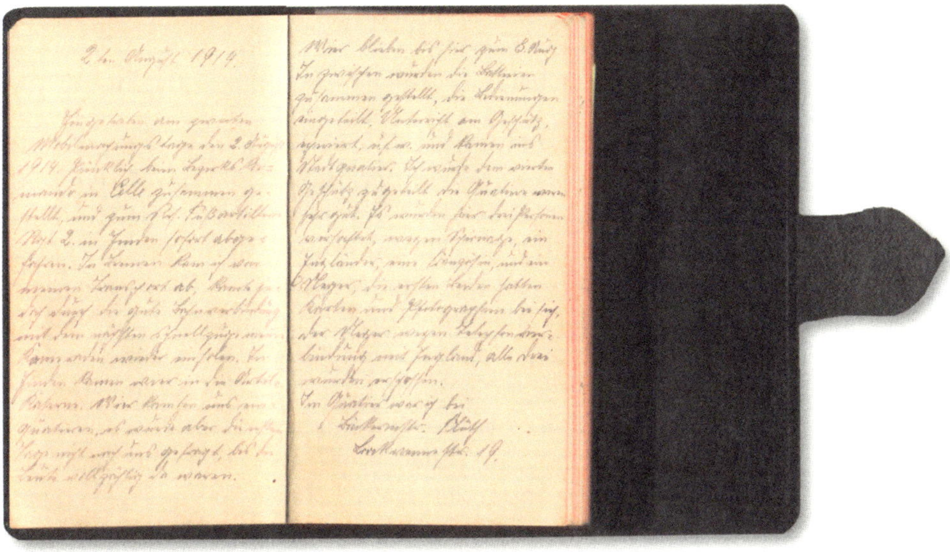

Pünktlich beim Bezirkskommando in Celle zusammengestellt und zum Res. Fußartillerie Regt.2 in Emden sofort abgefahren. In Bremen kam ich von meinem Transport ab, konnte jedoch durch die Bahnverbindung mit dem nächsten Schnellzug meine Kameraden wieder einholen.
In Emden kamen wir in die Artilleriekaserne. Wir konnten uns einquartieren, es wurde aber die ersten Tage nicht nach uns gefragt, bis die Leute vollzählig waren. Wir blieben hier bis zum 8. August. Inzwischen wurden die Batterien zusammengestellt,

---

[1] Die Angabe ist nicht korrekt. Die Mobilmachungsorder wurde am 01.08.1914 von Kaiser Wilhelm II. unter- und von Reichskanzler Theobald von Bethmann Hollweg gegengezeichnet. Darin hieß es: *„Der 2. August 1914 wird als erster Mobilmachungstag festgesetzt“*.
Die Order ist als Faksimile abgedruckt in *„Geschichte in Quellen, Bd. IV, Weltkriege und Revolutionen 1914-1945“*, hrsg. von Wolfgang Lautemann und Manfred Schlenke, Bayer. Schulbuch-Verlag, München 1961, S. 35.

die Bedienungen eingeteilt. Unterricht am Geschütz usw. und kamen ins Stadtquartier.
Ich wurde dem vierten Geschütz zugeteilt, die Quartiere waren sehr gut. Es wurden hier drei Personen verhaftet wegen Spionage, ein Engländer, eine Französin und ein Neger. Die ersten beiden hatten Karten und Photographien bei sich, der Neger wegen Telephonverbindung mit England.
Alle drei wurden erschossen.[2]
Im Quartier war ich bei Bäckermeister Flüth, Larkwennestr. 19.[3]

AM 8. AUGUST sind wir verladen (worden) und nach Köln gefahren. Die Verpflegung auf den Bahnhöfen durch das Rote Kreuz war sehr gut. Nach dem Umladen unseres vielen Proviants auf dem Bahnhof in Köln fuhren wir in die Stadt. Da unsere Wagen nicht alles tragen konnten, mussten wir unterwegs abladen, ich meldete mich freiwillig, bei den Sachen zu bleiben, da sie gleich noch abgeholt werden sollten. Das verblieb jedoch und ich hatte das Vergnügen, von abends 7 Uhr bis den anderen Morgen 9 Uhr auf der Straße zu kampieren. Gute Leute brachten mir aber noch Kaffee, Butterbrote, auch Bier und Zigarren. Wir kamen ins Stadtquartier, ich bei Herrn Bähmen, Aachener Str. III. Blieben bis 15. August. Empfingen Geschütze und Munition, hatten Geschützreinigen, Exerzieren, Fahrübungen usw.

AM 15. AUGUST wurden wir abermals verladen und fuhren nach Aachen, kommen hier wieder ins Stadtquartier.
Bis 17. August bin ich bei Herrn Müller, Jahnbrucherstraße 30.

---

2 Das hier Festgehaltene belegt sehr konkret, was der Historiker Sönke Neitzel verallgemeinernd konstatiert hat: *„Als die deutschen Truppen am 4. August die deutsch-belgische Grenze überschritten, grassierte in Deutschland bereits eine von der Presse kräftig angeheizte Spionagepsychose.“* (Neitzel, a.a.O., S. 36ff).

3 Die das ganze Tagebuch kennzeichnende karge, auf den ersten Blick fast Teilnahmslosigkeit ausdrückende Sprache darf, wie sich noch zeigen wird, nicht darüber hinwegtäuschen, dass der Soldat Heinrich Bartel zum einen sehr präzise beobachtete, was um ihn herum geschah, und zum anderen von Anfang an ein waches Gespür für das alltägliche Grauen des Krieges hatte.
Die *„Stadtquartiere“* für die soeben im Rahmen der Generalmobilmachung aktivierten Reservisten waren angesichts des Mangels ausreichenden Kasernenraums ein zeittypisches, wenn man so will systemimmanentes Erfordernis, denn es wurden allein im August 1914 4 Millionen Deutsche eingezogen. Im Verlaufe des Krieges waren es dann, fast unvorstellbar, 13,2 Millionen.

Sehr gute Quartiere, freundliche Leute. Konnten den Sonntag noch gemütlich in die Stadt gehen.

AM 17. AUGUST war Marsch hinter den Geschützen her, über die belgische Grenze. Kurz vor der Grenze heißt es *„Batterie halt“,* laden und sichern und gleich nachher sind wir in Belgien.[4] An der Grenze steht ein Doppelposten.

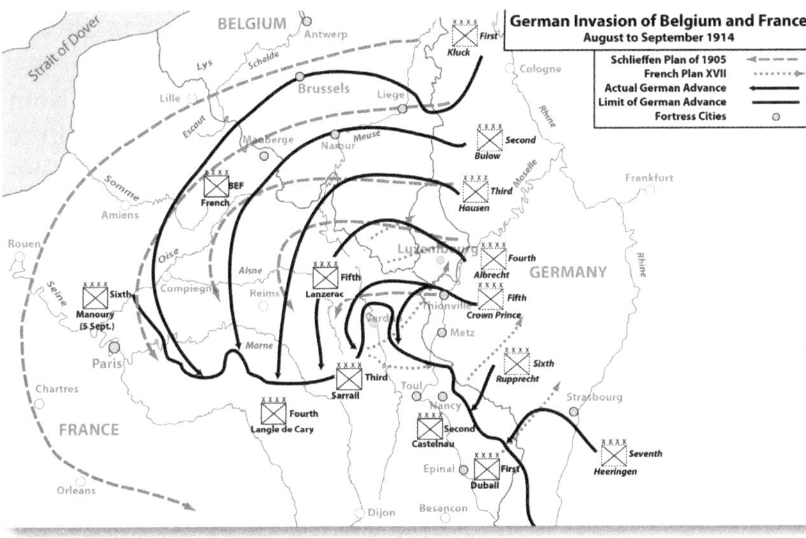

4 Nicht unerwartet erwähnt Heinrich Bartel die weltgeschichtliche Bedeutung erlangende Verletzung der Neutralität Belgiens durch das Deutsche Reich mit keiner Silbe. Sie führte zum Kriegseintritt Großbritanniens, Garantiemacht dieser Neutralität, an der Seite der Kriegsgegner Deutschlands. Nicht unerwartet deshalb, weil dieser Bruch des Völkerrechts von den Deutschen mit mehr oder weniger großer Zustimmung, mindestens aber mit Fatalismus hingenommen, wenn nicht gar als entscheidende Voraussetzung für den angestrebten Kriegserfolg betrachtet wurde. Rechtsnormen, und seien es *„nur“* die des Völkerrechts, hatten hinter Macht- und Militäraspekten zurückzustehen.
Hier sei verwiesen auf den 1905 von Generalfeldmarschall Alfred Graf von Schlieffen im Blick auf einen Zweifrontenkrieg entwickelten *„Schlieffen-Plan“,* der von dem jüngeren (Helmuth Johannes Ludwig) Grafen Moltke, Generaloberst und Chef des Generalstabs in der Nachfolge Schlieffens ab 1913, modifiziert worden war. Er sah die Verletzung der Neutralität Belgiens (und Luxemburgs) aus militärstrategischen Gründen ausdrücklich vor. Zu weiteren Einzelheiten, auch mit Hinweisen auf weiterführende Literatur, siehe *„Lexikon der deutschen Geschichte“,* hrsg. von Gerhard Taddey, Kröner Verlag, Stuttgart 1977. Eine graphische Darstellung des gemäß Schlieffen-Plan vorgesehenen Vormarsches der deutschen Truppen gibt auch optisch Auskunft.

Schon zwei Stunden hinter der Grenze sah man die Spuren des Krieges. Dicke Straßenbäume, die von den Belgiern umgehauen und quer über die Straße gelegt waren, sind von unseren Pionieren erst notdürftig aus dem Weg geräumt (worden). Häuser sind abgebrannt oder Fenster und Türen zerschlagen, wo unsere durchziehenden Truppen von den Zivilisten beschossen wurden oder Straßenkämpfe stattgefunden haben. Vieh sieht man wenig, nur einige Hühner. Vom Feind ist noch nichts zu sehen und zu hören.[5] Um 6 Uhr morgens sind wir abmarschiert. Es gibt dann wohl mal eine kleine Pause, aber sonst wird immer marschiert.[6]

Mittagessen fällt weg, da wir keine fahrbare Küche haben. Unsere Lebensmittel werden weniger, da wir weiter nichts mitgenommen hatten als einige Butterbrote. Dann fängt es an zu dunkeln und wir fahren von der Straße ab. Die Batterie fährt zusammen und wir beziehen Biwak. Auf freiem Feld vor einem kleinen Dorf werden die Leute eingeteilt. Die ersten zum Zeltebauen, die zweiten zum Strohholen, die übrigen zum Essenkochen und das ist das Schwierigste, denn das ist das erste Mal, wir haben nichts weiter mit als: Brot, Reis, Salz und Kaffee. Da heißt es Fleisch besorgen, aber woher?

Das kleine Dorf[7] vor uns brennt noch, auch soll die Gegend noch nicht ganz sicher sein. Es kommt die Meldung, dass die Nacht vorher unsere Pioniere überfallen seien und neun Mann im

---

[5] Im Original steht: *„Vom Feind ist noch nichts zu sehen noch zu hören"*.

[6] Der sich nun über viele Tage hinziehende *„Marsch"* war Teil des *„Wettlaufs zum Meer"* im Rahmen des Versuchs, gemäß Schlieffen-Plan mit der rechten Flanke bis zur Kanalküste vorzustoßen, die Franzosen von den Häfen, vor allem Boulogne, Calais und Dünkirchen, abzuschneiden und zudem zu verhindern, dass die entgegen den Prämissen des Schlieffen-Plans in den Krieg eingetretenen Briten diese Häfen als Landungsorte nutzen konnten.
Man beachte zudem: Der *„Marsch"* war ein Erfordernis für Infanterie und Artillerie. Transportfahrzeuge gab es so gut wie gar nicht. Die Geschützfahrzeuge (Protzen) wurden von Pferden gezogen, die Soldaten marschierten hinterher.
Zur allgemeinen Orientierung: Die belgische Festung Lüttich ist am 17. August nach heftigen, sehr verlustreichen Kämpfen – die Belagerung begann am 4. August – gefallen, der Marsch in das Innere Belgiens war für die deutschen Invasoren, insbesondere auch für die Reserveeinheiten, nun weitgehend frei geworden.

[7] Der Name des kleinen Dorfes wird dem Soldaten Bartel nicht in der Erinnerung geblieben oder gar nicht bekannt gewesen sein. Umso mehr dürfen wir davon ausgehen, dass dieses *„kleine Dorf"* exemplarischen Rang hat: Es steht für viele andere, in denen es ganz ähnlich zugegangen sein wird.

Schlaf die Kehle durchschnitten wurde. Unsere Wache wurde gleich ausgestellt.
Inzwischen waren schon Leute ins Dorf gegangen, um Fleisch zu holen. Es gab allerlei, Hühner, Enten, auch brachten sie mehrere kleine Schweine mit, die sie mit dem Karabiner erschossen hatten. Es ist eine böse Wirtschaft, viele Leute laufen hinter den Schweinen her, andere jagen nach den Enten auf dem Teich, andere suchen Wasser. Die Brunnen sind zerstört. In dem kleinen Bach liegt das tote Vieh, es stinkt die ganze Gegend. Im Lager brennt schon das Feuer, die Schlachter ziehen die Schweine ab oder schneiden die besten Stücke heraus und das andere wird vergraben. Wie das Fleisch halb gar ist, wird es schon herausgeholt und ein wenig gegessen, das andere liegengelassen, ein Stück Brot wird noch gegessen und das Essen ist vorbei.
Es ist bereits schon lange dunkel, wir hauen uns in die Zelte und es wird geschlafen. Es fallen in der Nacht einige Schüsse, passiert aber weiter nichts. Es blieb sonst alles ruhig.

AM 18. AUGUST ist wieder Marsch in Richtung auf Brüssel. Abmarsch 6 Uhr bis abends 7 Uhr, auf dem Marsche keine Ruhe, nur kurze Pausen.[8]
Die Dörfer sind immer mehr verwüstet, abgebrannt und vieles verwüstet. Eine kleine Stadt[9], wo wir durchkamen, ist ein schreckliches Bild, zerschossene und abgebrannte Häuser. Die schönen Läden mit den großen Fenstern sind fast alle zerstört. Die Sachen liegen wüst umher, die Infanterie zieht durch die Straßen und sieht die Häuser nach. Auf unsere Frage, woher dieses komme, sagen sie uns, der Bürgermeister der Stadt habe ihren Regimentskommandeur zum Mittagessen eingeladen und der Sohn des Bürgermeisters habe den erschossen. Auch sei die Infanterie aus den Häusern beschossen worden. Traurige Bilder gibt es hier, in einem Haus liegt eine Frau, erschossen, andere sitzen traurig und weinen.[10]

---

8 Wie der Historiker Sönke Neitzel völlig zurecht hervorhebt, *„basierte der deutsche Feldzugsplan auf dem Faktor Schnelligkeit“* (a.a.O., S. 23).
9 Vgl. Fußnote 7.
10 Spätestens zu diesem Zeitpunkt wird Heinrich Bartel das widerfahren sein, was Ernst Jünger in literarisch anspruchsvoller Manier in ähnlicher Situation so festhielt: *„Der Krieg hatte seine Krallen gezeigt und die gemütliche Maske abgeworfen“*.

Am Abend wird die Batterie wieder parkiert[11], und wir beziehen wieder Biwak, Zelte aufschlagen usw. Heute Abend wird eine Kuh requiriert[12] und geschlachtet. Das Kochen geht schon besser. Die Nacht bleibt ruhig und vom Feind noch nichts zu hören.

AM 19. AUGUST ist wieder Marsch von morgens bis abends, gibt es wenig Neues. Verdächtige Zivilpersonen werden mitgeführt und kommen zum Verhör, werden aber wieder freigelassen. Zerstörte Häuser sieht man immer wieder. Unsere Pferde werden meist vom Felde gefüttert, da die Garben noch draußen stehen. Abends geht`s wieder ins Biwak.

AM 20. AUGUST wieder Marsch von morgens bis abends. Es ist dasselbe Bild wie die Tage vorher, gesprengte Brücken, Barrikaden über den Straßen und zerstörte Häuser. Wie die Batterien des 1. Bataillons durch ein Kirchdorf durch sind, folgt die „Große Bagage“[13] und wird von einem Maschinengewehr aus der Kirche beschossen. Es wurden unsere Fahrer verwundet. Der nachfolgende Zug Infanterie, der zur Bedeckung der Bagage ist, revidiert[14] sofort die Kirche.

---

[11] Das Wort *„parkieren“* taucht einige Male im Tagebuch auf. Es bedeutet so viel wie *„parken“*, war aber erkennbar Bestandteil der damaligen militärischen Fachsprache. Heutzutage wird es noch in der Schweiz verwandt.

[12] Auch *„requirieren“* wird als Teil der militärischen Fach-, vielleicht auch nur Umgangssprache zu begreifen sein.
Es eignete sich sehr, das Wegnehmen, das Beschlagnahmen, letzten Endes das Stehlen und Rauben, das Plündern im Alltag des Krieges zu beschönigen – wie viele andere Wörter lateinischen Ursprungs, die eigentlich nicht zum Vokabular einfacher Soldaten gehörten. Was Bartel bisher beobachtet hat und in den nächsten Tagen registrieren muss, entspricht dem, was in dem *Military Atlas of the First World War* (siehe Literaturverzeichnis) aus britischer Sicht wie folgt beschrieben worden ist: *„The German attack was accompanied by atrocities against the civilian population of Belgium, hostages being executed, towns pillaged, and homes destroyed.“* Auf Deutsch: „Der deutsche Angriff ging einher mit Scheußlichkeiten gegenüber der Zivilbevölkerung Belgiens, wobei Geiseln exekutiert, Städte geplündert und Häuser zerstört wurden.“

[13] Mit dem Begriff *„Große Bagage“* ist der Tross gemeint, also der die Truppe mit Verpflegung und Munition versorgende Wagenpark. Frei von dieser einst militärfachsprachlichen Begrifflichkeit ist die heute gelegentlich anzutreffende Verwendung des Wortes *„Bagage“* für Reisegepäck. Dass mit dem Wort auch Pack, Gesindel, Sippschaft gemeint sein kann, sei nur erwähnt.

[14] Das Verb *„revidieren“* im Sinne von durchsuchen, durchstöbern war vermutlich auch den einfachen Soldaten als eine Art Terminus technicus vertraut, es war häufig Bestandteil der Befehle, die sie auszuführen hatten. Bemerkenswert ist in diesem Zusammenhang seine Verwendung bei Erich Maria Remarque im Kriegsroman *„Im Westen nichts Neues“*: *„Sie schleichen um unsere Baracken und revidieren die Abfalltonnen“*, durchsuchen sie also nach Brauchbarem,

Es ist ein Pfarrer und drei Zivilisten, die sich zur Wehr setzen. Zwei Zivilisten werden dabei erschossen, der Pfarrer, der aus der Kirche rauskommt, wird auch sofort erschossen, der letzte gefangen genommen und von zwei Ulanen mitgeführt. Wie sie mit dem Gefangenen am Fahrer vorbeikommen, wird er noch von diesem mit der Peitsche geschlagen.[15]
Am Abend geht`s wieder ins Biwak. Starke Wachen werden ausgestellt, die Nacht bleibt ruhig.

AM 21. AUGUST Marsch wie gewöhnlich, kurze Haltepausen. Die Zerstörung lässt etwas nach, nach längerem Halten vor der kleinen Stadt Monteguy sehr nah an Brüssel zogen wir mittags in die Stadt ein und blieben da im Quartier. Die Batterien wurden in der Stadt auf dem Marktplatz parkiert, die Wachen sofort ausgestellt.
Es wurde gut gekocht, auch waren Bier und Zigarren zu bekommen. Ich war mit auf Wache, es blieb alles schön ruhig, bis um 11 Uhr abends auf die durchfahrenden Automunitionskolonnen aus den Häusern geschossen wurde. Es wurde sofort alarmiert und die Infanterie beschoss sofort die Fenster der Häuser, aus denen geschossen wurde, und durchsuchte die Häuser. Inzwischen hatte sich die Schießerei immer mehr ausgedehnt, es knallte fast in allen Ecken, nach einer Stunde war alles wieder ruhig. Es wurden mehrere verhaftet, auch drei Pfarrer, wo Revolver und viele Patronenhülsen gefunden wurden und auch aus dessen[16] Fenstern geschossen war.

---

während Bartel sagen wollte, dass die Kirche nach Verdächtigen durchsucht wurde.

[15] Es ist nunmehr an der Zeit, an eine völkerrechtswidrige Anordnung des Generalstabschefs Moltke vom 12. August 1914 zu erinnern, dass *„jeder, der in irgendeiner Weise unberechtigt an der Kriegshandlung teilnahm, als Freischärler zu behandeln und sofort standrechtlich zu erschießen sei. Nunmehr blieb es den übernervösen Soldaten überlassen, wen sie als Franktireur (also Freischärler) betrachten und somit füsilieren konnten.“* (Neitzel, a.a.O. S. 38). Exzesse dieser Art waren bis in den Oktober 1914 hinein an der Tagesordnung und bildeten den Hintergrund für die von britischer Seite völlig zurecht angeprangerten *„Atrocities“* (vgl. Fußnote 12). Neitzel resumiert auf Seite 38: *„Insgesamt sind 1914 rund 6500 Zivilisten und über 20000 Häuser diesem Wahn zum Opfer gefallen, der sich mit dem Erstarren der Front rasch auflöste. “*

[16] Das Ende des Satzes muss wohl lauten: *„... und auch aus deren Fenstern geschossen worden war“.*

AM 22. AUGUST Marsch wie gewöhnlich, auf dem Marsch wenig Neues. Das Brot wird etwas knapp, es ist aber noch allerlei zu kaufen. Am Spätnachmittag kommen wir in der Stadt Alost[17] an und bleiben da im Quartier. Wir gehen in ein Privathaus und lassen uns etwas Abendbrot machen, die Frau ist sehr freundlich, denn sie hat auch einen Sohn im Kriege[18]. Wir bezahlen das Essen und gehen zu unserem Schlafquartier, eine große Schule. Stroh ist leider nicht zu haben.

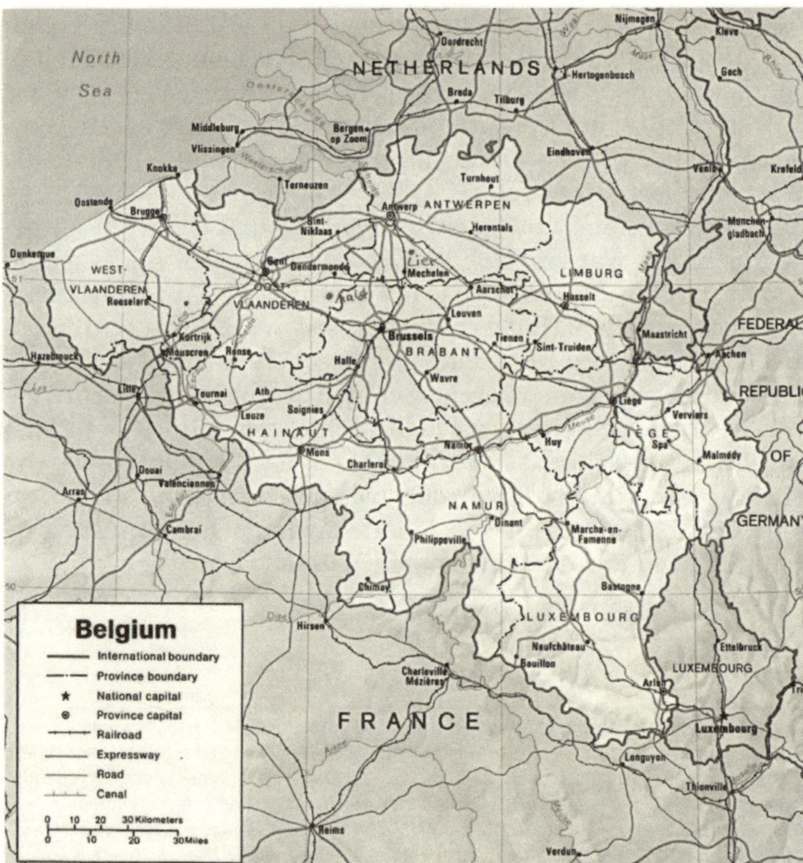

[17] Bartel verwendet die französische Schreibweise. Der flämische Name der Stadt ist Aalst, sie liegt etwa 25km nordwestlich der belgischen Hauptstadt Brüssel in der Provinz Ostflandern.
[18] Aber man bedenke: Auf der anderen „Seite"!

Wir legen uns die Stiefel unter den Kopf, decken uns mit dem Mantel zu und das Lager ist fertig. Viele Leute gehen noch in die Stadt und machen es sich in der Wirtschaft gemütlich, denn es ist noch alles gut im Gange.

AM 23. AUGUST geht der Marsch weiter. Wie wir durch eine Stadt fahren, werfen uns die jungen Mädchen Blumen zu. Die Leute werden klüger und betragen sich anständig.[19]
Brüssel haben wir links liegen lassen und marschieren jetzt Richtung Gent. Die Gegend sieht hier besser aus, Häuser sind nur wenig zerstört. Abends kommen wir in einem Dorfe ins Quartier, kochen ab und es geht zur Ruhe.

AM 24. AUGUST ist Ruhetag, da wird erst ausgeschlafen, anständig gewaschen, dass man wieder ein Mensch wird. Denn die ganzen Tage war das Waschen Nebensache, da man wenig Zeit hatte.

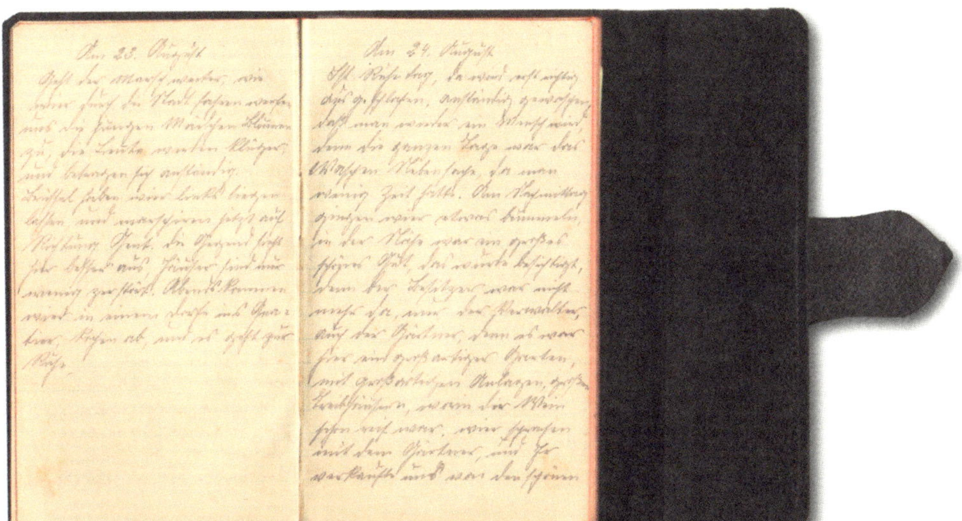

[19] Auf die Wertung *„betragen sich anständig"* soll hier wenigstens hingewiesen sein. Der Soldat Heinrich Bartel wird nicht die moralische Kategorie *„Anstand"* im Blick gehabt, sondern lediglich im umgangssprachlichen Sinne *„normal"* gemeint haben. Nicht auszuschließen ist allerdings, dass Bartel übersehen hat, dass er sich mit seiner Einheit inzwischen im flämischen Teil Belgiens befand, wo den deutschen Truppen – mindestens zu Beginn des Krieges – etwas Zuneigung entgegenschlug, anders als im frankophonen Süden Belgiens, dessen Bevölkerung uneingeschränkt dem deutschen Kriegsgegner Frankreich zugetan war.

Am Nachmittag gingen wir etwas bummeln. In der Nähe war ein großes Haus, eigentlich ein schönes Gut, das wurde besichtigt. Der Besitzer war nicht mehr da, nur der Verwalter und der Gärtner. Denn es war hier ein großartiger Garten,mit großartigen Anlagen und großen Treibhäusern, worin der Wein schon reif war. Wir sprachen mit dem Gärtner, und er verkaufte uns von den schönen dicken Trauben, die ziemlich so dick wie eine Walnuss waren. Sie schmeckten großartig, für 20 Pfennig bekamen wir eine Feldmütze voll. So dauerte es nicht mehr lange und die ganze Batterie war da, jeder hatte sich ein oder zwei Mützen voll geben lassen. Gegen Abend wurde gemeldet, dass die Gegend unsicher sei. In dem nächsten großen Dorf seien die Bewohner unruhig und plan(t)en einen Überfall. Auch waren in dem Dorf noch zwei deutsche Familien, die sie schon misshandelt hatten. Diese baten um unsere Hilfe. Sofort wurde in unserer Batterie angefragt, wer freiwillig wollte. Da meldeten sich so viele, dass wir nicht alle mit konnten. Sofort marschierte der Trupp ab, mit geladenen Gewehren, sie brachten alsbald auch die beiden Familien glücklich an, ohne dass dabei etwas passierte. Sie mussten die Nacht bei uns bleiben. Wir bauten ein schönes Zelt für sie, besorgten Stroh und alles, was möglich war. Es war nicht angenehm, doch waren sie hier sicher. Am nächsten Morgen wurden sie von unseren Leuten nach der nächsten Munitionskolonne gebracht, und so konnten sie sicher mit den letzten Wagen nach Deutschland fahren.

AM 25. AUGUST ein kleiner Marsch rückwärts nach Brüssel zu. „Batterie halt!“ und wir fahren gleich wieder in Stellung. Schnell wurde eine Deckung ausgegraben, und nach kurzer Zeit war unsere Batterie feuerbereit. Einige Zivilisten, die sich in der Nähe aufhielten, wurden gewarnt, zurück zu gehen, um die Stellung nicht zu verraten. Da sie nicht darauf hörten, wurden sie durch einige Gewehrschüsse vertrieben. Wir kommen nicht zum Schuss. Wir sind nur der Sicherheit wegen in Stellung gegangen. Die Stadt Brüssel ist unruhig, da unsere Truppen am 20. August eingezogen sind. Daher richteten wir unsere Geschütze gegen die Stadt. Abends geht’s wieder ins Quartier. In der Stadt soll wieder Ruhe sein.

AM 26. AUGUST geht's wieder in Stellung. In der Nähe vom Tag davor[20] heben wir wieder Deckung aus, wie es sich gehört. Dann kommt eine Meldung, sofort heißt es: „Stellungswechsel!“ und nach kurzer Zeit fährt die Batterie im scharfen Trab die Hauptstraße weiter. Wohl drei Stunden immer im scharfen Trab. Nur einige Male gibt es eine kleine Stärkung.
Einige von den Pferden machen schlapp. Da sie nicht so laufen können, müssen sie ausgespannt werden, aber die anderen Fahrzeuge kümmert das nicht. Die fahren immer weiter.
Die Straße lang, uns entgegen, kommen verwundete Infanteristen und wir bekommen jetzt erst eine Ahnung, was los ist. Es dauert auch nicht lange, so sehen wir seitwärts die feindlichen Schrapnelle krepieren[21].
Gleich danach fahren wir hinter ein kleines Gehölz in Stellung. Der Beobachtungsoffizier reitet schnell zu einer guten Beobachtungsstelle, die Leitung ist gleich fertig gelegt und die Batterie schussbereit.
Die Geschütze werden geladen, Entfernung ist 2900 Meter. Es kommen zwei Schuss zum Einschießen und darauf unaufhörlich Salven. Die vierte Batterie steht neben uns. Die beschießt die feindliche Artillerie und wir die Infanterie.
Nach kaum einer Stunde lässt das feindliche Feuer nach, es ist ein heißer Kampf, denn schon zwei Tage kämpfen unsere Truppen gegen große Übermacht. Es sollen 35.000 Belgier gegen 5000 Deutsche, 70 belgische Geschütze gegen 18 deutsche Geschütze sein.
Nach zweistündigem Feuer unserer schweren Batterien zieht sich der Feind eilig zurück, unter schweren Verlusten.

---

[20] Gemeint war wohl: *In der Nähe des Ortes, wo wir am Tag zuvor Stellung bezogen hatten, heben wir ...*

[21] *„Schrapnell“* bezeichnete ein dünnwandiges Hohlgeschoss, das mit Hartbleikugeln von 10-12 g Gewicht gefüllt war, je nach Größe des Geschosses mit 180 bis über 1500, und auf relativ kurze Entfernungen eingesetzt wurde. Von diesen Geschossen hieß es, dass sie, wenn sie detonierten, *„krepierten“*, zersprengt wurden, so dass Teile oder Splitter und vor allem die Bleikugeln durch die Luft flogen. Mit dem Schrapnell verwandt war die Kartätsche, ein Streugeschoss, das mit Schrotkugeln gefüllt war, diese unmittelbar nach Verlassen des Rohres freisetzte und deshalb besonders über sehr kurze Entfernungen zum Einsatz kam, z. B. in den Grabenkämpfen.

Doch auch unsere Infanterie hat schwer gelitten. Die Krankenwagen fahren dauernd hin und zurück.
Es fallen mehrere Geschütze und Maschinengewehre in unsere Hand, auch Gefangene. Wir senden dem Feind noch einige Salven nach, auf 6000 Meter, damit ist das Getöse des Tages vorbei. Unser erstes Gefecht am 26. August.[22]
Unsere Batterie hatte keine Verluste. Einige Schrapnelle schlugen in unsere Protzensammelstelle[23], doch ohne Schaden anzurichten. Der General, der an unserer Stellung vorbei kam, bedankte sich bei unserem Batterieoffizier für die Leistung und sagte, es sei ein Ehrentag der Artillerie.[24] Unser Nachtposten nimmt einen besser gekleideten Zivilisten fest. Er wird zur Division gebracht. Dieses Gefecht ist bei Perk und Weerde.[25]

---

[22] Spricht aus dieser knappen Feststellung die weit verbreitete, frohgemute Erwartungshaltung der meisten Soldaten zu Beginn des Krieges, für Volk und Vaterland – und für den Kaiser natürlich auch – *„ins Gefecht"* im Dienste einer gerechten Sache gezogen zu sein? Im Verlaufe der Lektüre dieser Tagebuchaufzeichnungen entsteht eher, oder sogar eindeutig, der Eindruck, dass das für Heinrich Bartel nicht oder nur sehr eingeschränkt zutrifft. Er zählte nicht zu den kriegsfreiwilligen *„Notabiturienten"*, zu der *„Langemarck-Generation"*, die, beseelt von einem fast grenzenlosen Patriotismus, auf den Schlachtfeldern in Flandern ihr Leben ließ. Als fast schon Dreißigjähriger mit einem ganz und gar anderen Lebenshintergrund (vgl. die Ausführungen zur Person im Vorwort) wusste er die notwendige Distanz zur Kriegseuphorie zu wahren – wie übrigens viele seiner Alterskohorte mit ähnlichen oder identischen Lebensumständen. Wie es in einer 2013 erschienenen Studie hieß, hätten sich vorwiegend *„Intellektuelle, Schriftsteller und Künstler"*, mit entsprechendem Echo in den Medien, *„in Hochstimmung"* versetzt. *Eine „alle Schichten, Lager und Konfessionen übergreifende patriotische Kriegsbegeisterung"* habe es *„weder in Deutschland noch anderswo"* gegeben. (vgl. Rezension des Buches von Markus Pöhlmann/Harald Potempa/Thomas Vogel (Herausgeber): Der Erste Weltkrieg 1914-1918, Bucher Verlag, München 2013, durch Rainer Blasius in Frankfurter Allgemeine Zeitung, 18.11.2013, S. 8).

[23] Eine *„Protze"* war ein von Pferden gezogener, zum Transport von Munition benutzter zweirädriger Wagen, an den das Geschütz angehängt wurde. Das später auftauchende Verb *„abprotzen"* soll ausdrücken, dass Geschütz und Munition von der Protze genommen wurden. Alle vom Herausgeber eingesetzten Definitionen lehnen sich sehr stark an das sechsbändige *„Große Wörterbuch der deutschen Sprache"* des Duden Verlags aus dem Jahre 1986 an.

[24] Hier gilt wohl das zuvor Gesagte entsprechend. *„Ehre"* war zu einem soldatischen Schlüsselbegriff geworden, vielleicht auch schon entartet. Bartel scheint relativ unbeeindruckt gewesen zu sein.

[25] Südlich der Stadt Mechelen (französisch Malines), die auf halbem Wege zwischen Brüssel und Antwerpen liegt.

AM 27. AUGUST rückt unsere Batterie etwas vor und baut gute Geschützdeckungen, bleiben hier liegen zur Belagerung bis 6. September. Während dieser Zeit ist hier alles in Ordnung. Der Feind hat sich weiter zurückgezogen und meldet sich nicht. Nur waren in Mechelen unsere Patrouillen überfallen. Zur Strafe wurde die Stadt beschossen.

AM 31. AUGUST mit 61 Schuss aus 15 cm Haubitzen und 200 Schuss aus Feldgeschützen.

* * *

AM 1. SEPTEMBER nochmals 70 Schuss 15cm Granaten. An Wachen wurden die Nacht fünf Doppelposten aufgestellt. Ein Posten, der etwas Verdächtiges merkte und darauf anrief, aber keine Antwort bekam, schoss eine Kuh an, die sich wohl verirrt hatte. In Ellewith[26], dem kleinen Dorfe, wo wir jetzt liegen, hatte die Feldartillerie vorher ihre Pferde im Quartier gehabt. Ein Bauer mit seinem Sohn hatte hier in seinem Stalle, wo auch Pferde von uns standen, 7 Pferden den Hals durchgeschnitten. Die beiden wurden aber von der Stallwache dabei gefasst und nachher erschossen. Sie liegen beide in ihrem Garten begraben. Später sah ich Frauen auf dem Gehöft sehr weinend, ein trauriges Los.[27] Es wird hier noch Fußdienst gemacht.[28]

AM 6. SEPTEMBER: Marsch wird fortgesetzt. Weiter nichts Neues. Abends dann ins Quartier. Müssen die Nacht Feldwache aufstellen.

AM 7. SEPTEMBER ist Ruhetag, bleiben noch hier, auf die Nacht, ist aber Alarmbereitschaft.

---

[26] Flämisch Elewijt, zwischen Brüssel und Mechelen gelegen.

[27] Dieses erste eindeutige Zeichen des Mitleidens markiert den Anfang einer sich verstärkenden Empathie für die unschuldigen Opfer des Krieges, unabhängig davon, welcher „*Seite*" sie zuzurechnen waren.

[28] Was mit „*Fußdienst*" gemeint sein könnte, erschließt sich nicht eindeutig, wahrscheinlich Exerzieren. Es fällt auf, dass zum *Sedanstag* am 2. September, dem Ehren- und Jubeltag der preußisch-deutschen Armee und des Deutschen Reiches in Erinnerung an die Kapitulation der französischen Hauptarmee und an die Gefangennahme Kaiser Napoleons III. nach der Schlacht bei Sedan am 2. September 1870, keinerlei Eintragung mit Bezügen zu diesem Datum erfolgt ist. Es ist allerdings müßig, darüber nachzudenken, warum das so war.

AM 8. SEPTEMBER ist wieder Marsch in Richtung Ostende[29]. Nichts Neues, nur strenge Marschordnung. Abends haben Unteroffiziere und Geschützführer eine Stunde Strafexerzieren wegen der Marschordnung. Abends geht's ins Biwak, dicht am Dorfe, auf einer schönen Wiese. Es wird gut gekocht und nachher noch einige Glas Bier getrunken, es ist wohl etwas teuer, aber es geht. Einige Leute sind recht lustig und tanzen mit den belgischen Mädchen oder Frauen, sind aber sehr anständig dabei, so dass die Bewohner Vertrauen zu unseren Leuten haben. Es gibt hier viel schönes Obst.

AM 9. SEPTEMBER ist wieder Ruhe. Die Leute ruhen sich unter den schönen schattigen Bäumen (aus). Es ist hier eine herrliche Gegend und alle Tage heißer Sonnenschein.

AM 10. SEPTEMBER bleiben wir nochmals liegen, es soll was los sein, aber keiner weiß es. Die Nacht bleiben wir noch hier.

AM 11. SEPTEMBER marschieren wir wieder rückwärts nach Brüssel zu, es ist ein langer Marsch. Vor der Stadt müssen wir lange liegen, kommen daher spät in die Stadt rein, fahren mitten durch die Hauptstraße.
Die Leute sehen uns groß an, wie wir hören, haben sie geglaubt, wir seien Engländer. [30]
Die Straßen sind großartig erleuchtet, eine sehr schöne Stadt und viel Verkehr. Die elektrische Bahn fährt immer. Mitten in der Stadt hält die Batterie, wahrscheinlich um Quartier zu machen. Die Leute laufen zusammen, sehen sich unsere Geschütze an und fragen allerlei. Aber die Schutzleute und Ordnungsmänner vertreiben sie. Wir kaufen gut ein, Wurst, Brot usw. Es gibt alles, auch ein gutes Bier und alten Korn. Bald darauf fährt die Batterie an, nach der belgischen Kaserne.

---

[29] Der bereits angesprochene *„Wettlauf zum Meer"* wird also – zunächst – wieder aufgenommen.

[30] Dies ist Bartels erster Hinweis auf den Kriegsgegner Großbritannien. Auf dessen Eingreifen in den Krieg wird nicht eingegangen. Reflexionen darüber waren zum einen ganz allgemein nicht willkommen, zum anderen werden die Ursachen Heinrich Bartel nicht im Detail vertraut gewesen sein. Da Bartels Einheit von Westen her nach Brüssel einmarschierte, lag es für die Bevölkerung der Stadt nahe, in den Soldaten die verbündeten, sie befreienden Engländer zu vermuten.

Hier bleiben wir die Nacht.[31]

AM 12. SEPTEMBER morgens sehr früh fahren wir schon weiter. Die ganze Stadt schläft noch in stiller Ruh. Nachmittags kommen wir in Löwen[32] an, fahren durch die Stadt bis zum Bahnhof, hier halten wir mehrere Stunden. Die Stadt sieht böse aus, denn die Tage vorher sind hier die großen Straßenkämpfe gewesen. Die schönen Gebäude in der Hauptstraße sind abgebrannt und zusammengestürzt. Die Soldaten benutzen die Gelegenheit und suchen die Keller nach, denn die meisten sind mit Wein gut gefüllt. Es dauert nicht lange und wir trinken kameradschaftlich eine gute Flasche Wein. Auch ein guter Magenlikör schmeckt gut. Viele sind angeheitert. Es schadet ja auch nicht, denn wie die Belgier unsere Truppen so schrecklich überfallen haben, da braucht man nicht kleinlich zu sein.[33] Es sind hier sehr schlimme Kämpfe gewesen. Der Feind mit Maschinengewehren im Auto, auch aus allen Fenstern ist geschossen worden. Mit Bajonett und Kolben haben unsere gekämpft. Es sind viele große Massengräber hier, einige sind noch offen, wo sicher noch treue Kameraden zugetragen werden.[34] Direkt vor dem Bahnhof sind mehr Massengräber. Abends gehen wir ins Biwak neben der Stadt.

AM 12. SEPTEMBER 6 Uhr Abmarsch durch die Stadt, an der Außenseite ein längerer Halt.[35] Dann einige Kilometer vor

---

[31] Die aus dem *„Wettlauf zum Meer"* herausgenommene Einheit wird in den Kampf um die Festung Antwerpen einbezogen. Die Eroberung dieses bedeutenden Seehafens war Bestandteil des Schlieffen-Plans, Antwerpen war durch mehrere Forts gesichert. Die eigentliche Belagerung Antwerpens begann am 29. September und dauerte bis zum 9. Oktober 1914.

[32] Die Universitätsstadt Löwen (französisch Louvain, flämisch Leuven) liegt etwa 25km östlich Brüssels.

[33] Wer letzten Endes - oder besser: ursprünglich - wen *„überfallen"* hat, bleibt auch bei Heinrich Bartel ausgeblendet. Der Krieg erhält in dieser Textpassage eine fast heitere Note, *„angeheitert"* wie man war. Die Schrecken des Krieges aber holen die Soldaten sofort wieder ein.

[34] Der Aspekt der Treue des Soldaten zum Vaterland bis in den Tod hinein war so sehr Bestandteil soldatischen (Selbst)Verständnisses, dass auch Heinrich Bartel, der erkennbar frei von jedem Hurrapatriotismus war, in der Wortwahl sozusagen gefesselt blieb. Dass er dabei seinem tiefen Schmerz auf ganz und gar ehrliche Weise Ausdruck gab, blieb davon unberührt.

[35] Es spricht sehr viel für die Vermutung, dass Heinrich Bartel ein Datierungs- oder ein Zuordnungsfehler unterlaufen ist. In seinem Notizbuch gibt es tatsächlich zwei Eintragungen zum Datum 12. September, so wie hier abgedruckt. Dabei fällt auf, dass zwischen den beiden Einträgen eine Seite leer geblieben ist.

und fahren in Stellung. Um 10 Uhr beginnt das Schießen, der Feind, der sich bis jetzt noch nicht gemeldet hatte, erwidert das Feuer, denn unsere Infanterie greift an und sofort ist der Kampf in vollem Gange.
Die Maschinengewehre knattern, der Feind hat unsere Stellung entdeckt, denn wir stehen auf freiem Felde. Die Geschosse schlagen in der Nähe unserer Batterie ein, doch ohne Schaden anzurichten. Der Feind zieht sich zurück, denn unsere Batterien geben lebhaftes Feuer. Wir können den Feind nicht mehr erreichen, müssen weiter vorwärts, machen Stellungswechsel. Die Batterie ist bald wieder aufgefahren und die Knallerei geht weiter. Die Belgier ziehen sich weiter zurück. Wir verfolgen sie mit unseren Granaten soweit wir reichen können. Schon ist es länger dunkel. Es kracht noch immer Salve auf Salve, bis es heißt: *„Feuerpause!“*
Es regnet schon seit mehreren Stunden, das Gefecht ist vorbei. Die Batterie bleibt in Feuerstellung, die Wache zieht auf. Alle anderen Leute und Pferde beziehen Notquartier in einer zerschossenen Stärkefabrik, die Fenster kaputt, Stroh ist nicht zu finden, es regnet immer noch gewaltig. Feuer darf nicht gemacht werden. So muss sich jeder eine Ecke suchen, wo etwas Schutz ist, es ist eine hässliche Nacht.[36]

AM 13. SEPTEMBER um 5 Uhr Abmarsch. Der Feind hat sich weiter zurückgezogen, wir folgen, schon sind wir zwei Stunden marschiert. Aber nichts zu sehen als gefallene Belgier vom Tag vorher.
Wir kommen in ein größeres Dorf, durch das die Bahn geht. Wir sind kaum einige hundert Meter weiter im Dorfe, so bekommen wir aus nächster Nähe Infanteriefeuer. Die Belgier haben sich hinter dem Bahndamm eingegraben. Ein Zug Infanterie, den wir zur Bedeckung hatten, geht vor und nimmt das Feuer auf. Wir machen mit unseren Geschützen schnell kehrt, hundert Meter zurück fahren wir in Stellung und in einigen Minuten fliegt schon die erste Granate in die Hauptstellung der Belgier, auf 1500 Meter, es wird lebhaft gefeuert, und jetzt kommt unsere

[36] Das Wort *„hässlich“* wird, so darf man vermuten, bewusst gewählt worden sein. Auf die scheinbar heitere Note des Krieges folgte unmittelbar sein hässliches Gesicht, seine Fratze.

Infanterie nach, die vor uns da sein sollte, es soll ein Missverständnis sein, dass wir ohne Infanterie vorgegangen sind, die ersten Batterien hatten einige Leichtverwundete, sonst ging noch alles gut.
Jetzt schwärmt unsere Infanterie vor unseren Augen in Gefechtslinie aus, auf dem Bahndamm einen Augenblick Ruhe und die feindlichen Gewehre fangen an zu knattern, mehrere der Unseren sehen wir umsinken. Denn es geht übers freie Feld. 14 Mann fallen bis zum Bahndamm und werden den anderen Tag unter militärischen Ehren begraben.
Doch das Gefecht ist für heute noch nicht vorbei. Es ist Mittag und der Feind hat sich fluchtartig zurückgezogen, wir folgen auf. An den Straßen liegen tote Pferde, Munitionswagen, große Haufen Kleidungsstücke, Tornister, Uniformen und Gewehre. Alles haben die Belgier liegen lassen oder weggeworfen. Drei Kilometer weiter, und sie setzen sich wieder zur Wehr. 4 Batterien Feldgeschütze feuern dauernd herüber, dass alles voll kleine(r) Schrapnellwölkchen ist.[37]
Unsere zwei schweren Batterien nehmen die 4 feindlichen unter Feuer und in drei Stunden ist vom Feinde nichts mehr zu hören und zu sehen. 2 Batterien fallen in unsere Hand. Am Abend fahren wir in das große Dorf Wesyalaes[38] zurück, da es vorne nicht ganz sicher ist.Hier bekommen wir gute Quartiere und können wieder gut ausschlafen.

AM 14. SEPTEMBER ist Ruhetag. Geschütze werden gereinigt, auch Gewehre. Nachher ist frei, da geht das Suchen nach Lebensmitteln los, denn wir haben nur trocken Brot und unser Mittagessen. Wir gehen ins Dorf. Da soll eine große Konservenfabrik sein. Die Bewohner sind meist geflüchtet, überall liegen noch tote Belgier in den Häusern und auf den Straßen.
Die Häuser werden nachgesehen, da findet sich noch alles.

---

[37] Diese fast niedliche Wortwahl ist ein weiterer Beleg dafür, dass gelegentlich das Grauen und die Greuel des Krieges einer uns unverständlichen heiteren Betrachtung gewichen sind, wahrscheinlich unfreiwilligabsichtslos, aber eben doch bezeichnend aufschlussreich.

[38] So lautet die Eintragung bei Bartel. Es spricht viel dafür, dass er den Ort Wezemaal (oder Wesemael) nordöstlich der Stadt Löwen meinte. Ein *„großes Dorf"* mit der von ihm gewählten Schreibweise ist in der betreffenden Region Belgiens auch in sehr guten Karten nicht zu finden.

Butter und Schmalz, auch Wein. Die große Konservenfabrik haben die Belgier in Brand gesetzt, um uns die Ware zu entziehen. Es liegen hier viele Ladungen Gemüse, Erbsen, Bohnen, Gurken und viel Spargel. Vieles ist durch den Brand schlecht geworden, aber es ist noch viel Gutes. Wir versorgen uns mit allem, so dass wir eine gute Zeit auskommen. Am Abend bleiben wir noch hier. Die Nacht trieb ich einer armen Frau, deren Haus und alles verbrannt war, eine Kuh hin, mit der sie freudig weiter zog. Die Kuh war störrisch und wollte mit der Herde, die unser Militär mit sich führte, nicht mitgehen, wurde daher gern zurückgelassen.[39]

AM 15. SEPTEMBER geht's weiter vor, wo wir schon Tags zuvor in Feuerstellung waren, links von der kleinen Stadt Haacht[40]. Wir fahren in Stellung und es heißt, wir sollen hier länger in Stellung bleiben. Wir kommen hier in die Nähe der alten Forts von Antwerpen. Wir bleiben hier bis zum 29. September. In dieser Zeit wird gut gelebt. Fleisch gibt es reichlich geliefert, auch schlachten wir uns zwei kleine Kälber. Das heißt, für unsere Bedienung, für 10 Mann. Dann gibt es gute Rindfleischsuppe, Kalbsbraten und Kartoffeln. Als Nachtisch Apfelmus, auch gab es Bier geliefert.
Die Bewohner sind fast alle fort. Das Vieh, großartige, starke Kühe, Kälber und Schweine laufen herrenlos umher. Keiner kümmert sich darum. Ich habe schon Kühe und Schweine, die noch im Stall waren, losgemacht und rausgelassen, damit sie nicht umkommen.[41] Wir bauen hier die ersten Unterstände. Die Kirche und die Mühle dieser Stadt werden gesprengt von unseren Pionieren.[42] Unsere erste Post kommt hier an. Besorgen uns hier die ersten Decken, da in der Stadt viele zurückblieben.

---

[39] Darf man an dieser Stelle ein weiteres unzweideutiges Zeichen tiefen Mitgefühls, des Mitleids gar für ein unschuldiges Opfer des Krieges erkennen – auch wenn oder gerade weil es auf der Seite des *„Feindes"* angesiedelt war?

[40] Südöstlich der Stadt Mechelen.

[41] Der in der Landwirtschaft aufgewachsene, als Hütejunge bewährte und mit Tierliebe ausgestattete Mann vom Lande weiß auf die Situation angemessen zu reagieren.

[42] In welchem Maße vorgeblich militärisch gebotenes, in Wirklichkeit sehr wahrscheinlich völlig sinnloses Zerstören von Kulturgut zum Alltag des Krieges gehörte, wird hier überdeutlich.

AM 29. SEPTEMBER war Stellungswechsel. Etwas seitwärts gehen wir in Stellung, kommen aber nicht zum Schuss. Machen wieder Stellungswechsel, fahren einige Kilometer vor und gehen ins Quartier. Es dauert doch nicht lange.
Es ist 9 Uhr.[43] Wir sitzen gerade bei unserem Schweinebraten und essen, da heißt es, abrücken. Das meiste wird liegengelassen, packen schnell unsere Sachen zusammen und die Batterie fährt ab. Wieder einige Kilometer vor, in einer Wiese fahren wir in Stellung.
Wir sind nahe am Feind, so muss alles ruhig geschehen, auch darf kein Licht gemacht werden. Es ist dunkel, aber doch klarer Himmel. Rechts vor uns ist ein furchtbares Gefecht, als wenn viele Gewitter zusammenprallen.
Es ist ein Getöse, Maschinengewehre rattern, man sieht nur die vielen Blitze der Schrapnelle, hört das Krachen. Die Scheinwerfer arbeiten unaufhörlich. Schwere Geschosse fliegen weit über uns weg, ein herrliches Gefühl.[44]
Unsere Batterie ist lange feuerbereit, um mit einzugreifen. Doch es kommt kein Befehl und wir fahren noch in der Nacht aus der Stellung raus, machen am Tage noch zwei Mal Stellungswechsel, ohne zu schießen.

AM 30. SEPTEMBER kommen wir ziemlich seitwärts abends bei Dunkelheit ins Quartier, wo die Bewohner erst geflüchtet sind. Da wir unterrichtet wurden, dass die Gegend nicht sicher sei, also ein Überfall nicht ausgeschlossen, wird alles abgesucht, jeder mit geladenem Gewehr im Arm, finden aber nur einen alten Mann, der hatte sich im Backofen aus Angst verkrochen, er musste die Nacht bei der Wache schlafen. Wir lassen (es) uns aber gut schmecken, denn hier ist alles zufinden. Butter, Speck und Brot wird mitgenommen.

* * *

---

[43] Wie so oft in diesen Aufzeichnungen meint Bartel natürlich die Abendzeit, also 21 Uhr.

[44] Inwieweit Bartel hier mit dem Stilmittel der Ironie gearbeitet hat, lässt sich nicht sagen, aber ausschließen sollte man das nicht. Dennoch: Es spricht mehr dafür, dass *„herrliches Gefühl"* nur ausdrücken sollte, wie sehr angstgepeinigt die Soldaten einer derartigen Gefechtssituation im Grunde hilflos ausgesetzt waren, unendlich dankbar dafür, dass die Geschosse weit über sie hinwegflogen.

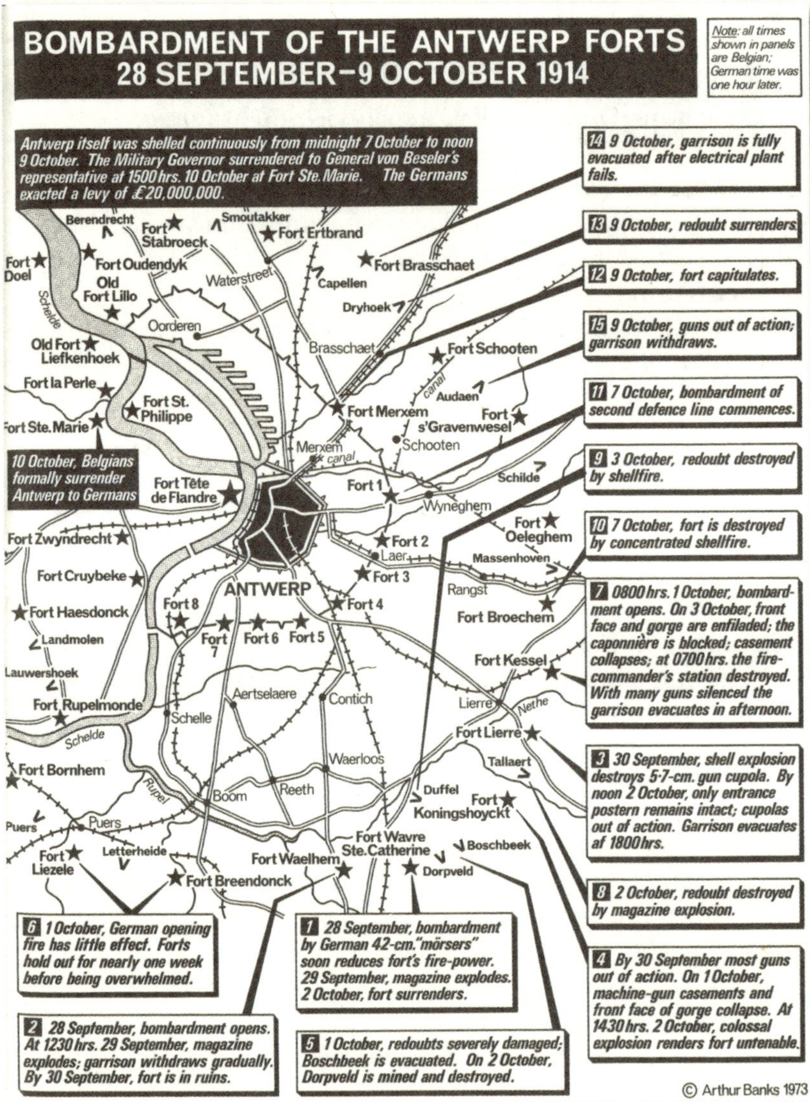

BOMBARDMENT OF THE ANTWERP FORTS
28 SEPTEMBER–9 OCTOBER 1914
Note: all times shown in panels are Belgian; German time was one hour later.
Antwerp itself was shelled continuously from midnight 7 October to noon 9 October. The Military Governor surrendered to General von Beseler's representative at 1500 hrs. 10 October at Fort Ste. Marie. The Germans exacted a levy of £20,000,000.
14 9 October, garrison is fully evacuated after electrical plant fails.
13 9 October, redoubt surrenders.
12 9 October, fort capitulates.
15 9 October, guns out of action; garrison withdraws.
11 7 October, bombardment of second defence line commences.
9 3 October, redoubt destroyed by shellfire.
10 7 October, fort is destroyed by concentrated shellfire.
7 0800 hrs. 1 October, bombardment opens. On 3 October, front face and gorge are enfiladed; the caponnière is blocked; casement collapses; at 0700 hrs. the fire-commander's station destroyed. With many guns silenced the garrison evacuates in afternoon.
3 30 September, shell explosion destroys 5·7-cm. gun cupola. By noon 2 October, only entrance postern remains intact; cupolas out of action. Garrison evacuates at 1800 hrs.
8 2 October, redoubt destroyed by magazine explosion.
4 By 30 September most guns out of action. On 1 October, machine-gun casements and front face of gorge collapse. At 1430 hrs. 2 October, colossal explosion renders fort untenable.
10 October, Belgians formally surrender Antwerp to Germans
6 1 October, German opening fire has little effect. Forts hold out for nearly one week before being overwhelmed.
1 28 September, bombardment by German 42-cm."mörsers" soon reduces fort's fire-power. 29 September, magazine explodes. 2 October, fort surrenders.
2 28 September, bombardment opens. At 1230 hrs. 29 September, magazine explodes; garrison withdraws gradually. By 30 September, fort is in ruins.
5 1 October, redoubts severely damaged; Boschbeek is evacuated. On 2 October, Dorpveld is mined and destroyed.
Berendrecht
Fort Stabroeck
Smoutakker
Fort Ertbrand
Fort Doel
Fort Oudendyk
Old Fort Lillo
Waterstreet
Capellen
Fort Brasschaet
Dryhoek
Schelde
Oorderen
Old Fort Liefkenhoek
Brasschaet
Fort Schooten
Fort la Perle
Fort St. Philippe
Audaen
canal
Fort Ste. Marie
Fort Merxem
Fort s'Gravenwesel
Merxem
Schooten
canal
Fort Tête de Flandre
Fort 1
Schilde
Wyneghem
Fort Zwyndrecht
Fort 2
Fort Oeleghem
Laer
Massenhoven
Fort Cruybeke
Fort 3
ANTWERP
Rangst
Fort 8
Fort 4
Fort Broechem
Fort Haesdonck
Fort 7
Fort 6
Fort 5
Landmolen
Fort Kessel
Lauwershoek
Aertselaere
Contich
Lierre
Nethe
Fort Rupelmonde
Schelle
Fort Lierre
Schelde
Tallaert
Waerloos
Fort Bornhem
Rupel
Boom
Reeth
Duffel
Fort Koningshoyckt
Puers
Puers
Fort Wavre Ste. Catherine
Boschbeek
Fort Liezele
Letterheide
Fort Waelhem
Dorpveld
Fort Breendonck
© Arthur Banks 1973

AM 1. OKTOBER: Die Nacht zuvor wird eine gute Deckung ausgehoben und am Morgen (wird) eingefahren.
Heute beginnt der erste Angriff auf das Fort Koningshooikt[45], links von Lier. Die Batterie ist bald feuerbereit und das Schießen beginnt. Es ist ein furchtbarer Artilleriekampf bis zum Abend. Wir kriegen ziemlich Feuer, doch ohne Schaden anzurichten, von 10 Schuss sind sieben Blindgänger. Vier Geschosse schlagen in unsere Protzensammelstelle (ein), die Pferde gehen durch und ein Fahrer (wird) überfahren, weiter nichts. Unsere Entfernung ist 3000 – 4000 Meter. Gegen 6 Uhr abends stürmt unsere Infanterie das Fort, wurden jedoch in der Nacht wieder zurückgedrängt. Wir leben hier gut, denn Schweine gibt es reichlich. Kochen uns auch einen eingesalzenen Schinken, doch riecht er schon sehr und wird daher weggeworfen.
Abends gibt es noch Schmalz geliefert, welches für uns ausgebraten ist. Auch gibt es Wein geliefert, es fährt hier gerade ein großer Wagen vorbei, der den Wein aus den zerschossenen Häusern (holt)[46], es ist dunkel, und so holen wir uns genügend herunter, übrigens fehlt es uns nicht an Wein.[47]
Die große Kirche, dicht vor uns, wird von den Belgiern in Brand geschossen, ein Feuer, wie ich es noch nie sah.
Die Nacht bleibt die Batterie schussbereit. Die Leute der Bedienungen holen sich Stroh und suchen sich einen geschützten Platz zum Schlafen. Mein Kamerad Unteroffizier J. Barr und ich kippen einen Kastenwagen um und legen uns darunter, doch es dauert nicht so lange, da stören uns die feindlichen Granaten, die neben uns einschlagen. Denn die Belgier feuern die ganze Nacht. Dreimal sind wir ausgerückt, dann haben wir uns in einen trockenen Graben gelegt.

---

[45] Im Tagebuch findet sich der Name *„Königshock"*, es kann sich aber nur um das flämische Fort Koningshooikt (auch Koningshoyckt) westlich, aus Bartels Sicht *„links"* von Lier, das auch als Lierre in Karten verzeichnet ist, handeln, südöstlich Antwerpens.

[46] Im Tagebuch ist die Textpassage allem Anschein nach Fragment geblieben, die Aussage kann nicht zweifelsfrei erschlossen werden. Für die gewählte Wiedergabe spricht allerdings der Zusammenhang.

[47] An dieser Stelle ist eindeutig zu erkennen, dass zahlreiche Tagebucheintragungen unmittelbar im Kriegsgeschehen erfolgt sind und deshalb uneingeschränkte Glaubwürdigkeit beanspruchen können.
„Übrigens fehlt es uns nicht an Wein" soll wohl heißen, dass grundsätzlich genug Wein vorhanden war.

AM 2. OKTOBER geht es früh hoch, die feindliche Artillerie hat unsere Beobachtung zerschossen, auch die Leitung und wir haben keine Verbindung, die Belgier schießen furchtbar, doch muss unsere Verbindung hergestellt werden.
Ltn. Henneberg[48] ist auf der Beobachtung leicht verwundet, auch die Beobachter von der 4. Batterie. Die Verbindung ist fertig und unsere Batterie feuert scharf.

AM 3. OKTOBER den ganzen Tag herumgefahren und Stellungen gesucht, kommen aber nicht zum Schuss.

AM 4. OKTOBER bei Putte[49] in Stellung gegangen und das zweite Fort beschossen auf 2000 Meter. „Fort Lier", welches auch von den österreichischen 30,5 Geschützen[50] beschossen (worden war) , wurde von unseren Truppen besetzt, ohne Gegenwehr, da unsere schweren Geschütze alles zerschossen, so dass die feindlichen Geschütze weit aus ihren Stellungen flogen und ein Bleiben der belgischen Infanterie unmöglich war.

AM 5. OKTOBER durch die Festungswerke durchgefahren und vor der Stadt Lier in Stellung gegangen, es wird schon dunkel, unsere Batterie aber schießt noch böse, denn der Feind verteidigt sich furchtbar, die Infanterie kämpft noch in den Straßen der Stadt, bis die Belgier die Stadt räumen. Es sieht hier böse aus, Gefangene und Verwundete werden zurückgebracht. Die Stadt brennt und überall pfeifen noch die Gewehrkugeln. Einige von unseren Leuten gehen schon in die Stadt und holen sich Unterzeug und Wäsche, auch Tabak.[51]
Quartier ist für die Batterie im Hause neben der Batterie.[52]

---

[48] Denkbar sind auch die Namen *„Hennesberg"* oder *„Jenneberg"*.

[49] Putte ist eine Stadt etwa 5km südlich des Forts Koningshooikt.

[50] Bartel erwähnt hier österreichische Geschütze des Kalibers 30,5cm, die vom deutschen Heer eingesetzt wurden. Es handelte sich um Mörser der sog. Festungsartillerie.

[51] Es wurde also wohl wieder einmal erheblich *„requiriert"*, einfacher ausgedrückt geplündert! Eine kriegsspezifische Handlungsweise der erobernden Soldaten wird sprachlich, in karger Ausdrucksweise *(„holen")*, verschleiert. Ob sie auch innerlich entsprechend verdrängt worden ist, lässt sich nicht abschließend beurteilen.

[52] Der Satz entspricht wörtlich der handschriftlichen Eintragung Bartels. Es muss ein Versehen vorliegen, Vermutlich wollte er die *„Kirche"* oder die *„Gendarmerie"* oder ein anderes markantes Gebäude nennen. Oder er meinte mit *„neben der Batterie"* ein Gebäude, in dem das Batteriekommando agierte.

AM 6. OKTOBER Stellungswechsel, etwas vor und seitwärts, haben den zweiten Fortgürtel beschossen mit 75 Schuss a Geschütz. Wenig Neues.

AM 7. OKTOBER Vormarsch durch die Stadt, hier ist reges Leben, die Bewohner (sind) fast alle geflohen, in Eile, denn das Mittagessen steht zum Teil noch auf dem Tisch. Unser Militär ist in der Stadt und besorgt sich Lebensmittel und Kleidungsstücke, auch Getränke, Tabak und Zigarren[53]. Es ist eine schöne Stadt, anscheinend viel Verkehr und alles zu haben.
Die Straßen hat die belgische Infanterie verbarrikadiert, mit allen Arten Möbel, von da aus wird gefeuert. Gleich hinter der Stadt gehen wir in Stellung, kommen aber nicht zum Schuss. Die feindliche Artillerie feuert nicht mehr so stark.
An Wein fehlt es uns hier auch nicht.
Es werden die weittragenden 13 cm Geschütze vorgezogen. Die beschießen Antwerpen auf 13000 Meter.

AM 8. OKTOBER Vormarsch bis auf 7 Kilometer vor die Stadt. Wir fahren an unseren Infanteriestellungen weit vorbei. Hinter einem Gute gehen wir in Stellung, bauen Deckung. Gegen Abend feuern wir 20 Schuss ab und fahren dann auf einem Schleichweg wieder nach Lier zurück. Vor uns waren auch kleine Streifpatrouillen, unsere Infanterie weit zurück, konnten daher nicht in Stellung bleiben. Antwerpen brennt kolossal. Der ganze Himmel ist rot und scheint weit hin.

AM 9. OKTOBER ist Ruhe bis 10 Uhr. Da die dritte Bedienung ein Fass mit 30 Liter Portwein gefunden hatte, trinken wir gut zum Frühstück und die Feldflasche wird gefüllt. Wir fahren die Antwerpener Straße lang in Nähe unserer Stellung des Tags zuvor. Da gibt es einen längeren Halt und die Meldung wird gebracht *„Antwerpen hat sich ergeben“*. Ein frohes Lachen hört man, aber nicht lange, man glaubt, es ist etwas Selbstverständliches.[54]

---

[53] *„Besorgen“* ist ein weiterer bezeichnender Euphemismus für das Plündern, das wie selbstverständlich stattfand.

[54] Der Satz lässt die verräterische Selbstgewissheit spüren, die Deutschen könnten den Krieg gar nicht verlieren, man müsse nur mit gebührendem Kampfeinsatz an den Sieg glauben.

Wir fahren weiter bis 5 Kilometer vor die Stadt in Stellung. Auf der Hauptstraße drängt sich unser Militär soweit man sehen kann, alles will vorwärts, nur unsere Batterien fahren noch mal in Stellung und machen sich wieder schussbereit. Es wird gesagt, die Verhandlungen seien noch nicht zu Ende und (es) könne ein Zwischenfall kommen. Wir stehen hier auf 200 Meter vor dem letzten Fort. Die Bäume und Häuser sind weggeräumt, um freies Schussfeld zu haben, große Hindernisse sind gebaut, sogenannte Wolfgräben, angespitzte Pfähle in Löcher eingerammt, furchtbare Drahthindernisse mit elektrischem Strom. Die Verhaue sind aber schon von unseren Pionieren durchgeschnitten und der Weg zum Fort (ist) frei.
Bei dem Fort sieht es wild aus, die Scheinwerfer brennen noch, alle Türen offen, die Sachen liegen wüst durcheinander, aber kein Belgier ist zu sehen. Da wir Zeit haben, suchen wir das ganze Fort durch und finden die schönsten Sachen, die wir noch gebrauchen können, großartige schwere Wolldecken, die fast alle verschwinden. Weiter sind mehrere Zentner Butter und Schmalz, wo wir uns auch ein gutes Teil besorgen. Auch viele Büchsen Fleisch, Fische, Milch usw., für einen deutschen Magen passend. Um 3 Uhr ist alles erledigt und wir rücken ins Quartier.[55]

AM 10. OKTOBER ist Ruhe, wie es heißt, kommen wir auf einen längeren Marsch nach Lille in Frankreich, und bekommen das schöne Antwerpen nicht recht zu sehen, nur von weitem, aber das ist Befehl und lässt sich nicht ändern.[56]

Oder hat sich bei Bartel erste Skepsis eingenistet?

55 Die bereits herausgestellten Euphemismen, mit denen Plünderungen beschrieben wurden, erfahren eine besondere Akzentuierung durch die keineswegs überraschende, vielmehr offenbar zeit- und situationstypische Formulierung *„für einen deutschen Magen passend“*. Mit der Wendung, um 3 Uhr sei *„alles erledigt“* gewesen, wird die Empfindung des ganz normalen Vorgangs zusätzlich unterstrichen.

56 Damit ist, nachdem die Festung Antwerpen in deutsche Hand gefallen war, die Rückkehr seiner Einheit in die Flankenbewegung nach Schlieffen-Plan angezeigt. Es muss aber an dieser Stelle darauf hingewiesen werden, dass mit der verlustreichen Schlacht an der Marne vom 5. bis 12. September der deutsche Vormarsch zum Stehen gebracht worden war. Der Bewegungskrieg war nun für die ganze Zeit des Ersten Weltkrieges zum Stellungskrieg geworden, mit den sogenannten Materialschlachten bei Verdun 1916 und in Flandern (Ypern)

AM 11. OKTOBER geht der Marsch los, nach Mechelen, kommen da ins Quartier. Auf dem Marsch ein kleines Andenken von Franz ... und einer kleinen Stadt.[57]

AM 12. OKTOBER Marsch bis Moorsel[58], bekommen gutes Quartier bei einem Wirt, trinken mit ihm mehrere Flaschen Cognac und Bier, sind alle sehr heiter.[59]
Der Marsch geht alle Tage im üblichen Tempo weiter bis zum 17. Oktober ohne Zwischenfall.

AM 17. OKTOBER kommen wir durch die Stadt Staden[60] und werden gleich hinter der Stadt von Auto-Panzer-Geschützen[61] beschossen. Unsere Infanterie, die gleich ausschwärmt, wird aus einer Mühle vom feindlichen Maschinengewehr beschossen. Wir protzen auf der Straße ab, und bald kracht der erste Schuss. Doch sind die Panzergeschütze auf dem Auto schlecht zu treffen, da sie leicht ausweichen können. Wie die Geschütze ziemlich schweigen, wird gemeldet, dass feindliche Kavallerie in der Nähe sei, darauf schwärmen wir sofort aus in Schützenlinien und warten auf den Angriff.
Doch der Beobachtungsoffizier von der 4. Batterie hat eine gute Beobachtung und kann die feindliche Kavallerie deutlich sehen. Im Augenblick[62] sausen schon mehrere Salven schwere(r) Granaten zwischen die Reiter, so ist ihr Angriff gescheitert.
Bald darauf gehen wir in eine Grundstellung und feuern bis zur Dunkelheit und (bis) dann alles ruhig wird.
Wie wir nachher erfahren, haben uns die feindlichen belgischen

---

als seinen besonderen Kennzeichen und Höhepunkten – neben vielen anderen nicht minder verlustreichen auf beiden Seiten.

[57] Der hier ausgesparte Nachname könnte *„Bittorf"* lauten; was genau Bartel gemeint hat, muss offen bleiben.

[58] Moorsel liegt wenige Kilometer vor Aalst (Alost).

[59] Auch diese besondere, an sich kaum begreifbare Situation könnte mit der Tatsache zusammenhängen, dass Bartels Einheit sich in Flandern befindet.

[60] In Westflandern westlich der Stadt Roeselare.

[61] Es handelte sich um gepanzerte Fahrzeuge, auf denen Geschütze sehr beweglich transportiert wurden; sie waren in gewisser Weise in diesem frühen Stadium des Krieges Vorläufer der Panzerwaffe (Tanks), die Ende 1917 zum ersten Mal in der Schlacht von Cambrai zu einem Großeinsatz kam.

[62] Gemeint ist: Augenblicklich, umgehend, sofort.

und englischen[63] Truppen ruhig durch die Stadt fahren lassen und aus den Fenstern gesehen. Die vierte Batterie hat mehrere Verwundete, auch angeschossene Pferde und einen zerschossenen Wagen, die Infanterie hat stark gelitten, unsere Batterie ist schadlos geblieben, trotzdem wir nachher noch schweres Feuer bekamen. Am Abend gehen wir eine gute Strecke rückwärts ins Quartier. Wie es heißt, sind die Verwundeten der 4. Batterie gleich in Staden untergebracht (worden) und nachher durch unseren Rückzug dem Feind in die Hände gefallen. Im Quartier wurden wir auf Befehl von den Bewohnern verpflegt.

AM 18. OKTOBER fahren wir in Richtung Ostende, nach Leke[64]. Am Mittag kommen wir in eine heiße Schlacht, gleich hinter Leke (gehen wir) in Stellung. Es beginnen jetzt die Kämpfe am Kanal, es gibt ein ununterbrochenes Gewehr- und Artilleriefeuer, nur die Nacht wird es ziemlich ruhig. Am Tage greift unsere Infanterie dauernd an, unter furchtbaren Verlusten. Die Kämpfe dauern bis 1. November. Wir bekommen schweres Artilleriefeuer von elf englischen Schiffen, die an der Küste liegen. Die vierte Batterie, die neben uns steht, hat 7 Verwundete, einen Schwerverwundeten.
Ich sah, wie ein Mann der 4. Batterie die Richtlatte ausstreckte, genau wo eine feindliche Granate einschlug. Er wird 3-4 Meter hoch geschleudert. Einige Tage später erkundigte ich mich danach, mir wurde gesagt, er sei längere Zeit bewusstlos gewesen, aber mit geringen Verletzungen davongekommen, und (dass er) wieder gesund würde. Ein anderer verliert ein Bein. Wir machen öfter Stellungswechsel. Es ist böses Regenwetter, schreckliche Tage für uns. Ein Fernsprecher unserer Batterie wird beim Leitungflicken schwer verwundet, durch Schrapnellkugel, „Brustschuss“.

* * *

[63] Dies ist die erste Begegnung mit englischen Truppen, die insbesondere in Flandern gegen das deutsche Invasionsheer kämpften. Das war, wie schon ausgeführt, die Antwort auf die Verletzung der belgischen Neutralität durch das Deutsche Reich. Großbritannien, Garantiemacht der Neutralität Belgiens, brach am 4. August 1914, nachdem ein Ultimatum unbeantwortet geblieben war, die diplomatischen Beziehungen mit dem Deutschen Reich ab, was einer Kriegserklärung gleichkam.
[64] Im Tagebuch handschriftlich stets „*Leeke*“.

AM 1. NOVEMBER ist Abmarsch, kamen mittags ins Quartier. Es wird großartig gekocht und gut gelebt. Bleiben die Nacht hier.

AM 2. NOVEMBER ist Ruhetag, bis gegen Abend, fahren dann bei Dunkelheit in Stellung, heben eine gute Stellung aus und bauen noch Unterstände zum Schlafen.
Wir liegen hier vor Langemark[65] und können die Stadt mit unseren Geschützen gut erreichen. Es wird hier gut gelebt, alle Tage gibt es Schweinebraten, a Mann 2 Pfund Schwein sind genug. Bekommen hier aber fast alle Tage ziemlich Feuer.

AM 5. NOVEMBER schlägt ein feindliches Geschoss in den Unterstand am dritten Geschütz (ein), schlägt Kanonier Altmann tot, und Kanonier Winter wird schwer verwundet, alle anderen bleiben gesund.[66]

[65] In der wissenschaftlichen Literatur begegnet die Schreibweise Langemarck. Es ist der Ort in Flandern, der fast mythische Verehrung erlangt hat. Dazu mehr drei Fußnoten weiter.
[66] Die Doppelgesichtigkeit des Krieges tritt in dieser Notiz auf beinahe gespenstische Weise zutage: auf der einen Seite wird *„gut gelebt, alle Tage gibt es Schweinebraten“*, auf der anderen Seite gibt es unaufhörlich *„Feuer“* mit Toten und Verwundeten.

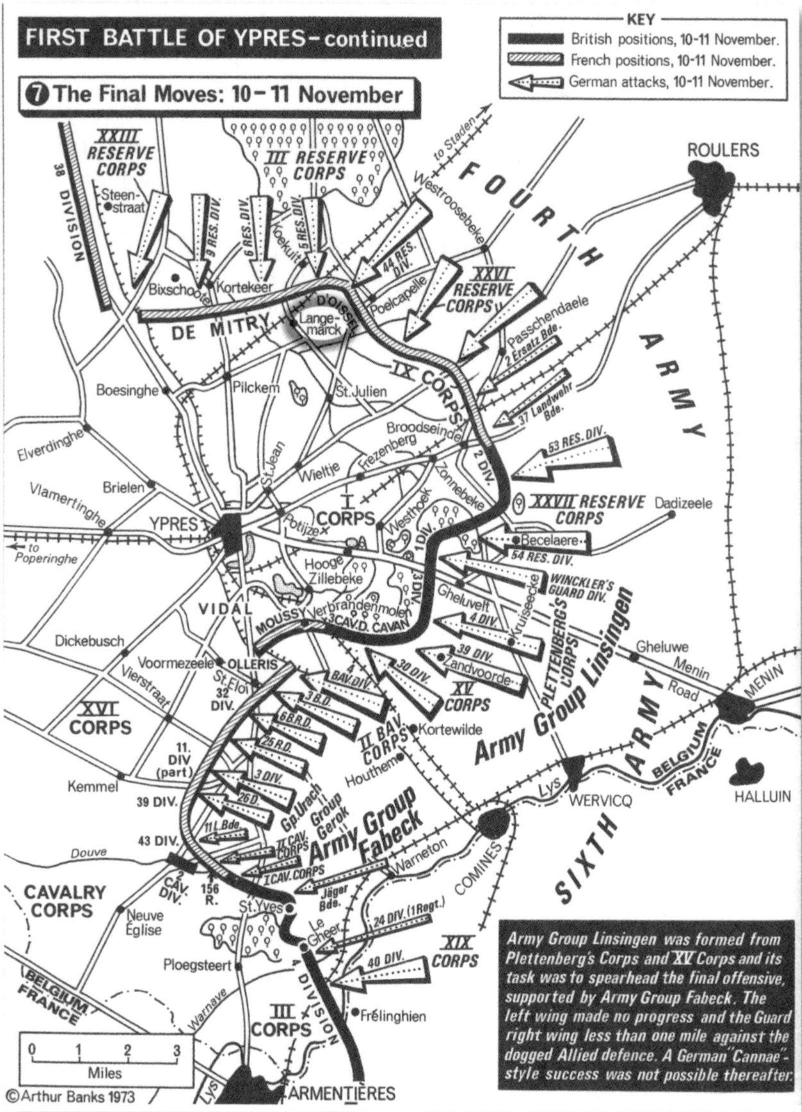
FIRST BATTLE OF YPRES–continued
7 The Final Moves: 10–11 November
KEY
British positions, 10-11 November.
French positions, 10-11 November.
German attacks, 10-11 November.
XXIII RESERVE CORPS
III RESERVE CORPS
38 DIVISION
9 RES. DIV.
6 RES. DIV.
5 RES. DIV.
44 RES. DIV.
XXVI RESERVE CORPS
FOURTH ARMY
2 Ersatz Bde.
37 Landwehr Bde.
53 RES. DIV.
XXVII RESERVE CORPS
54 RES. DIV.
WINCKLER'S GUARD DIV.
4 DIV.
39 DIV.
30 DIV.
XV CORPS
PLETTENBERG'S CORPS
Army Group Linsingen
4 BAV. DIV.
3 B.D.
6 B.R.D.
25 R.D.
3 DIV.
26 D.
11 L. Bde.
II BAV. CORPS
Gp. Urach
Group Gerok
II CAV. CORPS
I CAV. CORPS
Army Group Fabeck
Jäger Bde.
24 DIV. (1 Regt.)
40 DIV.
XIX CORPS
SIXTH ARMY
DE MITRY
D'OISSEL
IX CORPS
I CORPS
2 DIV.
1 DIV.
3 DIV.
3 CAV. D. CAVAN
MOUSSY
VIDAL
OLLERIS
32 DIV.
XVI CORPS
11. DIV (part)
39 DIV.
43 DIV.
2 CAV. DIV.
156 R.
CAVALRY CORPS
4 DIVISION
III CORPS
ROULERS
to Staden
Westroosebeke
Steen-straat
Bixschoote
Kortekeer
Koekuit
Poelcapelle
Lange-marck
Passchendaele
Boesinghe
Pilckem
St. Julien
Broodseinde
Elverdinghe
St. Jean
Wieltje
Frezenberg
Zonnebeke
Brielen
Vlamertinghe
YPRES
to Poperinghe
Potijze
Westhoek
Dadizeele
Becelaere
Hooge
Zillebeke
Gheluvelt
Kruiseecke
Verbrandenmolen
Dickebusch
Voormezeele
St. Eloi
Vierstraat
Zandvoorde
Gheluwe
Menin Road
MENIN
Kortewilde
Houthem
Kemmel
Lys
WERVICQ
BELGIUM
FRANCE
HALLUIN
Douve
Warneton
COMINES
St. Yves
Le Gheer
Neuve Église
Ploegsteert
Warnave
Frélinghien
ARMENTIÈRES
0 1 2 3 Miles
©Arthur Banks 1973
Army Group Linsingen was formed from Plettenberg's Corps and XV Corps and its task was to spearhead the final offensive, supported by Army Group Fabeck. The left wing made no progress and the Guard right wing less than one mile against the dogged Allied defence. A German 'Cannae'-style success was not possible thereafter.

AM 11. NOVEMBER wird Dornfeldt, *„Fernsprecher“*, auf der Beobachtung, schwer verwundet, rechte Hand ab und Sprengstück im Leib, ist einen Tag später gestorben. Obergefreite Mausharke[67] bekommt einen Gewehrschuss durch die Hand am Geschütz. Das Gewehrfeuer reicht noch weiter.[68]

AM 13. NOVEMBER ist Stellungswechsel nach rechts, kommen im Walde in Stellung, bekommen hier wenig Feuer. Die Beobachtung der 3. und 4. Batterie ist zusammen vorn im Schützengraben. Es fallen da Oberleutnant Wittig und ein Fernsprechunteroffizier. Wir brauchen hier wenig zu schießen, gehen daher (den) ganzen Abend auf Fasanenjagd, die uns sehr gut schmecken. Schlachten hier auch eine Sau von 4 Zentnern, bekommen drei Eimer Schmalz. Es wird gut gelebt, nur Tabak und Zigarren fehlen.
Werden aus der Stellung zurückgezogen und kommen ins

---

[67] Denkbar ist auch *Maushacke.*

[68] Es fällt auf, dass die Eintragungen in diesen Novembertagen 1914 bei Langemarck außerordentlich spärlich erfolgt sind. Das mag daran gelegen haben, dass für Notizen im Trommelfeuer der Materialschlacht keine Zeit war. Gleichwohl: Das muss Spekulation bleiben. Es sei daran erinnert, dass am 10. November 1914 das geschah, was den Langemarck-Mythos begründete. Dazu wird in dem bereits erwähnten *„Lexikon der deutschen Geschichte“* des Kröner Verlags ausgeführt: *„Berühmt wurde der Ort durch die überaus schweren Verluste (2059 Tote), die die in der Schlacht von Ypern (flämisch: Jeper) hier eingesetzten, noch nicht voll ausgebildeten Freiwilligen der 6. Reservedivision beim Sturm auf L. am 10.11.1914 erlitten“.*
Bartels Reservefußartillerieregiment war, jedenfalls vor der Mobilmachung, Bestandteil der 6. Reservedivision, diese wiederum gehörte als Glied des III. Reservearmeekorps offiziell zur 8. Armee, die aber, eigenartig genug, im Herbst 1914 mit ihrem Hauptkontingent in Ostpreußen eingesetzt war. Zu welchen Einheiten einer Heeresgruppe oder Armee die Abteilungen des Regiments 3/2 nach der Mobilmachung gehörten, war davon unabhängig und erklärt den Einsatz des Regiments an Fronten und Frontabschnitten, an denen die Masse der 8. Armee nicht agierte.
Immerhin wird hier sehr indirekt, gleichwohl höchst aufschlussreich der Kern der Strategie deutlich, die sich im Schlieffen-Plan niederschlug: Mit geballter Macht mittels der bereits erwähnten Flankenbewegung *(„Wettlauf zum Meer“!)* im Westen innerhalb von ungefähr sechs Wochen eine Entscheidung herbeiführen, in dieser Zeit im Osten mit reduzierter Kampfkraft die Front halten, um dann auch gegen Russland die Entscheidung durch massive Truppenverlegungen aus dem Westen in den Osten herbeizuführen. Es ist bereits deutlich geworden, dass dieser Plan *„grandios“* gescheitert ist.
Aus den weiteren Notizen erfahren wir dann, dass Bartels Einheit schließlich doch in das Einsatzgebiet der 8. Armee verlegt wurde, aus dem Scheitern im Westen heraus, um nun umgehend im Osten die Kapitulation Russlands oder mindestens seine Bereitschaft zum Separatfrieden zu erzwingen, die zweite Front loszuwerden und dann wieder im Westen mit voller Wucht zum Angriff anzutreten. Auch diese Strategie sollte, wie wir aus Bartels Aufzeichnungen erfahren, nicht aufgehen, jedenfalls nicht so schnell, wie das die Militärs erwarteten.

Quartier. Es gibt mehrere Tage Ruhe.[69]
Dann kommt Befehl, dass unser Bataillon auf der Bahn verladen werden soll und wir nach einem anderen Kriegsschauplatz kommen. Wohin – keine Ahnung.[70]

* * *

AM 2. DEZEMBER fahren wir nach der Bahnstation Cortrai.[71] Auf dem Marsche gibt es ein(en) Halt in einer kleinen Stadt. Wir kaufen noch ein und es wird tüchtig ein(er) getrunken. In Cortrai wird für drei Tage Proviant empfangen, und werden die Nacht verladen.
Wir fahren über Lüttich nach Köln, Berlin, Thorn und kommen nach Russland.[72]

---

[69] Die sehr lakonischen Eintragungen sind, so absurd das scheinen mag, umso beredter Ausdruck der Tatsache, dass der angestrebte Durchbruch in der Schlacht von Ypern mit Langemarck als einem ihrer Schwerpunkte nicht erzielt werden konnte. Im Laufe des Ersten Weltkriegs sind bei Ypern weitere Versuche dieser Art verlustreich gescheitert.

[70] Es bleibt ein Rätsel, weshalb es vom 14. November bis zum 01. Dezember keine Tagebucheintragungen gibt, auch nicht in Gestalt von *„Erinnerungen"*.

[71] Nach Lage der Dinge kann nur die Stadt Courtrai, das flämische Kortrijk, unweit der französischen Grenze bei Roubaix, nur etwa 30 km von Langemarck entfernt, gemeint gewesen sein.

[72] Man könnte diesen Stellungswechsel auch so einordnen: In drei Tagen von der Westfront in Flandern, wo der Schlieffen-Plan kläglich gescheitert und der geplante Bewegungskrieg in den Stellungskrieg mit den unvorstellbaren Materialschlachten gemündet war, an die Ostfront, um dort die Entscheidung gegen das zaristische Russland an der Seite der Truppen Österreich-Ungarns zu erzwingen, mit den deutschen Armeen im Norden und den österreichisch-ungarischen im Süden, im wesentlichen in Galizien. Die Geschichtswissenschaft hat sich angewöhnt, von den *„Mittelmächten" (englisch Central Powers)* zu sprechen. Es sei daran erinnert, dass nach dem russischen Vormarsch nach Ostpreußen hinein unter den Generä len Hindenburg und Ludendorff Ende August 1914 die deutsche 8. Armee in der Schlacht bei Tannenberg in Masuren (26.-30.8.1914) die Wende erzielte und mit der Schlacht an den Masurischen Seen (6.9.-15.9.1914) die russischen Truppen in etwa auf ihre Ausgangsstellung zurückwarf. Das ist die Situation, die Heinrich Bartel an der Ostfront im Dezember 1914 vorfand.

In Deutschland ist große Begeisterung. Aus allen Fenstern winken Tausende von Frauen. Auf den Bahnhöfen gibt es gute Verpflegung. In Berlin bekommen wir Wäsche und Unterzeug[73]

AM 6. DEZEMBER kommen wir auf der ersten russischen Bahnstation Alexandrowo abends bei Dunkelheit in Russland an.[74] Die Ausladung geht nur langsam, denn es ist keine gute Rampe da. Geleuchtet wird mit Kienfackeln. Es gibt hier keine Steinstraßen, so geht`s in der Dunkelheit über Stock und Stein, durch Löcher und (über) Hügel. Wie alles ausgeladen und auf der Hauptstraße steht, müssen alle Leute der Reihe nach im Wartesaal des Bahnhofs geimpft (werden), gegen Cholera. Dann haben wir noch einen Marsch von 10 km zum Quartier. In einer großen undichten Scheune können wir schlafen, ist aber sehr kalt.[75]

---

[73] Man könnte diesen Stellungswechsel auch so einordnen: In drei Tagen von der Westfront in Flandern, wo der Schlieffen-Plan kläglich gescheitert und der geplante Bewegungskrieg in den Stellungskrieg mit den unvorstellbaren Materialschlachten gemündet war, an die Ostfront, um dort die Entscheidung gegen das zaristische Russland an der Seite der Truppen Österreich-Ungarns zu erzwingen, mit den deutschen Armeen im Norden und den österreichisch-ungarischen im Süden, im wesentlichen in Galizien. Die Geschichtswissenschaft hat sich angewöhnt, von den *„Mittelmächten" (englisch Central Powers)* zu sprechen. Es sei daran erinnert, dass nach dem russischen Vormarsch nach Ostpreußen hinein unter den Generä len Hindenburg und Ludendorff Ende August 1914 die deutsche 8. Armee in der Schlacht bei Tannenberg in Masuren (26.-30.8.1914) die Wende erzielte und mit der Schlacht an den Masurischen Seen (6.9.-15.9.1914) die russischen Truppen in etwa auf ihre Ausgangsstellung zurückwarf. Das ist die Situation, die Heinrich Bartel an der Ostfront im Dezember 1914 vorfand.

[74] Gemeint ist das seit den sogenannten polnischen Teilungen am Ende des 18. Jahrhunderts zum Zarenreich gehörende Gebiet des ehemaligen Königreichs Polen(-Litauen). Einen polnischen Staat gab es zu dem Zeitpunkt nicht, so dass Bartels Formulierung *„in Rußland"* historisch, völkerrechtlich und staatsrechtlich korrekt ist. Mit den Teilungen Polens hatten Russland, Preußen – später das Deutsche Reich – und Habsburg, ab 1866 Österreich-Ungarn, auf einst polnischem Territorium gemeinsame Grenzen, so dass dort zwangsläufig Kriegshandlungen stattfanden.

Es liegen im übrigen zwei kurze Einträge zum 6. Dezember 1914 vor. Die Eingangssätze weichen in der Formulierung, nicht jedoch inhaltlich leicht voneinander ab. Sie sind hier zu einem Satz verknüpft worden.

Die genannte Bahnstation Alexandrowo dürfte das heutige Aleksandrow Kujawskie, also in Kujawien, etwa 15km südlich der seinerzeit (west)preußischen Stadt Thorn, heute polnisch Torun, gelegen, sein, zumal wenn man die langen Märsche *„in Richtung auf Warschau"* bedenkt.

[75] Das Impfen der ganzen Einheit *„gegen Cholera"* markiert wie kaum etwas anderes den enormen zivilisatorischen Unterschied zwischen der Westfront und der Ostfront.

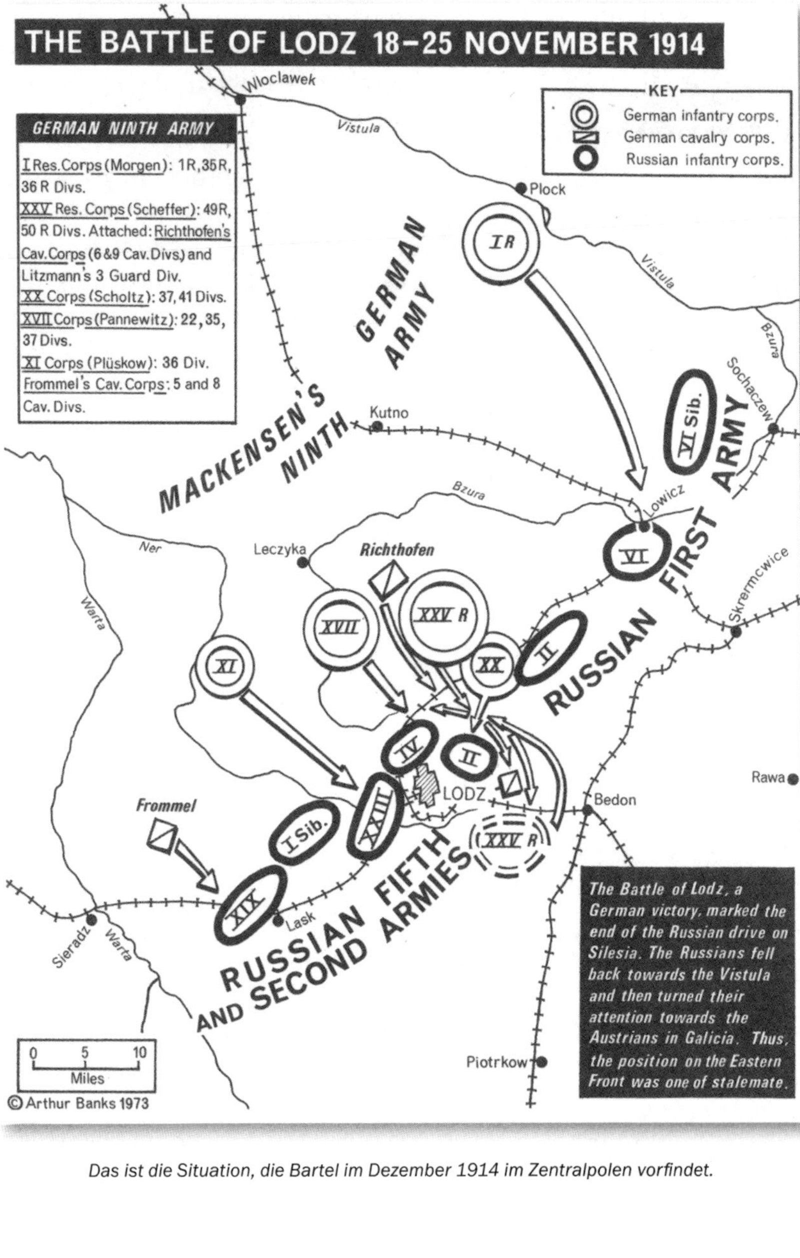

Das ist die Situation, die Bartel im Dezember 1914 im Zentralpolen vorfindet.

AM 7. DEZEMBER ist Marsch in Richtung auf Warschau. In diesen Tagen gibt es große Märsche und sehr traurige Quartiere. Die Verpflegung ist sehr mangelhaft. Wir machen Märsche von über 60 Kilometer(n), liegen bis in die tiefe Nacht auf der Straße und können keine Quartiere finden.
Aber trotz alledem, dass einem dies Russland so groß und fremd ist, ist die Stimmung sehr gut. Oft triffst du auf 20 km noch kein Dorf, nur einzelne kleine Hütten oder traurige Häuser, woran man sich erst gewöhnen muss.
Den Gütern ist das meiste Korn, Pferde und Vieh von den Russen weggenommen worden. Mit den Leuten kann man sich schlecht verständigen, doch haben wir in unserer Batterie viele, die Polnisch oder Russisch sprechen können, also werden wir auch hier gut fertig, auch sind hier viele Deutsche ansässig. Aus Ulk wird auch nach Wodka gefragt, der jedoch sparsam ist, doch passiert es, dass die Leute für teures Geld einen verkaufen. Schon gleich am Bahnhof im Privathaus gab es ein Glas für 10 -20 Pfennig.

AM 12. DEZEMBER nachmittags fahren wir in die erste Stellung, bauen uns gleich einen Unterstand, holen Stroh vom Felde aus der Miete und schlafen erst richtig aus. Geschossen wird wenig, bleiben mehrere Tage hier.

Von hier an habe ich nichts Genaues mehr notiert, da es streng verboten wurde, ein Tagebuch zu führen. Ich schreibe daher nur, was mich interessiert. Ein Datum kann ich nicht mehr angeben, auch nicht immer die Namen der Orte, da es meist verdrehte Namen sind.[76]
Einige Tage später weicht der Feind und wir folgen. Gegen Abend fahren wir in Stellung, das ganze Bataillon in einer Front. Es gibt mehrere Rollsalven durchs Ganze[77], dann ist

[76] An dieser Stelle wird wie nirgendwo sonst deutlich, dass Heinrich Bartel tatsächlich, wenn es nicht streng untersagt war, während des Kriegsgeschehens Tagebuch führte, sich jedenfalls Notizen machte, die er dann als Basis seiner *„Erinnerungen"* in dem hier publizierten Kriegstagebuch, das Bartel selbst so nie genannt hat, verarbeitete. Mit der umgangssprachlichen Wendung *„verdrehte Namen"* sind wahrscheinlich die schwierigen slawischen Ortsnamen gemeint. Die Passage schließt er mit seinen Initialen *„H. B."* ab.
[77] Was *„durchs Ganze"* ausdrücken sollte, bleibt unklar. Denkbar ist: Über die ganze Breite der Front hinweg.

Feuerpause, der Feind geht schon wieder zurück, bedeutend leichter als in Belgien. Am Abend kriechen wir in die alten Löcher, wo die russische Infanterie drin gelegen hat, und wir machen die erste Bekanntschaft mit den Läusen. Am nächsten Tage holen wir uns ein schönes Stück Pferdefleisch, ist gerade ein schönes Reitpferd verunglückt. Es wird geschmort, es schmeckt, Appetit ist sehr gut. Zwei Tage später geht's wieder vorwärts, haben einen langen Marsch. Rechts von Ruszki[78] fahren wir in Stellung. Auf dem Marsche sieht es böse aus, da hier schwere Kämpfe gewesen sind, viele Tote liegen überall. Es sollen in dieser Richtung 150 deutsche Verwundete von den Russen erschlagen (worden) sein, weil sie [79] zurück mussten und die Verwundeten nicht mit fort kriegen konnten. Die Leichen liegen noch, da sie von einer neutralen Kommission erst besichtigt werden sollen.[80] Abends bauen wir etwas von Unterstand[81], zum Schlafen. Es sind schlechte, unangenehme Tage. Am nächsten Tage geht's wieder etwas vor, fahren gleich in Stellung und beschießen gleich die feindlichen Stellungen, wodurch sich über 200 Russen ergeben, die Hände hochstrecken.Bauen wieder einen Unterstand und bleiben die Nacht in Stellung.Am anderen Morgen geht's wieder vor, bei Altanka gehen wir in Stellung, ist (also: wird) links sofort gefeuert. Der Feind ist hier ziemlich fest, da sie sich immer weiter zurückgezogen und jetzt ihre Hauptstellung hinter der Altanka[82] erreicht haben. Wir bleiben hier mehrere Tage in Stellung. Es ist eine hungrige Zeit für alle, auch die Offiziere leiden etwas Not, sie essen jede Kost mit uns, nehmen unsere Eßschalen und Löffel, ungewaschen, aber es klappt alles, jeder tut seine Pflicht.[83]

---

[78] Also südlich der Stadt Ruszki, unweit des Flusses Bzura, etwa 60km nordwestlich von Warschau.

[79] Gemeint: die Deutschen.

[80] Es dürfte eine Kommission gemeint sein, die auf der Grundlage der Haager Landkriegsordnung oder der Genfer Konvention gebildet worden war, um festzustellen, ob die Regeln der Kriegsführung beachtet wurden.

[81] Vermutlich: *„so etwas wie einen Unterstand"*.

[82] Mit *„Altanka"* ist zunächst ein Ort, dann ein Fluss dieses Namens in unmittelbarer Nähe der Stadt Sochaczew an der Bzura, aber westlich dieses Flusses, gemeint.

[83] Diese Eintragung spricht eine deutliche Sprache: Not lehrt(e) also nicht nur beten, sondern ließ auch sonst außerordentlich streng gepflegte Standes- und Rangunterschiede plötzlich nachrangig erscheinen.

AM 23. DEZEMBER ist Stellungswechsel nach links, fahren auf einer Wiese in Stellung, ist keine gute, denn der Boden ist etwas moorig und nass, (sie bietet) auch gar keine Deckung. Vorne freies Gelände, die Russen auf hohen Hügeln im Walde, von wo (aus) sie uns gut beschießen können, es ist ziemlich Abend, kommen nicht mehr zum Schuss.

AM 24. DEZEMBER morgens geht das Einschießen los, wie wir aber damit fertig sind und das richtige Wirkungsschießen beginnen, fangen auch die Russen an, gleich der erste Schuss liegt ungefähr 10 Meter von unserem Geschütz, eine 22 cm Granate, wir ducken uns unbewusst, unser Leutnant , der sich sofort hingeschmissen hatte , kommt hinter unseren Munitionswagen gekrochen, es ist alles gutgegangen, doch folgt ein Schuss nach dem anderen, hinter und vor unserer Batterie, doch dann kommt eine Salve, 4 Schuss, zugleich noch eine Salve aus kleinen Feldgeschützen, 6 Schrapnelle, schlägt alles mitten in unsere Batterie, doch fast wie ein Wunder ohne Schaden anzurichten.
Zwei schwere Schuss liegen wohl 15 Meter vom Geschütz, schlagen aber sehr tief in den Moorboden ein und tun keinen Schaden, da sich in dem tiefen Loch die meisten Sprengstücke verlieren und so keine Seitenwirkung haben. Alles, was hoch fliegt, ist nicht so gefährlich.[84]
Der dritte Schuss liegt zwei Meter vor dem ersten Geschütz, das Geschütz war furchtbar mit Dreck überschüttet, auch das Rohr voll Dreck, es musste beim Schießen ausfallen und erst gereinigt werden. Den Leuten war nichts passiert, da sie hinter dem Munitionswagen gestanden hatten. Der vierte Schuss schlug in einen Unterstand, wo zwei Mann drin lagen, auch diesen war nichts passiert, sie hatten in der Mitte gelegen, der Schuss (war) auf dem Ende eingeschlagen. Durch das Aufbrechen der Erde wurden die beiden Leute unter Stroh und Erde ziemlich verschüttet, hatten aber weiter keinen Schaden, nur dass Gewehre, Decken usw. zertrümmert waren.
Unsere Batterie hatte dauernd noch fest gefeuert, aber die Russen

---

[84] Es dürfte gemeint sein: Der durch das Einschlagen und Detonieren der Granaten *„hoch fliegende“* Moorboden ist nicht besonders gefährlich.

hatten sich zu gut eingeschossen. Da eine Salve um die andere in unmittelbarer Nähe unserer Geschütze einschlug, mussten sich die Bedienungen zurückziehen. Aber das merkten die Russen und stellten ihr Feuer ein.
Wir gingen wieder an die Geschütze, doch hatten wir kaum zwei Schuss raus, hatten wir schon vier wieder, einige Schüsse gaben wir noch ab, bis wir zum zweiten Male ausziehen mussten, dann noch zweimal, und es kam Befehl, die Bedienungen sollten am Geschütz bleiben. Es wurde schon dunkel, und wir feuern, soviel wir rauskriegen können, jedes Geschütz für sich, wenn fertig, wurde es abgezogen. Wir bekamen so viel Feuer, doch jeder deckte sich, so gut er konnte. Nach zweistündigem Feuer musste die feindliche Batterie schweigen. Wir haben noch gefeuert bis nach 11 Uhr[85], ohne dass ein Mann verwundet (worden) war, das war eine Gnade vom Herrn und das schönste Geschenk am Christabend, das wir je bekommen haben.
Am 24. Dezember 1914. Keiner von uns wird es wieder vergessen. Zwischen 12 und 1 Uhr nachts[86] sind die 4 Bedienungen zusammengetreten am Geschütz, mit Herrn Leutnant Hintz haben wir die schönen Weihnachtslieder gesungen und ein jeder hat wohl dem Herrn im Stillen gedankt für die wunderbare Rettung am Heiligabend.
Lt. Hintz, ein gutherziger und gerechter Herr, schenkte jedem eine (seiner) Zigarette(n), die er von seiner Schwester erhalten hatte. Er behielt fast keine übrig, aber jeder sollte eine haben, ein gutes Herz.[87] Darauf konnten wir ruhig schlafen, der Russe hat uns nicht geweckt.[88] Die zweite Batterie, die rechts von uns stand, hatte fünf Tote und mehrere Verwundete.

---

[85] Also 23.00 Uhr.

[86] Also zwischen 00.00 Uhr und 1.00 Uhr, in der Stunde nach Mitternacht.

[87] Diese Stelle wiederum verrät, wie ehrfurchtsvoll die sogenannten Mannschaftsgrade auf ihre Offiziere, und sei es nur ein Leutnant gewesen, aufblickten.

[88] Aus der Sicht Heinrich Bartels, eines tiefgläubigen Menschen, wie immer wieder durchscheint, war die Schlacht am *„Christabend“* mit den Toten eine bedrückend-erschreckende Erfahrung. Er wird nicht im Blick gehabt haben, dass die russischen Soldaten das Weihnachtsfest in der Tradition der russisch-orthodoxen Kirche gemäß dem im Zarenreich geltenden Julianischen Kalender am 07. Januar feierten. Insoweit war für sie der 24. Dezember ein ganz gewöhnlicher Kampftag. Und im Übrigen, so haben wir erfahren, hatten die Deutschen mit

Am anderen Morgen gleich Stellungswechsel, nach vorwärts, bessere Stellung, gleich Unterstände gebaut. Unsere vierte Bedienung wird mittags abgelöst, da ein Geschütz nicht in Ordnung ist. Wir gehen zurück ins Quartier und haben 3 Tage Ruhe. Am Nachmittag des ersten Weihnachtstages kochen wir uns drei Hühner, abends wird gut gegessen und sich gemütlich gemacht. Die Batterie macht am zweiten Weihnachtstag wieder Stellungswechsel, wo sie nur eine Nacht bleiben.

AM 27. DEZEMBER, morgens, bekommt die Batterie beim Ausfahren soviel Feuer, dass sie nicht bleiben können und ausrücken[89] müssen. Nachher haben sie die Geschütze einzeln herausgeholt, ohne Verluste.

AM 23. DEZEMBER[90] war ein Bataillon unserer Infanterie über die Bzura[91] vorgegangen, wurden abends in der Dunkelheit von den Russen in großer Übermacht durch die Bzura zurückgetrieben, unter furchtbaren Verlusten.
Zwei Kompanien wurden gefangen genommen. Das Maschinengewehrfeuer ratterte ohne Ende. Alles flüchtete zurück. Viele sind in der Bzura erfroren und ertrunken. Da wir die Nacht Wache hatten, erzählten mir die Infanteristen, was sie erlebt hatten. Ein unbeschreibliches Elend, viele Verwundete und viele, die glücklich durch den Fluss durchgekommen waren, gehen die ganze Nacht durch zurück zum Quartier, in ihren Schmerzen und nassen Kleidern, bei kaltem Wetter, kaltem Wind und Schneegestöber. Am anderen Tag musste schon jeder, wenn möglich, nach vorn, um die Front zu halten. Denn die Russen greifen jetzt an, aber weiter zurück gehen unsere doch nicht.

---

dem „*Wirkungsschießen*" am Morgen des 24. Dezember 1914 begonnen.

[89] Mit „*ausrücken*" dürfte er, neben der militärischen im Sinne von „*die Stellung verlassen*", in der umgangssprachlichen Verwendung „sich zurückziehen, davonlaufen" gemeint haben.

[90] Es handelt sich offensichtlich im Rahmen der „*Erinnerungen*" um einen zusätzlichen Rückblick, denn nur so lässt sich die Datenfolge erklären.

[91] Die Bzura ist ein von Süden kommender Zufluss der Weichsel.

AM 27. DEZEMBER gegen Abend fährt die Batterie rechts[92] von Sochaczew[93] in Stellung. Die Nacht werden Unterstände gebaut, denn andere Quartiere gibt es nicht. Es sind nur wenig Häuser da und viele haben die Russen in Brand gesetzt, also, da muss man arbeiten, wenn man nicht totfrieren will.

AM 28. DEZEMBER lösen wir die dritte Bedienung ab und verbessern die Unterstände, damit es einigermaßen bequem drinnen wird. In dieser Stellung bleiben wir bis 27. Januar, ohne größere Störung, Feuer gibt es hier wenig. Abends gehen wir zum Mündungsfeuer anschneiden[94] , die Front ist hier fest und ziemlich ruhig. Wir schießen nach Bedarf. Die Verpflegung wird besser, auch kommen unsere Postsachen besser an.[95]

* * *

[92] Also südlich.

[93] Bei Bartel heißt die Stadt Sochatschow. Er ist hier mit Sicherheit Opfer der *„verdrehten Namen"* geworden. Oder er hat sich an die russische Variante des Namens angelehnt. Es ist gesichert davon auszugehen, dass er die Stadt Sochaczew gemeint hat, die etwa vierzig km westlich Warschaus liegt.

[94] Es handelt sich um einen Fachbegriff der Artillerie. Mit *„anschneiden"* ist das Berechnen der Position der feindlichen Geschütze gemeint. Es handelt sich um das *„Lichtmessverfahren"*, dem das Mündungsfeuer des feindlichen Geschützes zur Standortbestimmung dieses Geschützes zugrunde liegt.

[95] Das Kriegsjahr 1914, das, man bedenke, aus 5 Monaten Kriegshandlungen bestand, die eigentlich nach deutschen Vorstellungen hätten ausgereicht haben sollen, den Krieg erfolgreich zu beenden, fasst Sönke Neitzel wie folgt zusammen: *„Die Kämpfe des Jahres 1914 forderten von allen Armeen einen gewaltigen Blutzoll. Das Deutsche Reich hatte rund 800000 Mann verloren, davon 116000 Gefallene... Damit waren die ersten fünf Monate die verlustreichsten des ganzen Krieges."*

1915

AM 27. JANUAR (1915) bekomme ich mein schönes Weihnachtspaket aus der Heimat. Abgeschickt war es am 27. November. In den schönen Sachen sieht man so recht die Liebe der Seinigen, denn es fehlt nichts, ist auch noch alles gut erhalten. Dass hier überall Gräber sind, brauche ich nicht zu schreiben, denn schwere Kämpfe sind überall gewesen.

AM 28. JANUAR fahren wir in der Nähe von Bolimow[96] in Stellung nach einem Marsch von 30 Kilometern. Es hat stark gefroren und ist sehr kalter Wind. Am Nachmittag bauen wir Geschütz und Unterstände, da die Stellung auf einer sehr hohen Wiese ist, muss das Holz von weiter her mit Pferden herangeschleppt werden. Stroh gibt es nicht anders als auf den Dächern der Häuser, auch kein Brennholz, eine traurige Sache Am Abend bei Dunkelheit gehen wir dicht hinter die Front, wo Häuser nicht bewohnt sind, reißen Stroh von den Dächern und holen Brennholz. Einen Ofen haben wir nicht, machen daher ein Loch nach außen durch den Unterstand und machen Feuer an, denn es ist sehr kalt, aber richtig warm wird man nicht, der Boden ist zu sehr gefroren.[97]
Die übrigen Mannschaften und Offiziere kommen in ein großes Zelt ins Quartier, denn Häuser sind hier nicht zu haben, da hier viel Militär zusammengezogen ist, um einen Durchbruch zu versuchen. Es sind in unserem kurzen Abschnitt 96 Batterien in Stellung gefahren, mit furchtbar viel Munition versehen, die Munitionskolonnen fahren schon mehrere Tage.[98]

---

[96] Bolimow liegt etwa 20km südlich von Sochaczew am Fluss Rawka.

[97] Bartel lässt keinen Zweifel aufkommen, dass die *„traurige Sache"* nichts anderes darstellte als Plünderei, aus der Not geboren, aber auch durch das Kriegsgeschehen nicht zu rechtfertigen, da es zu Lasten der ohnehin armselig lebenden, inzwischen vertriebenen Bevölkerung ging. Die Realitäten des Krieges haben seinen Blick nicht nur geschärft, sondern auch objektiviert!

[98] Mit dieser Beobachtung wird deutlich, dass auch an der Ostfront ein fast verzweifelter Versuch unternommen wurde, aus dem Stellungskrieg mit sehr geringen Geländegewinnen, aber enormem Materialeinsatz zum entscheidenden *„Durchbruch"* und damit wieder zum

AM 31. JANUAR war der Angriff, alle Batterien sind um 9 Uhr morgens schussbereit.
Viel Infanterie geht in großen Kolonnen vor, wir bleiben vorläufig in Deckung als Reserve.[99] Auf Befehl beginnt das Schießen, unserer Batterie ist ein Abschnitt, ein Schützengraben von 150 Meter Länge, zugewiesen.[100] Alle Batterien beginnen zugleich das Schießen mit gewöhnlich taktmäßigem Feuer, wohl eine halbe Stunde, einen Augenblick Ruhe, und dann gibt es Schnellfeuer, zwei volle Stunden ohne Unterbrechung, so viel wir rauskriegen können.
Wir haben 600 Schuss raus, dann ist Feuerpause, die Infanterie geht vor, die ersten feindlichen Gräben sind leer, nur Tote und Schwerverwundete sind zurückgeblieben, aber weiter vor setzen sich die Russen wieder zur Wehr, das Artilleriefeuer setzt wieder ein mit gewöhnlichem Feuer, doch kann unsere Infanterie nicht weiter vorkommen. Am Abend haben wir 786 Schuss verschossen.
Der Kampf dauert fast die ganze Nacht an, es ist ein furchtbares Getöse und schreckliches Maschinengewehrfeuer. Unsere Infanterie kann die Stellung nicht halten und wird in der Nacht in ihre alten Stellungen zurückgedrückt, zum Teil drüber weg, die am Morgen aber doch noch wieder zurückgeschlagen wurden.[101] Nur ein Flügel war vorgekommen und hatte seine Stellung behauptet. Einige Tage bleiben wir noch da, fahren dann wieder zurück bei Altanka, links von Sochaczew[102], in Stellung.
Es gibt dann eine unruhige Zeit, wir werden die wandernde Batterie, heute hier und (morgen) da.
Wir haben viel Fliegerschießen, das heißt schießen nach Flieger-Beobachtung[103], bekommen dabei auch häufig Feuer, da wir bis nahe am Schützengraben vorgezogen werden, um die schweren

---

Bewegungskrieg zu kommen.

[99] Dieser Satz ist in Anlehnung an den Originaleintrag *„viele Infanterie in großen Kolonnen gehen vor, und bleiben vorläufig in Deckung als Reserve"* vom Herausgeber konstruiert worden.

[100] Dieser *„Schützengraben"* war das Zielgebiet seiner Batterie.

[101] Es drängt sich folgende Lesart auf: „...am Morgen aber konnten die Russen doch noch zurückgeschlagen werden."

[102] Also westlich von Sochaczew.

[103] Eher beiläufig liegt ein Hinweis auf die im Ersten Weltkrieg sich anbahnende Bedeutung des Flugzeugs als Kriegswaffe vor. Die auf Seite 84 folgende, mit den Worten *„Im März"* beginnende Eintragung unterstreicht das sehr eindeutig.

feindlichen Geschütze zu erreichen. Es ist wohl ein Wanderleben, aber wir bekommen manches Lob von hohen Vorgesetzten, für gute Leistungen. Eine Karte liegt bei, Kamion ist unterstrichen.[104] Im Februar (Ende) kommen wir wieder (in) feste Stellung bei Kamion. Das Wetter wird schon wieder besser, der harte Winter ist vorüber.
Bei einem Juden in Neugut[105], ein Händler, können wir allerlei Waren kaufen.

Es kosten:

* 1 Flasche Rum, Liter	7,00 Mark
* 1 Flasche Bier ½ Ltr	0,50 Mark
* 1 Ei	0,15 Mark
* 1 Hering	0,25 Mark
* 1 Pfund (russisch) Wurst	1,20 Mark
* 1 Pfund (russisch) Zucker	0,50 Mark
* 1 Liter süße Milch	0,20 Mark
* 1 Pfund (russisch) Weißbrot	0,60 Mark
* 1 Pfund (russisch) Butter	2,20 Mark

Bei unserem Marketender kaufte ich eine Flasche Wachholderschnaps für 2,50 Mark.
In den Wäldern hinter den Stellungen hat unsere Infanterie, die in Reserve liegt, große Blockhäuser gebaut, ähnlich den Unterständen. Vor diesen Häusern (wurden) die schönsten Anlagen gemacht von künstlerischen Händen, die Fußsteige fein ausgeschaufelt und geharkt. Jeder Fußsteig hat seine Benennung mit der Tafel auf der Ecke, an den Seiten der Steige oder auf schönen Plätzen sind Bänke aus feinem, weißem Birkenholz und zierliche Beete mit Moos ausgelegt. Es ist großartig, wie ein feiner deutscher Park.[106]

* * *

[104] Die Karte hat nicht zur Verfügung gestanden. Kamion ist eine Stadt am Südufer der Weichsel, wo die Bzura mündet.
[105] Damit dürfte ein polnischer Ort mit dem Namen Nowy Dwor gemeint sein, auf Deutsch eben *„Neugut“*.
[106] Diese Beobachtung zeigt zum einen, dass das schreckliche Kriegsgeschehen den Blick für das Schöne, das Anheimelnde, das Bukolische nicht hat zerstören können, sie drückt zum anderen aber auch die Sehnsucht des geschundenen Soldaten nach dem *„feinen deutschen*

IM MÄRZ fahren wir in Stellung bei Juljamirgol[107]. (Es) ist hier sehr schön, schießen wenig. Der Feind ist ruhig, nur kommen fast täglich feindliche Flieger, die von unseren Abwehrkanonen furchtbar beschossen werden, ist daher immer ein interessantes Spiel.[108] Das Wetter ist schön, warmer Sonnenschein, so dass wir am Tage draußen liegen. Abends werden Spiele angefangen, wo auch die Offiziere mitmachen[109].
Später kommen die feindlichen Flieger und werfen Bomben auf unsere Stellungen, auch auf die Zuckerfabrik, die hier liegt.[110]

* * *

AM 20. APRIL kommt Befehl, dass unsere Batterie von hier fortkommt, wohin ist unbekannt. Am Abend wurden die Geschütze aus der Stellung herausgezogen und rückwärts parkiert. Wir schlafen die Nacht noch hier in der Stellung.
In dieser Stellung durfte kein Feuer angemacht werden. Es wurde daher morgens bei dunkeln[111] schon Kaffee und Mittagessen gebracht, natürlich in isolierten Kübeln, so dass das Mittagessen mittags auch noch heiß war. Abends, bei dunkeln gab es Kaffee, die Verpflegung war hier sehr gut. Auch konnten wir zum Baden gehen. Auf einer Höhe bei Kamion, ungefähr 1500 Meter von der Weichsel entfernt, mussten (wir) jeden Abend bis zum Morgen feindliches Mündungsfeuer anschneiden, um nachher die Batterien unter Feuer zu nehmen.[112]

Park" aus, der als Sinnbild der Friedfertigkeit und des Friedens zu verstehen sein wird.

[107] Der Ortsname kann nicht als gesichert gelten. Eine präzise geographische Zuordnung ist trotz der sehr guten konsultierten Karten nicht möglich.

[108] *„Ein interessantes Spiel"* wird als *„interessante Angelegenheit"* zu lesen sein, nicht zuletzt auf Grund des völlig neuen Phänomens Luftwaffe, deren verheerende Wirkung noch nicht geahnt werden konnte.

[109] Auch dieser eher beiläufig formulierte Nebensatz sollte als Ausdruck einer noch stark vom Standesdenken geprägten Gesellschaft, in der unterschiedliche Ränge sich in deutlichen Abgrenzungen manifestierten, besonders beachtet werden. Der Krieg als Ort, wo alle ohne Rangunterschied überall und ständig dem Tod ins Angesicht zu sehen hatten, wirkte einebnend, zwar nur eingeschränkt, aber immerhin. Auch das ist Bestandteil dessen, was später immer wieder als *„Fronterlebnis"* eine zum Teil sehr unheilvolle Überhöhung erfahren sollte

[110] Hier endet offenbar die vom Verbot, Tagebuchaufzeichnungen vorzunehmen, ausgelöste „tagebuchlose" Zeit, also der Zeitraum, der ganz und gar aus der Erinnerung vorgestellt wird, denn es folgen vom 20. April 1915 an wieder auf einzelne Tage bezogene detailreiche Notizen.

[111] Zu lesen: ... als es noch dunkel war.

[112] Es handelt sich offensichtlich um einen kurzen Rückblick auf das Leben *„in dieser Stellung"* bei Kamion vor dem *„Abmarsch"* am 21. April 1915 gemäß Befehl vom Vortage.

AM 21. APRIL abends 8 Uhr ist Abmarsch, es ist schon richtig dunkel, damit die feindlichen Flieger nichts von unserem Abzuge merken können. Auch durften auf dem Marsche keine Zigarren angezündet werden, überhaupt kein auffälliges Licht gezeigt werden. Wohin wir fahren, weiß keiner, nur dass wir auf der Bahn verladen werden, der Marsch dauert die Nacht durch, bis morgens um 9 Uhr. Die Batterie wird dann in einem Dorfe parkiert, und wir kommen in einer Scheune ins Quartier. Es ist hier noch recht kalt, aber nach dem Marsch schläft es sich gut.

AM 22. APRIL geht der Marsch weiter nach Lowicz[113]. Schon um 9 Uhr fängt es furchtbar an zu regnen, der fast die ganze Nacht anhält[114]. Die Wege sind sehr schlecht. Da unsere Pferde den Winter (über) sehr gelitten haben und wir auch viele an Seuche verloren, müssen wir auf dem Marsche oft an die Zugtaue und die Geschütze über die schlechten Stellen des Weges überweg helfen.
Die Nacht um 3 Uhr kommen (wir) ins Quartier in Jaskowitze[115], wo unser Marsch zu Ende ist. Jaskowitze (ist) die Bahnstation vor Lowicz.
In einer Scheune haben wir Unterkommen. Die Bewohner sind hier anständig, freundliche Leute.

AM 23. APRIL ist Ruhetag. Nur Geschütze werden gereinigt, gewaschen. Am Nachmittag wurden noch eiserne Portionen empfangen, damit alles vollzählig da ist. Auch kaufen wir noch Eier von den Bewohnern, die sie uns gerne lassen.

AM 24. APRIL morgens ¾10 ist Abmarsch zum Bahnhof, der hier dicht bei ist, in Jaskowitze. Hier wird auf mehrere Tage Proviant empfangen, für Pferde und Mannschaften, es gibt Brot, Büchsen mit Fleisch, Butter, Zigarren, Zigaretten, auch Rum, wir sind mit allem sehr gut versorgt. Dann wird verladen, erst die Pferde, dann die Fahrzeuge, in einer guten Stunde ist alles fertig. Werden dann von unseren Leuten noch

---

[113] Bei Bartel *„Lowitsch"*.

[114] Also: Der Regen hält fast die ganze Nacht hindurch an.

[115] Gemeint: In der Nacht um 3 Uhr kommen wir in Jaskowitze ins Quartier. Polnisch vermutlich: Jaskowice. Es handelt sich wie bei dem wenig später erwähnten Laskowitz (polnisch vermutlich Laskowice) um sehr kleine Orte, die ohne Belang sind.

photografiert.
Wir fahren dann in Richtung Thorn. In Laskowitz (Russland) bekommen wir nachmittags warmes Essen.
Bei Dunkelheit fahren wir über die Grenze[116]. Die Felder in Russland (Polen)[117] sind an der Bahnstecke gut bebaut.
In Elbing[118] bekommen wir in der Nacht Kaffee, auch reichlich belegte Butterbrote. 5 Uhr morgens sind wir in Tilsit[119] und wissen jetzt sehr gut, wo wir hinkommen.[120]
Überall werden wir von der Bevölkerung freundlich begrüßt. Wir fahren durch bis Memel[121] und werden hier 10 Uhr morgens ausgeladen. Es geht sehr schnell, kaum ½Stunde und die Batterie steht auf der Straße wieder marschbereit. Viele Frauen oder Mädchen vom Roten Kreuz bringen uns sofort Kaffee und schön belegte Butterbrote, auch Limonaden. Überall sieht man freundliche Leute. Aber man sieht auch viele ängstliche Leute, da hier kürzlich erst die Russen drin gewesen sind, und da sie glauben, sie könnten jeden Tag wiederkommen. Wohl haben die Russen hier allerlei geplündert und Fenster eingeschlagen, ist

---

[116] Gemeint ist die deutsche Reichsgrenze südlich der Stadt Thorn in der preußischen Provinz Westpreußen.

[117] Heinrich Bartel war demnach das staats- und völkerrechtliche Faktum, dass ein wesentlicher Teil des einstigen Königreichs Polen(-Litauen) zu dem Zeitpunkt russisches Staatsgebiet war, sehr wohl vertraut.

[118] Elbing war ebenfalls eine westpreußische Stadt. Das heutige Elblag liegt unweit der Nogat, des östlichen Mündungsarms der Weichsel, und in unmittelbarer Nähe zum Frischen Haff.

[119] Tilsit, heute Sovetsk im zu Russland gehörenden Norden Ostpreußens, liegt an der Memel, die litauisch Nemunas heißt und auch als Njemen bekannt ist. Dieser Fluss bildet heute die Südgrenze Litauens. Historisch interessant ist Tilsit als Ort des Friedens von Tilsit vom 7. Juli 1807, als der russische Zar Alexander I. die britisch-russische Allianz gegen Napoleon aufgab und das französisch-russische Bündnis begründete, das allerdings auch nur wenige Jahre hielt.

Nach der Schlacht an den Masurischen Seen in der ersten Septemberhälfte des Jahres 1914 mussten die russischen Armeen nach und nach ganz Ostpreußen räumen. Das erklärt den ungestörten Truppentransport von Elbing über Tilsit nach Memel im April 1915.

[120] Es handelte sich also um die Verlegung der Einheit von der zentralpolnischen Front in das Baltikum, das vor dem Ersten Weltkrieg Teil des Zarenreiches war. Von dort aus war die sogenannte Njemen-Armee im August 1914 nach Ostpreußen einmarschiert.

Es darf hier daran erinnert werden, dass die baltischen Völker die russische Fremdherrschaft, die im Hinblick auf Estland und Livland (Teil des heutigen Lettland) 1721 als Ergebnis des sog. Nordischen Krieges, im Hinblick auf das heute überwiegend lettische Kurland und auf Litauen im Zuge der polnischen Teilungen 1795 begründet worden war, zugunsten ihrer staatlichen Unabhängigkeit abschütteln wollten.

[121] Das heutige Klaipeda an der Mündung der Memel in die Ostsee.

aber nicht erheblich, einige Häuser und der Wasserturm sind zerschossen.

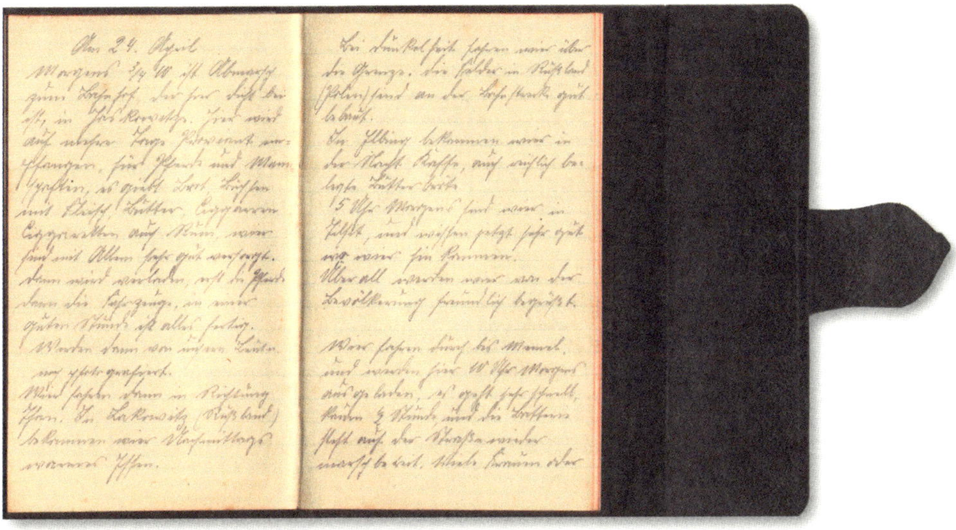

Wir fahren dann durch die Stadt, am Ende eines kleinen Vororts, in Schmelz[122], kommen wir ins Quartier, kochen ab und gehen nachmittags in die Stadt, um allerlei einzukaufen, was uns sonst sehr selten geboten wird.
Die Batterie hat jedoch Befehl, jederzeit abzufahren, das heißt: Erhöhte Alarmbereitschaft.
Wir gehen zum Photografen, trinken auch einige Glas Bier und gehen möglichst bald wieder zurück, um zu essen und auch ein wenig zu schlafen, denn auf der Bahn im Viehwagen gibt es nicht viel Schlaf, aber man braucht ja auch nicht viel.
Am Abend dürfen wir nicht mehr ausgehen, müssen uns in der Nähe des Quartieres aufhalten. Um 10 Uhr gehen wir schlafen, doch dauert es leider nicht lange. Um 12 Uhr[123] wird schon wieder geweckt und alsbald steht die Batterie wieder marschbereit.

[122] Es dürfte Smiltyne, heute Vorort Klaipedas, gemeint sein.
[123] Also um 22.00 Uhr bzw. um 24.00 Uhr.

AM 25. APRIL sind wir auf dem Marsche der Grenze zu, über Kotingen[124]. Noch auf unserer Seite sind schon viele Häuser zerstört und abgebrannt. Die Russen sind nur ungefähr 10 km hinter der Grenze, so begannen dann schon am Vormittag die kleinen Gefechte. Wir sind aber etwas in der Übermacht, haben viel Kavallerie, reitende Artillerie, Infanterie und einige schwere Batterien. Es ist ein richtiger Feldkrieg, in allen Büschen knattern die Gewehre. Doch unsere Kavallerie kommt oft im größeren Bogen von hinten, und von Zeit zu Zeit kommt ein kleiner Trupp Gefangener, und die Reiter nehmen die Verfolgung auf.

Es ist hier eine schlechte Gegend. Schon an der Grenze fängt es an, man kann es ohne zu fragen sehen, dass man in Russland ist[125]. Es liegen Tausende von Morgen wild und wüst herum, etwas Wald, meist hohe trockene und verkommene Wiesen und Sandhügel. (An einigen) Stellen, wo größere Güter sind, ist besseres Land und auch gut bebaut.

Nachmittags fahren wir hinter einem größeren Gute in Stellung. Es wird bald dunkel und der Feind hat sich festgesetzt. Wir beschießen die feindlichen Stellungen erst gut und gehen die Nacht ins Quartier auf diesem Gutshofe, wo wir aufgefahren sind, die Geschütze bleiben in Stellung. Dicht neben uns steht noch eine leichte Batterie.

Auf dem Gutshofe ist ein buntes Leben. Die vielen großen Gebäude sind alle voll belegt, unten Pferde, oben die Mannschaften, denn es ist hier alles im Quartier, leichte und schwere Artillerie, Kavallerie und auch einzelne Infanterie. Überall brennen die Feuer auf dem Hofe, um Essen zu kochen, und auch zum Wärmen, denn es ist noch kalt und scharfer Wind. Viele Pferde bleiben die Nacht angespannt vor den Protzen oder Wagen.

---

[124] Das ist die heutige litauische Stadt Kretinga.

[125] Es gilt, was über Polen gesagt wurde: Staats- und völkerrechtlich ist Bartels Feststellung, seine Einheit sei *„in Russland"* angekommen, korrekt. In ethnischer Hinsicht handelte es sich um litauisches Siedlungsgebiet. Mit *„Grenze"* ist die zwischen dem deutschen Memelland und dem seinerzeit russischen Staatsgebiet gemeint, das heute den Westen Litauens bildet, gemeinhin aber als *„Kurland"* begriffen wurde, weil es einst ein Herzogtum Kurland gab. Man denke im übrigen auch an die vertrauten geographischen Bezeichnungen *„Kurisches Haff"* und *„Kurische Nehrung"* für Landschaften, die heutzutage weitgehend litauisches Staatsgebiet sind. Der Osten Litauens hingegen war über Jahrhunderte hinweg Teil des vereinigten Königreichs Polen-Litauen.

Doch die Nacht ist nicht lang, um 3 Uhr geht's schon wieder weiter. Ist der erste Tag in Kurland.[126]

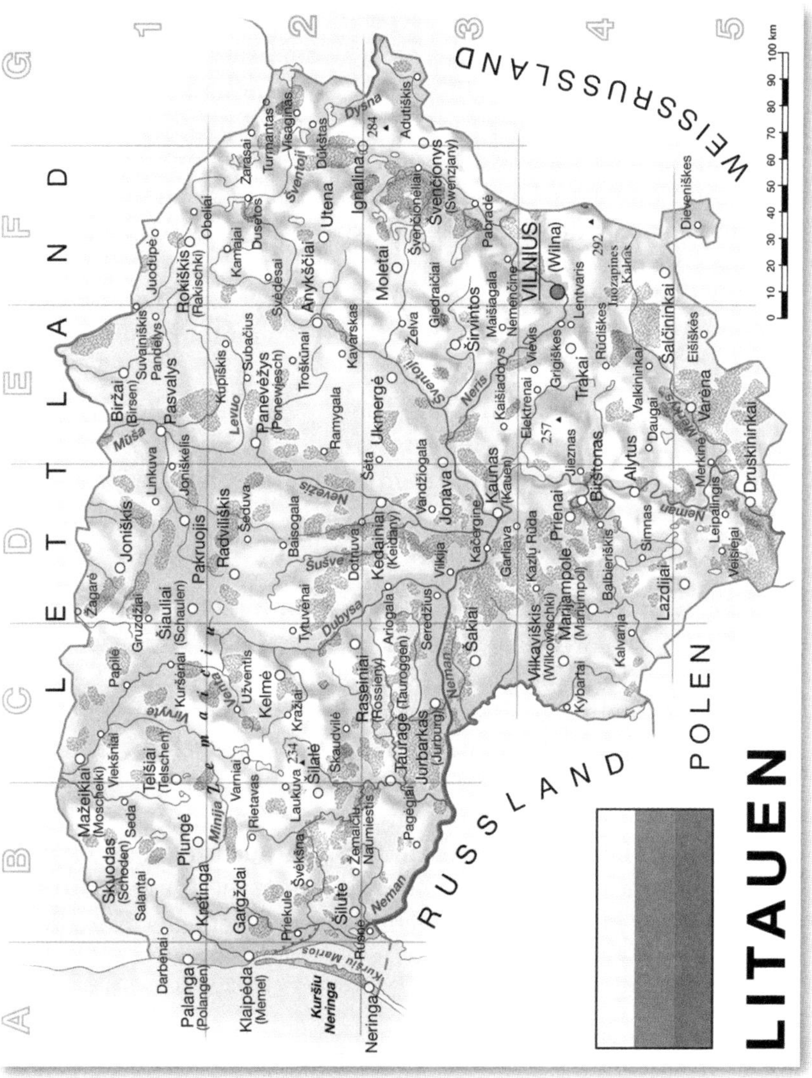

126 Damit ist die Einheit im Südwesten des heutigen Litauen angekommen. *„Kurland"* wird heutzutage in erster Linie mit Lettland in Verbindung gebracht.

AM 26. APRIL, kaum graut der Tag, so ist wieder alles marschbereit, auch eine große Abteilung Kavallerie hält an der Straße. Der Feind hat sich in der Nacht schon wieder zurückgezogen und unsere Reiterei nimmt die Verfolgung auf. Auf dem Marsche sehen wir nichts vom Feinde als einige Gefallene und einzelne tote Pferde. Erst abends um 6 Uhr haben wir die Russen eingeholt, nahe der Stadt Plunge[127], die Russen sind kaum 2 Stunden raus, da ziehen wir schon ein. Es kommen noch einzelne Gewehrkugeln herüber, da die feindliche Infanterie noch dicht hinter der Stadt ist, sie wird aber von unseren Truppen noch etwas weiter zurückgedrängt, und wir können die Nacht ungestört schlafen. Abends wird erst abgekocht, auch kann man noch Kleinigkeiten kaufen, Eier, Zucker, Tabak, Zigaretten und Limonade. Die Leute sind recht freundlich. Noch etwas über Kurland. Die Bewohner sind so ängstlich und blöde, auch sehr neugierig, denn sie haben in mehreren hundert Jahren kein Militär im Lande gesehen, über unsere Kavallerie staunen sie, falten die Hände oder nehmen ihre Pudelmütze ab. Sie sind ja fast von aller Welt abgeschlossen.[128]

AM 27. APRIL, morgens 6 Uhr, ist Abmarsch. Der Feind hat sich die Nacht wieder zurückgezogen. Die Kavallerie leistet das meiste, dabei die leichte Artillerie. Nur einzeln[129], wo der Feind feste Stellungen hat, brauchen wir einzugreifen.
Die Gegend und die Wege werden hier noch schlechter, ist furchtbar hügeliges Gelände, wo die sandigen Wege rübergehen. Da wir viele Pferde verloren haben und viele nicht in Kraft sind, müssen wir Mannschaften oft an die Zugtaue und die Geschütze über die Berge rüber helfen, obwohl einem die langen Märsche schon schwer fallen. In der Nacht ist eine Wache der Kavallerie,

---

[127] Das ist auch der litauische Name. Die Stadt liegt an der E272(A11) etwa 50km nordöstlich Klaipedas.

[128] Mit der Wertung *„blöde"* muss man sich schwertun. Bedenkt man, dass Heinrich Bartel, nicht zuletzt aus seiner tiefen Gläubigkeit heraus, jede verletzende Äußerung über Dritte fernlag, wird man von der heutzutage üblichen Verwendung des Wortes im Sinne von schwachsinnig, geistlos, töricht Abstand nehmen müssen und zu bedenken haben, dass das Adjektiv damals noch ganz im Einklang mit seiner althochdeutschen Wurzel unwissend, scheu, furchtsam oder auch schüchtern bedeutete. Im Textzusammenhang findet diese Lesart ihre eindeutige Bestätigung.

[129] Gemeint: Gelegentlich; vereinzelt.

wobei auch ein Rittmeister war, von Kosaken[130] überfallen und erstochen worden, auch sind schon manche Reiter und Pferde gefallen. Am Nachmittag kommen wir in der Stadt Telschin[131] an, wo wir auch ins Quartier kommen, im Gerichtsgebäude sind wenigstens schöne Zimmer und wir können es uns mal bequem machen. Hier hatten unsere Truppen eine russische Bagage[132] abgefangen und allerlei erbeutet, Gewehre, viele Säbel und Stiefel.
Hier gibt es noch etwas Weißbrot zu kaufen.

AM 28. APRIL (um) 8 Uhr morgens ist Abmarsch, die Sandwege werden nicht besser. Die Russen haben sich wieder zurückgezogen, und unsere Kavallerie schlägt sie mit Gewalt immer weiter (zurück), unsere Infanterie kann kaum so schnell folgen, überall lassen die Russen ihre Sachen zurück, schmeißen alles fort und flüchten. Viele Gewehre und Munition werden erbeutet, auch ein gutes Teil Korn.
Da uns viele Pferde fehlen und wir immer helfen ziehen müssen[133], gehen Leute aus, um Pferde zu suchen und einzufangen, denn es sind ganze Herden draußen auf der Weide ohne Aufsicht. Die Besten werden ausgesucht und angespannt, meldet sich der Besitzer, so bekommt er eine Bescheinigung.
Für unsere Leute ist es ein Vergnügen, die Pferde zu holen, da es mehr eine Abenteuerlust ist, die wilde Gegend dazu, ist es fast so, wie man es in derartigen Büchern liest. Die Häuser sind hier sehr schlecht, es sind mehr alte Lehmhütten. Wer es nicht gesehen hat, kann sich kein Bild hiervon machen. Abends kommen wir bei Dunkelheit auf einem Bauernhofe ins Quartier, Schlafstellen sind kaum zu finden. Wir sind in der Gegend

---

[130] Die „*Kosaken*" kommen hier als das besonders furchterregende Element des russischen Heeres fast obligatorisch vor. Woran Bartel ausgemacht haben will oder kann, dass es sich tatsächlich um Kosaken gehandelt hatte, bleibt ungeklärt. Die „*Kosaken*" mussten immer wieder für Greueltaten herhalten. Sie waren ursprünglich im zaristischen Russland, vornehmlich gegen die Tataren, als Grenzsicherungseinheiten organisiert worden, später stellten sie, wie oft behauptet wird >irreguläre<, Einheiten der Leichten Reiterei, die sich durch schnellen, überraschenden Einsatz an wechselnden Frontabschnitten auszeichneten.
[131] Es handelt sich um die litauische Stadt Telsiai.
[132] Also den Tross.
[133] Die Originalfassung ist abgedruckt worden. Gemeint war: Weil wir immer wieder helfen müssen, die Wagen und die Protzen zu ziehen, ...

bei Lukniki[134]. Wir müssen hier eine Feldwache ausstellen.

AM 29. APRIL morgens 7½ Uhr ist Abmarsch. Es sind immer noch schlechte Sandwege. Vom Feind ist nichts zu sehen. Dann werden noch wieder Pferde gesucht, es sind meist nur kleine Ponys. Einzelne sind auch mal stark und gut, die auf den größeren Gütern haben bessere Zucht. Rindvieh gibt es hier genug, doch es ist sehr mager. Es laufen Herden von hundert Stück auf der Weide. Auch gibt es viele Schafe, aber wenig Schweine, sie sind so mager und groß, daß sie den Schafen von weitem ähnlich sehen. Abends haben wir schon dreißig frische Pferde. Um 6 Uhr[135] kommen wir ins Quartier auf einem Gute.

AM 30. APRIL morgens 6 Uhr Abmarsch. Es sind immer noch Sandwege. Nach einigen Stunden kommen wir an die Hauptstraße, die von Tilsit nach Mitau[136] führt, ist eine schöne Steinstraße. Wir fahren rückwärts nach Kelmy[137], machen hier längere Zeit Halt, kochen ab zu Mittag und empfangen reichlich Proviant, da hier die Hauptverbindung mit der Heimat ist und die großen Auto-Proviantkolonnen diese Straße fahren können.
Am Spätnachmittag fahren wir weiter, links ab von der Hauptstraße[138] in Richtung Rosiewy. 7½ Uhr geht's ins Quartier.[139]

* * *

[134] Es dürfte sich um den litauischen Ort Laiciai handeln. Bartel hat überwiegend die bis dahin üblichen russischen Ortsnamen verwandt, gegebenenfalls auch die deutschen.
[135] Also um 18.00 Uhr.
[136] Es handelt sich um den lettischen (kurländischen) Ort Jelgava etwa 60km südwestlich Rigas. Die *„Hauptstraße"* ist heute die E77, die von Königsberg (Kaliningrad) über Tilsit (Sovetsk) und Mitau (Jelgava) nach Riga, der Hauptstadt Lettlands, und letzten Endes bis nach Petersburg führt. Mitau hatte damals immerhin etwa 46000 Einwohner, davon annähernd 20% Deutsche.
[137] Litauisch Kelme an der E77.
[138] Nach Südosten, da sie *„rückwärts"*, d.h. nach Süden gefahren sind und nun *„links"* abbiegen.
[139] Also um 19.30 Uhr. Rosiewy ist das litauische Raseiniai.

AM 1. MAI 7 Uhr Abmarsch, der Marsch dauert bis nachts 1 Uhr. Nichts Neues unterwegs, holen für unsere Pferde etwas Heu von den Bauern.
Diese ganzen Tage gibt es nichts von Bedeutung, kommen mehrere Male in Stellung, kommen aber nicht zum Schuss.
Es sind hier unruhige Tage und schlechte Quartiere.
Hinter Rosiewy haben wir einen Tag Ruhe. Da hier in der Batterie zwei Schweine rumlaufen, wird schnell eins geschlachtet, ohne dass einer was merkt. Das andere holte der Bauer gleich weg und sucht vergeblich das andere.
Auch gibt es hier Eier zu kaufen.

AM 8. MAI fahren wir wieder zurück, über Rosiewy.
Rosiewy ist eine alte Stadt von ungefähr 5000 Einwohnern. Abends um 5 Uhr geht's ins Quartier. Leutnant Jordan wird Oberleutnant.

AM 9. MAI 6 Uhr Abmarsch nach Kelmy, eine Stunde Pause und fahren dann vorwärts nach Schawli[140]. Der Marsch dauert bis zum anderen Morgen 4 Uhr. Es ist Befehl, die Batterie soll durchfahren und sofort in Stellung gehen.
Es ist ein furchtbarer Marsch, es gibt nur kleine Pausen, fahren immer langsam weiter, denn schnell fahren können wir (nicht), da die Pferde zu schlapp sind. Es darf sich von den Mannschafen keiner aufsetzen. Es machen mehrere Pferde schlapp und müssen zurückgelassen werden. Eins wird totgeschossen, da es nicht mehr hochkommen kann.

AM 10. MAI um 4 Uhr sind wir in der Stellung angekommen, wohl drei Kilometer vor Schawli. Um 5 Uhr sind wir schussbereit. Die Pferde kommen ins Quartier, auch die überzähligen Leute, die Geschützbedienungen haben Quartier gleich hinter den Geschützen, (so) dass sie zu jeder Zeit am Geschütz sein können. Die Leute sind durch den langen Marsch sehr müde, schlafen gleich ein, ohne (zu) essen oder zu trinken und trotzdem es in der alten Scheune so kalt ist. Es dauert jedoch nicht lange, um 7 Uhr heißt es ans Geschütz und so geht's im Laufschritt hin.

---

[140] Litauisch Siauliai an der E77. Gelegentlich verwendet Bartel auch die (russische) Schreibweise *„Schawlie"*, später auch den deutschen Ortsnamen Schaulen.

Es wird sehr lebhaft geschossen, da große feindliche Kolonnen sich unseren Stellungen nähern. Die Tage vorher ist unsere Kavallerie schon 15 Kilometer hinter[141] Schawli vor gewesen, jedoch bald durch große Übermacht zurückgedrängt (worden). Heute müssen sich unsere ganzen Truppen wegen Übermacht (des Feindes) zurückziehen. Wir gehen ungefähr 3 Kilometer zurück, fahren auf freiem Felde in Stellung und warten unseren Rückzug ab. Es ist schon lange dunkel und wir warten immer noch auf weitere Befehle, schießen tun wir nicht, unsere Pferde stehen rückwärts[142] vor den Protzen. Wir bleiben die ganze Nacht auf freiem Felde liegen, ohne Unterkommen, dazu ist es sehr kalt, es hat ziemlich gefroren, man muss eben aushalten.

AM MORGEN DES 11. MAI, wie es heller Tag ist, kommt Befehl, die Stellung soll auf alle Fälle gehalten werden. Wir fahren dann in eine bessere Stellung, das Schießen beginnt sofort und nebenbei bauen wir uns notdürftig Unterstände, um uns nachher zu ruhen, denn alle sind todmüde.
Bekommen ziemlich Feuer, doch passiert nichts. Die Hauptstraße, wo wir dicht dranliegen, wird von den Russen stark beschossen. Auch die kleine Kapelle, wo unsere Beobachtung drin ist, bekommt mehrere Volltreffer, so dass unsere Beobachter flüchten müssen, aber passiert nichts dabei.
Am Abend soll wieder angegriffen werden, wir fahren daher aus der Stellung raus und halten uns marschbereit auf der Straße. Fahren auch gleich eine Strecke vor, halten dann wieder und warten auf neue Befehle. Es ist schon lange dunkel, endlich geht die Knallerei los, die Russen schießen stark wieder[143]. In dieser Zeit ist schon unsere ganze Bagage vorgefahren[144], die vielen Feldküchen, so dass die Straße in zwei Reihen von den vielen Fahrzeugen voll ist.
Gerade in diesem Gewühl fällt das Licht der feindlichen Scheinwerfer auf uns, da wir doch nahe an die feindlichen Stellungen vorgefahren (sind). Einige Gewehrkugeln klatschen herüber, da

---

[141] Also nördlich von Siauliai.
[142] Soll heißen: zum Rückzug bereit.
[143] Für die Artillerie, dieser Eindruck wird hier vermittelt, war *„die Knallerei"* das ihre Existenz legitimierende Element. *„Wieder"* muss als *„zurück"* begriffen werden.
[144] *„Vorgefahren"* im Sinne des mehr oder weniger geordneten Rückzugs.

heißt es kehrt Marsch. Doch das geht nicht so schnell, denn die Straße ist zu voll. Glücklicherweise muss uns der Feind nicht beobachtet haben, wir bekommen kein Feuer und wir können in Ruhe in unsere alte Stellung zurückfahren. Während dessen wird der Angriff immer heftiger, doch bald bekommen wir schon Nachricht, dass der Angriff nicht gelungen sei. Links sind unsere (Einheiten) vorgekommen, doch rechts sind die Russen durchgebrochen und haben mehrere Gefangene gemacht.
Auch eine Batterie Feldgeschütze, die von den Kosaken überrumpelt waren, der Hauptmann hat die Geschütze aber durch große Tapferkeit seiner Bedienungen wieder zurückerobert.
Dies ist der Angriff, wo mein ...[145] Heinrich rechts von Schawli mit im Wald gelegen, eine ganze Kompanie, (die) von den Kosaken angegriffen wurden, die fast alle erschossen wurden. Am Tage kommen durch unsere Stellung mehrere Verwundete, die von Kosaken böse zugerichtet waren.

(IN DER) NACHT VOM 11 AUF DEN 12. MAI fahren wir noch in eine andere Stellung, da es hier zu unsicher ist. Am Tage wird heftig geschossen. Das Gelände einige hundert Meter vor unserer Stellung wird vom Feinde mit schweren Granaten stark beschossen, es kracht den ganzen Tag.[146]
Da die Bewohner fast alle geflüchtet sind, suchen unsere Leute die Häuser durch und bringen viel Speck mit, er wird meist ausgebraten zu Schmalz.[147]

AM 14. MAI machen wir schon um Mitternacht Stellungswechsel, haben 5 stündigen Marsch nach links zur 8. Division. Fahren gleich in Stellung, kommen aber nicht zum Schuss, machen noch drei Mal Stellungswechsel, gegen Abend wird geschossen. Unterstände haben wir fertig, da kommt Befehl, die Front sei nicht sicher, und wir müssen mehrere Stunden weit zurückfahren. Kommen um 12 Uhr in eine große Scheune ins Quartier.

---

[145] Dem Namen Heinrich ist ein Wort vorangestellt, das nicht entziffert werden konnte. Es könnte sich um die Abkürzung eines Dienstgrads handeln, doch muss das eine Vermutung bleiben.
[146] Mit dieser sehr detailreichen Schilderung einer heftigen und verlustreichen, sich noch mehrere Wochen hinziehenden Schlacht vermittelt Bartel einen lebhaften Eindruck vom Kriegsgeschehen an der Nordostfront des Ersten Weltkrieges.
[147] Umso schockierender wirkt dann der plötzliche, emotionsfreie Übergang zum Alltag der Soldaten, die sich durch Plünderungen mit Grundnahrungsmitteln versorgen.

Stroh ist nicht da, wie gewöhnlich, auch saust der Wind quer durch. Kaum habe ich 10 Minuten gelegen, werden ich und mein Kamerad aufgefordert, unseren Platz zu verlassen.
Wir legen uns dann draußen an die Mauer, der Wind heult um die Ecke, doch wir sind zu müde. Wenn wir auch nicht viel schlafen, so ruhen wir doch.
Um 2 Uhr wird wieder geweckt und fahren dann gleich in die alte Stellung zurück. Es wird geschossen. Abends ist wieder Stellungswechsel, so geht es die ganzen Tage, sehr unruhig, schlafen ist Nebensache. Das Brot wird knapp.

AM 19. MAI fahren wir in Stellung, links an der Hauptstraße[148] im Walde. Bauen uns eine Art Unterstand, Dach mit Zeltbahnen, auch bauen wir uns kleine Schützengräben zur Deckung. Liegen hier nur 1500 Meter vom feindlichen Schützengraben. Es wird viel gefeuert. Die Russen sind in großer Übermacht und machen heftige Angriffe, doch halten wir unsere Stellungen, bekommen starkes Gewehr- und Granatfeuer und haben doch keine Verluste.
Unsere Verstärkung, das 12. Armeekorps, das schon auf dem Marsche ist, kommt nicht, da Italien Österreich den Krieg erklärt. Bleiben längere Zeit in dieser Stellung.[149]

AM 22. MAI abends machen die Russen einen Sturmangriff, der Kampf dauert 2½ Stunden, wird aber abgeschlagen. Das Feuer dauert fast die ganze Nacht, es ist ein furchtbares Getöse, so dass die Kommandos nicht zu verstehen sind. Wir bekommen starkes Feuer, die notwendigsten Leute sind nur am Geschütz, alles andere in Deckung.
An Lebensmitteln fehlt es nicht, nur Brot ist etwas knapp. Bekommen noch Karpfen, die unsere Leute im Teiche gefangen haben. Auch ist eine Jagd auf Schweine, nach mehreren Schuss wird eines von unserer Bedienung erschossen.
So leben wir.

---

[148] Also westlich der heutigen E77.

[149] Bartel muss sich im Datum geirrt haben: Die Kriegserklärung Italiens an Österreich-Ungarn erfolgte am 23. Mai 1915. Richtig ist aber seine Eintragung, dass die avisierte „*Verstärkung*" durch das 12. Armeekorps ausblieb. Die heikle, unmittelbar sich auswirkende Zwei(oder besser: Mehr) frontenlage des Deutschen Reiches wird am ganz konkreten Beispiel überaus präsent.

AM 23. MAI ist Pfingsten, schönes warmes Wetter. Mittags wird gut gegessen. Am Tage bleibt alles ruhig. Abends greifen die Russen wieder an, doch wird unsere Stellung gehalten. Bei Batterie Bender, die links von uns steht, ist ein Kanonier verwundet (Brustschuss), ein Fahrer tot (Herzschuss), bei uns ist nichts passiert.[150]

AM 24. MAI am Tage ziemlich ruhig. Nachts wieder Sturm der Russen, wird aber wieder abgeschlagen.
Unsere Protzen sind die ganze Nacht bespannt, da es nicht ganz sicher ist. Die Übermacht der Russen wird zu groß.

AM 25. MAI morgens ruhig. Mittags um 1 Uhr beginnt unser Rückzug, drei Kilometer rückwärts, bei Kurtowjany[151] fahren wir im Walde in Stellung.
Die Nacht wieder Sturm der Russen. Rechts sollen sie durchgebrochen und das 3. Bataillon 35 aufgerieben sein.

AM 26. MAI herrliches Wetter in dem hohen Kiefernwalde. Machen dann Frontveränderung, da die Russen noch bei den 26ern durchgebrochen sind, in der Gegend von Bubi[152]. Wir machen wieder Stellungswechsel, rückwärts, die 35er haben viele Verluste. Die beiden Regimenter 35 u. 26 sind auseinandergesprengt, sammeln sich aber gleich wieder etwas rückwärts. Bekommen abends zwei 2 Kompanien Verstärkung. Dann wird die Front wieder gehalten. Es werden noch 20 Gefangene gemacht. Die Nacht bleibt ruhig.

AM 27. MAI morgens ist es ziemlich ruhig, als wenn sich die Lage gebessert hat. Wir beschießen die feindliche Infanterie auf 6000 Meter, die Artillerie auf 8500 Meter. Abends wird's schon wieder unsicher, der Feind rückt näher, doch bleiben wir die Nacht in Stellung.
Im Walde haben wir Zelte gebaut, es schläft sich schön drinnen.

---

[150] Auch diese nüchterne, lakonische, fast teilnahmslose Eintragung spiegelt den Alltag der Soldaten wider. Der Tod von Kameraden war erbarmungsloser Bestandteil ihres Daseins geworden.
[151] Litauisch Kurtuvenai, etwa 2km westlich der E77.
[152] Litauisch Bubiai, direkt an der E77 gelegen, ca. 4km von Kurtuvenai entfernt.

AM 28. MAI um 5 Uhr ans Geschütz, es wird den ganzen Tag etwas geschossen. Gegen Abend machen wir wieder Stellungswechsel, wohl 4 km rückwärts hinter Kurtowjany, wir können die Front nicht halten, es zieht sich alles zurück. Wir schießen heftig, doch wird es zu unsicher, es fahren daher 3 Geschütze weiter zurück, auch gleich wieder in Stellung. Unser 4. Geschütz bleibt stehen, um den Rückzug zu sichern, behalten einen Haufen Munition, und die Wagen fahren mit fort, damit wir im Fall der Not schnell wegkommen können. Es werden von unseren Leuten mehrere Patrouillen und Posten ausgestellt.
Wir schießen in abgemessenen Abständen. Die Russen sind vorsichtig, kommen nur langsam nach. Wie wir unsere Munition verschossen haben, fahren wir auch zurück.
Unsere anderen Geschütze feuern auch schon wieder bis in den späten Abend. Wir bauen uns Zelte und schlafen, die Nacht blieb ruhig.

AM 29. MAI morgens, wird geschossen, nach einigen Schüssen ist bei unserem 4. Geschütz das Federrohr gerissen, können nicht mehr schießen. Fahren dann weiter zurück zur Bagage zum Reparieren.
Hier ist ein besseres Leben. Die vielen Bauern haben noch Vieh, also gibt es Butter, Milch und Eier zu kaufen, soviel wir brauchen. Die Butter kostet 1,40 M (russisch Pfund), bleiben die Nacht hier. Für das Geschütz muss erst ein Ersatzteil angefordert werden. Es dauert länger.

AM 30. MAI fahren wir etwas vor, da unsere Truppen die Russen wieder zurückgeschlagen haben. Auf einem großen Bauernhof kommen wir ins Gewitter. Schlafen die Nacht in der Windmühle.

AM 31. MAI bleiben (wir) hier noch liegen. Beim Bauern gibt es Milch (russisch Liter kostet 15 Pfennig). Dicht bei in einer großen Weide ist von der Infanterie Schlachtvieh zusammengetrieben. Wir holen uns für die Bedienung ein Schaf. Dann wird gut gegessen. Bleiben die Nacht hier.

* * *

AM 1. JUNI mein Geburtstag. Das Leben wie die Tage vorher. Von zu Hause einen schönen Topfkuchen bekommen, auch andere gute Sachen.

AM 2. JUNI müssen wir zur Batterie zurück, da es an Wachmannschaften fehlt. Bauen uns Zelte im Walde, ist herrliches Wetter. Haben hier gute Tage. Die nächsten Tage nichts Neues.

AM 5. JUNI werden zwei Hammel geschlachtet für unsere Bedienung. Ein kleiner kostet 3 M, der andere 5 M.

AM 6. JUNI, unsere Infanterie stürmt, und (wir) gehen mehrere Kilometer vor. Wir machen auch Stellungswechsel. Es wird gefeuert, Zelte gebaut, die Nacht da geblieben.

AM 7. JUNI Stellungswechsel nach vorne. Unsere Infanterie geht dauernd vor, wir kommen gar nicht zum Schuss.[153] Wir sind schon über die Stellungen hinweg, wo wir Pfingsten gestanden haben. Fahren abends in Stellung, die Russen schießen böse mit Artillerie Ein berittener Unteroffizier wird verwundet, durch Schrapnellkugel am Unterarm. Bleiben die Nacht in Stellung, schlafen im Zelt.

AM 8. JUNI, unsere Infanterie stürmt, wir bleiben in Stellung.

AM 9. JUNI alles ruhig. Bleiben noch mehrere Tage, nichts Neues. Vor Druga[154] längere Zeit im Walde gelegen. Alles ruhig. Es werden Ringe gemacht. Ist schönes Wetter. Werden instruiert über Gefangennahmen. Es ist Befehl, jeden Kosaken, der sich allein umhertreibt, niederzuschießen.[155]

[153] An dieser Stelle wird deutlich, dass die Kriegshandlungen der letzten Wochen bereits Bestandteil der vom Mai bis zum Oktober 1915 dauernden Offensive der Mittelmächte an der gesamten Ostfront gewesen sind. Nach den geschilderten anfänglichen Rückschlägen wegen großer russischer Übermacht werden nun auch in Litauen erhebliche Geländegewinne erzielt. Der Vormarsch hat, wie sich noch explizit zeigen wird, den russisch-lettischen zentralen Ort Riga, die bedeutende Hafenstadt, zum Ziel, wo die Russen schließlich einen Brückenkopf bilden und hartnäckig verteidigen werden. Die Kräfte der Mittelmächte haben aber trotz beträchtlicher Geländegewinne an allen Frontabschnitten nicht *„zur Vernichtung des Gegners"* (so die Formulierung im Großen Ploetz – 33. Auflage 2002 – auf Seite 720) ausgereicht.

[154] Der Ort konnte nicht lokalisiert, sein litauischer Name nicht ermittelt werden.

[155] Das erinnert auf bedrückende Weise an den menschenverachtenden Befehl Kaiser Wilhelms II vom 19.07.1900 in Bremerhaven, wo er die nach China einzuschiffenden Soldaten, die als Teil eines internationalen Expeditionskorps den sog. Boxeraufstand niederschlagen

AM 24. JUNI werden wir geimpft. Weiter nichts Neues.

AM 26. JUNI sind meine Kleidungsstücke angekommen.
Es ist eine Proviantkolonne von ungefähr 100 Mann von Kosaken überfallen und alle (sind) getötet (worden). Ein Gutsbesitzer, der die Kosaken beherbergt hat, soll gefangen genommen sein.

AM 28. JUNI: Es wird langsam gerüstet zum Stellungswechsel. Abends 8.30 Uhr ist Abmarsch nach Kurschawy[156], um 2 Uhr nachts angekommen. Ein Geschütz fährt gleich in Stellung, alles andere (nimmt) Quartier in der Stadt.
Haben nur ein brauchbares Geschütz. Die anderen müssen erst alle repariert werden. Wir müssen abends in die Feuerstellung, um Wache zu stellen.

AM 29. JUNI (haben wir) hier eine schöne Stellung im Walde, heißes Wetter, haben wenig Arbeit, da die Front ziemlich ruhig ist. Wir gehen oft zum Baden, da gleich hinter der Stadt ein Fluss schönes Wasser hat. Einige Tage später sind alle Geschütze wieder fertig und werden auch eingefahren.
Wir bleiben hier längere Zeit. Müssen nachts im Schützengraben einen Beobachtungsstand bauen.
Die Russen liegen 400 m davor.
Ein Mann von den Gardeschützen ist beim Baden ertrunken.

***

sollten, in seiner berüchtigten *„Hunnenrede“* anwies: *„Kommt ihr vor den Feind, so wird er geschlagen, Pardon wird nicht gegeben; Gefangene nicht gemacht“.* Vgl. *Quellen zur deutschen Außenpolitik im Zeitalter des Imperialismus 1890-1911*, WBG, Darmstadt 1977, S. 247.

[156] Litauisch Kursenai, 25km westlich von Siauliai.

AM 4. JULI soll eine Brücke gebaut werden, rückwärts über die Windau[157]. Es fehlen Pioniere, und (es) sollen Leute von unserer Batterie helfen. Wir melden uns, 20 Mann, freiwillig, da wir soviel Langeweile haben. In drei Tagen ist die Brücke fertig. Es wurde dazu eine große Scheune abgetragen, die dicht dabei stand.
Die Stadt Kurschawy ist böse zugerichtet, viele Häuser sind abgebrannt, auch die schöne Kirche. Einige Bewohner sind noch da, die Handelsjuden kommen langsam wieder. Das traurigste Bild, das ich gesehen habe, sind einige Familien, deren Häuser in einem kleinen Dorfe vor der Stadt in der Nähe unserer Stellung vollständig abgebrannt sind und sie daher keine Wohnung und keine Lebensmittel haben. Die Männer sind nicht da, sicher mit im Felde.
Eine alte Großmutter, die kaum noch gehen kann, und eine Frau mit einem Jungen von wohl 6 Jahren wohnen in einem Erdloch, wo einige Bretter oder Türen drauf liegen und ein bisschen Sand darüber. Mehrere kochen sich Suppe von Gras oder Rüben. Das Elend ist sehr groß.
Eine andere große Familie, die ich öfter besuchte und der ich brachte, was ich an Lebensmitteln nur irgend entbehren konnte, wohnte in einem kleinen Stalle, der in der Wiese stand und nicht abgebrannt war. Sie hatten viele kleine Kinder, die mich sehr dauerten. Alle Familien wurden dann aber von unseren Leuten versorgt, so viel es ging.[158]

AM 13. JULI in der Nacht ist Stellungswechsel, um 2 Uhr. Haben einen guten Marsch, 3 km von Papeljany[159] am Walde fahren wir in Stellung. Die Russen merken nichts. Es wird hier auch

---

[157] Litauisch Venta. Dieser Fluss ist der bedeutendste in Kurland. Aus Litauen kommend, fließt er nordwestwärts nach Lettland hinein und mündet bei Ventspils (deutsch Windau!) in die Ostsee.

[158] Das „*Elend*", wie Bartel es, offensichtlich tief berührt, nennt, wird von dem einfachen Soldaten auf bedrückende Weise mit einfachsten, gleichwohl unüberbietbar ausdrucksstarken Worten („*die mich sehr dauerten*") vor das Auge des Lesers gestellt, dem sich nicht verschließen kann, welches Grauen vornehmlich die ohnehin in ärmlichsten Verhältnissen lebenden Menschen im Krieg zu gewärtigen und zu erleiden hatten. Das hohe Gut Empathie, einfacher Mitgefühl, hat der Verrohung durch den Krieg standgehalten!

[159] Litauisch Papile, an der Windau gelegen, etwa 25km nordwestlich der Stadt Kursenai (Kurschawy).

noch mehr Infanterie rangezogen. Schwere Artillerie war vorher gar keine hier. Wir bauen Zelte und machen es uns bequem.

AM 14. JULI morgens um 6 Uhr schießen wir uns auf die feindlichen Stellungen ein. Das Wirkungsfeuer folgt gleich, auch schwere Mörser, (sie) schießen kräftig. Um 6.45 Uhr beginnt der Sturm unserer Infanterie. Nach kurzer Zeit ist die Stadt in unseren Händen.[160]
Es werden 2000 Gefangene gemacht. Am Nachmittag fahren wir direkt vor der Stadt am Flusse in Stellung. Der Feind hatte hier starke befestigte Stellungen, großartige Drahtverhaue.

AM 15. JULI um 6 Uhr schießen wir uns wieder auf die feindlichen Schützengräben ein, auf 6900 Meter. Wir können noch nicht weiter vorfahren, da die Brücke über den Fluss von den Russen abgebrannt ist.
Unsere Pioniere sind beim Bauen. Abends bekommt unsere Infanterie Verstärkung. Die Stadt hat viel gelitten, viele Häuser sind abgebrannt. Unsere Infanterie stürmt weiter.

AM 16. JULI nachts um 3 Uhr ist die Brücke fertig und wir fahren vor, durch Rayeljany[161] durch auf die Hauptstraße nach Mitau weiter[162]. Wir bekommen einen Zug von den 3. Jägern als Bedeckung mit auf den Marsch.
Es kommen dauernd Gefangene, auch ein russischer Oberst, wird von unserem Divisionskommandeur im Automobil abgeholt.[163]
Um 11 Uhr fahren wir in Stellung. Es wird flott geschossen. Bleiben die Nacht in Stellung, schlafen im Zelt, es regnet furchtbar.

---

[160] Dazu führt Neitzel aus: *„Am 13. Juli begann die zweite Phase der Offensive* (die erste hatte am 5. Mai begonnen), *in deren Verlauf der größte Teil Russisch-Polens, das sogenannte Kongresspolen, erobert wurde. Warschau konnte am 4. August 1915 kampflos besetzt werden... Man eroberte Kurland und Litauen... Ende September aber war die Angriffswucht erlahmt. Die viermonatige Sommeroffensive war der größte deutsche militärische Erfolg des Ersten Weltkriegs.“*
Diese Feststellungen mögen als Hintergrund für die folgenden Tagebuchnotizen dienen.

[161] Es dürfte sich um die litauische Stadt Naujoji handeln, die etwa 3km von der lettischen Grenze entfernt ist.

[162] Gemeint ist vermutlich die litauische Straße 153, die in Lettland als P95 nach Mitau, lettisch Jelgava, führt.

[163] Ich verweise auf die Fußnote mit Anmerkungen zum standesbewussten Denken der Zeit. Im Übrigen war das Verhalten des Divisionskommandeurs Ausdruck des Korpsgeistes, der auch den Kriegsgegner einschloss.

AM 17. JULI: In der Nacht sind die Kosaken rechts durchgebrochen, die Lage ist sehr kritisch. Unsere Infanterie zieht sich zurück. Unsere Batterie stellte Posten aus, um nicht vom Feind überrumpelt zu werden.

Um 12 Uhr mittags fahren wir auch zurück, da wir den Feind nicht halten können. Eine Stunde rückwärts fahren wir wieder in Stellung. Die Bewohner, die sehen, dass wir zurückgehen, jammern und klagen. Sie haben Angst vor ihrem eigenen Militär. (Sie fürchten), von ihnen misshandelt zu werden oder sogar getötet. Die Russen glauben, die Bewohner verraten alles.[164]
Unsere ganze Front vor uns ist aufgelöst. Die Infanteristen laufen überall zurück, werden hinten wieder eingesammelt.
Wir kommen nicht zum Schuss, fahren ungefähr noch 10 km zurück, wieder in Stellung.
Unsere Infanterie buddelt sich wieder ein und bleibt die Nacht liegen. Wir bleiben die Nacht (hindurch) auch in Stellung.

AM 18. JULI: Geben morgens einige Schuss ab und machen dann Stellungswechsel, fahren weiter zurück durch Rayeljany in unsere alte Stellung.[165] Die Kosaken sind links auch durchgebrochen, wir müssen uns daher für die Nacht gut sichern, bekommen noch Infanterie zur Bewachung bei. Die Protzen stehen bei den Geschützen Es sind schreckliche Gerüchte im Umlauf, wie es die Kosaken treiben.[166] Die Nacht bleibt ruhig.

AM 19. JULI, es regnet den ganzen Tag, schießen (wir) abends nur einige Schuss.

AM 20. JULI, alles ruhig, das Wetter ist gut, der Feind zieht sich zurück, da er noch mehr Druck von den Seiten bekommt. Bleiben die Nacht hier.

---

[164] Die Bevölkerung, das muss immer wieder betont werden, war überwiegend nichtrussisch und wollte die russische Fremdherrschaft abschütteln.

[165] Gemeint ist die *„alte Stellung"* bei Papile (Papelyani).

[166] Gerüchte waren offenbar elementarer Bestandteil des Lebens an der Front, insbesondere in den Schützengräben. Dazu schreibt Wolfgang Krischke in dem schon genannten Aufsatz: *„Der Mangel an Gewissheit produzierte in den Schützengräben eine nicht abreißende Kette von Gerüchten."*

AM 21. JULI Vormarsch, fahren wieder durch die Stadt, direkt nach Kurschawy, vor der Stadt ein langer Halt. Es wird bekannt, Schawli wird gestürmt. Die Nacht kommen wir ins Quartier in Kurschawy. Schawli ist gefallen.[167]

AM 22. JULI Abmarsch um 8 Uhr in Richtung Grodi[168]. Auf dem Marsche begegnen wir zwei Trupps Gefangene, um 500 und um 600 Mann, wenig Bewachung bei. Die Russen ziehen sich jetzt überall zurück, laufen wie die Wilden. Kriegen heute vom Feind nichts zu sehen. Haben zwei Tage kein Brot bekommen. Abends kommen wir in einem Dorf ins Quartier.

AM 23. JULI um 4 Uhr Abmarsch in Richtung Ligum[169]. Die Infanterie, 1. Zug, ist zu unserer Bedeckung noch immer mit. Vom Feind ist nichts zu sehen. Abends Quartier.

AM 24. JULI morgens 3 Uhr Abmarsch. Ist eine gute Gegend, sehr guter Boden. Es gibt hier viel Korn, Hafer und Weizen. Es sind Felder mit Weizen mehrere hundert Morgen groß in einem Stück. Die Russen wollen nicht mehr so laufen. Es begegneten uns 500 Gefangene. Abends Quartier.

AM 25. JULI Abmarsch 3 Uhr morgens in Richtung Johaneskehle[170], fahren um 6 Uhr in Feuerstellung. Die Russen haben sich in einem Walde festgesetzt. Wir verfeuern 50 Schuss, dann rücken sie wieder aus[171], unsere Infanterie folgt.
Wir fahren dann überall rum. Abends parkieren wir vor einem Dorfe und sollen auf weitere Befehle warten, wir warten die ganze Nacht und müssen im Freien liegen.

AM 26. JULI um 9 Uhr Abmarsch. Wir fahren ins nächste Dorf rückwärts ins Quartier. Werden Zelte gebaut. Hier gibt es ein großes Gänseschlachten. Bleiben die Nacht hier.

---

[167] Also Siauliai. Über viele Wochen hinweg hat es demnach ein ständiges Hin und Her der Truppen gegeben. Bartels Einheit ist am 21. Juli wieder dort angelangt, wo sie bereits Mitte Mai 1915 gestanden hatte.
[168] Litauisch Gruzdziai.
[169] Litauisch Lygumai, etwa 18km nordöstlich der Stadt Siauliai.
[170] Litauisch Joniskis, an der E77 gelegen, nur etwa 20km von der lettischen Grenze entfernt.
[171] Also: Sie treten den Rückzug an, sie fliehen.

AM 27. JULI morgens 6 Uhr Abmarsch über Johanneskehle. Nichts Neues. In einem Dorfe ins Quartier.

AM 28. JULI morgens 8 Uhr Abmarsch. Abends Quartier in einer kleinen Stadt vor Bauske[172].

AM 29. JULI Abmarsch 4 Uhr morgens. Vor Bausk hat sich der Feind festgesetzt und es gibt hier harte Kämpfe. Um 10 Uhr fahren wir mit zwei Geschützen in Feuerstellung, es wird heftig gefeuert, um 12 Uhr fahren unsere beiden anderen Geschütze in Stellung. Später fahren die ersten Geschütze auch mit in diese Stellung. Es steht hier viel Artillerie, auch 6 schwere Mörser. Abends macht unsere Infanterie Sturm, es gibt böse Kämpfe, unsere Artillerie schießt furchtbar. Ein Teil der Stadt ist von unserer Infanterie besetzt. Bleiben die Nacht in Stellung. Schlafen im Zelt.

AM 30. JULI um 6.40 Uhr beginnt unser Schießen. Unsere Infanterie besetzt die ganze Stadt. Unsere Munition haben wir alle verschossen, doch bekommen wir sofort Ersatz. Zwei Geschütze fahren weiter vor. Unsere Infanterie hat viele Verluste. Es werden 4000 Gefangene gemacht.

AM 31. JULI wird feste geschossen, da sich der Feind gleich hinter der Stadt wieder festgesetzt hat. Abends machen wir Stellungswechsel, auf einem großen Gute kommen wir ins Quartier, der Besitzer ist ein Deutscher.[173]

* * *

---

[172] Bartels Einheit hat sich demnach *„über Johanniskehle"* (Joniskis) nach Nordosten in Richtung Bausk(e), lettisch Bauska, bewegt. Nach heutigen Maßstäben hatte sie die litauisch-lettische Grenze überschritten. Bartel wähnt sich weiterhin, völlig verständlich, *„in Kurland"*.

[173] Hier drängt sich der Hinweis auf, dass im Baltikum, insbesondere in Lettland, als Folge der langen Herrschaft des Deutschen Ordens in diesem Raum ein bedeutender und einflussreicher deutscher Landadel auf großen Gütern ansässig war. Dazu heißt es in einem historischen Handbuch: *„Die traditionelle Loyalität des deutschbaltischen Adels dem russischen Zarenhaus gegenüber aber wurde im Verlaufe des Krieges auf eine harte Probe gestellt. Denn mit Kriegsausbruch richtete sich die teilweise hemmungslose öffentliche Beschimpfung nicht nur gegen Deutschland, sondern in besonderer Weise auch gegen die als russische Untertanen im Zarenreich lebenden Deutschen. Die Stimmung wurde unterstützt von offiziellen Maßnahmen wie der Schließung deutscher Schulen bereits im August 1914, der Liquidation deutscher Vereine, dem Verbot deutschsprachiger Publikationen oder dem Verbot*

AM 1. AUGUST Abmarsch um 6½ Uhr, fahren auf der Straße nach Mitau[174]. Mittags zwei Stunden Aufenthalt. Dann Eilmarsch, Mitau wird von unseren Truppen angegriffen und schon (soll) ein Teil in unserem Besitz sein. 8 km vor Mitau kommen wir ins Quartier. Die Gegend ist unsicher vom Feinde, müssen verstärkte Wachen ausstellen.

AM 2. AUGUST: Vor uns ist die Brücke vom Feinde abgebrannt. Wir werden mit vielen Mannschaften (ab)kommandiert, den Pionieren zu helfen. Es wird eine neue Brücke gebaut. Bleiben abends hier noch im Quartier.

AM 3. AUGUST morgens 5 Uhr wecken. Es werden 50 Mann zum Brückenbau kommandiert. Um 2 Uhr[175] ist Abmarsch nach Mitau. Die Stadt ist schön, auch ein bisschen beschädigt. Nur die Bahn und die großen Brücken über die Aa[176] sind vom Feinde gesprengt, doch haben unsere Pioniere schon eine Brücke rüber gebaut. Drei Kilometer hinter Mitau fahren wir in Stellung. Mitau ist ziemlich ohne Kampf geräumt.
Wir bauen Zelte.

AM 4. AUGUST: Wir bleiben in Stellung. Ein russischer Flieger wirft Bomben über Mitau (ab), Zivilleute werden getötet. Es ist hier keine feste Front, unsere Infanterie gräbt sich an einem kleinen Fluss ein. Die Russen sind noch weiter zurückgegangen. Wollen uns in den Sumpf locken. Am Abend sind die feindlichen Vorposten da.

---

der deutschen Sprache in der Öffentlichkeit. Geradezu lächerliche Denunziationen hatten Hausdurchsuchungen, Verhaftungen und zum Tein jahrelange Verbannung nach Sibirien zur Folge, und es schwanden die letzten Reste des Zugehörigkeitsgefühls der Deutschbalten zum Russischen Reich... Das bewirkte, dass sie in den deutschen Truppen, je näher diese heranrückten, zunehmend die Befreier sahen ". (Vgl. Deutsche Geschichte im Osten Europas, Baltische Länder, herausgegeben von Gert von Pistohlkors, Siedler Verlag, Berlin 1994, S.454f.) Für die originär lettisch(sprachig)e Bevölkerung galt das Gesagte auf modifizierte Weise auch. Das Zitat hilft verstehen, in welchem Umfeld sich die deutschen Truppen im Baltikum bewegten.

[174] Zur Erinnerung: Lettisch Jelgava. Die Einheit marschiert nun wieder nordostwärts.

[175] Also um 14.00 Uhr.

[176] Der lettische Name des Flusses ist Lielupe. Man sprach auch von der Kurländischen Aa. Es sei der Hinweis erlaubt, dass der Flussname Aa im deutschsprachigen Raum häufig ist – man denke an die Aa und den Aasee in Münster. Der Flussname Aue stammt aus derselben Sprachwurzel!

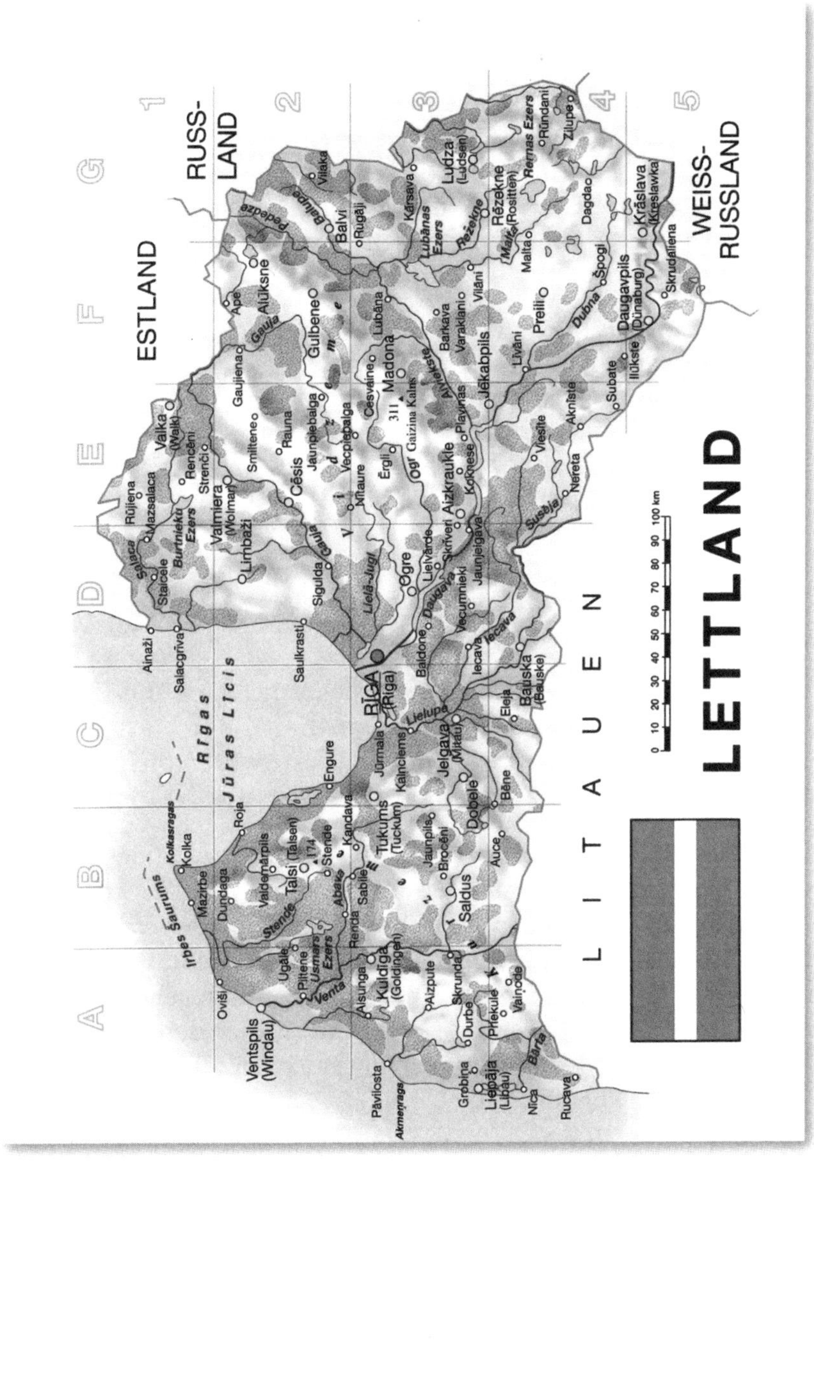
LETTLAND
ESTLAND
RUSS-
LAND
WEISS-
RUSSLAND
L I T A U E N
Rīgas Jūras Līcis
RĪGA
(Riga)
Ventspils
(Windau)
Liepāja
(Libau)
Kuldīga
(Goldingen)
Talsi (Talsen)
Tukums
(Tuckum)
Jelgava
(Mitau)
Jūrmala
Bauska
(Bauske)
Valmiera
(Wolmar)
Valka
(Walk)
Cēsis
Sigulda
Ogre
Madona
Gulbene
Alūksne
Balvi
Rēzekne
(Rositten)
Ludza
(Ludsen)
Daugavpils
(Dünaburg)
Krāslava
(Kreslawka)
Jēkabpils
Aizkraukle
Saldus
Dobele
Limbaži
Saulkrasti
Ainaži
Salacgrīva
Kolkasrags
Kolka
Roja
Engure
Pāvilosta
Akmeņrags
Grobiņa
Nīca
Rucava
Daugava
Gauja
Venta
Lielupe
Salaca
Burtnieku Ezers
Lubānas Ezers
Rāznas Ezers
Gaiziņa Kalns
311
174
0 10 20 30 40 50 60 70 80 90 100 km
A B C D E F G
1 2 3 4 5

AM 5. AUGUST wird feste geschossen.
Abends gibt es Bier aus Mitau, Liter kostet 40 Pfennig, ist gutes Bier. Auch kann man sonst noch allerlei Sachen kaufen.

AM 6. AUGUST wird wieder flott geschossen. Es können einige Leute nach Mitau gehen und einkaufen. Es gibt schöne Sprotten in Öl, Büchse 1 Pfund zu 1,20 M. Die Russen machen einen Angriff, kommen aber nicht vor. Wir sollen für längere Zeit in dieser Stellung bleiben.

AM 8. AUGUST greifen die Russen wieder an, werden aber glatt abgeschlagen. Abends müssen wir an der Hauptstraße Mitau - Riga[177] eine bombensichere Beobachtung bauen. Die Sache ist hier kitzlig.
Später fahren wir mit unserem 4. Geschütz weiter vor, bis an den Schützengraben bei Paulsgnade[178], um eine schwere Batterie zu beschießen.
Fahren nachher wieder zurück.
Wir bauen uns bessere Unterstände.
Sonst gibt es nichts von Bedeutung.

Es wird dann im Divisionsbefehl bekannt, dass 10 Mann von der Batterie auf Urlaub fahren können.
So habe ich das Glück, gleich mit den ersten 10 Mann zu fahren, am 20. August, zum ersten Male, sind ein gutes Jahr im Felde[179].

AM 20. AUGUST fahren wir mit 4 Mann zusammen auf Urlaub. Doch ist das nicht so einfach wie man denkt. Mit einem kleinen Russenwagen und kleinen Ponys werden wir von der Batterie über Mitau nach Meiten gefahren, wo auf der Hauptstraße die Lastautos verkehren. Hier muss man sehen, wie man auf gut Glück weiter kommt. Man kann hier den ganzen Tag liegen, ehe man weiter kommt. Morgens um 5 Uhr des 20. August sind wir abgefahren.

---

[177] Es ist erneut die heutige E77.
[178] Lettisch Ozolmuiza.
[179] Auf den Ausdruck *„im Felde"* sei besonders aufmerksam gemacht, er war Bestandteil des Wortschatzes der Soldaten geworden. Der Begriff *„Schlachtfeld"* drängt sich zusätzlich auf.

Um 10 Uhr morgens sind wir in Meiten[180], haben 30 km zurückgelegt. Ich habe dann Glück und kann mittags mit einem Lastauto mitkommen nach Schawlie[181], doch unterwegs ist die Straße schlecht. Man kann nur langsam fahren. Auch muss das Auto mehrere Male repariert werden. Gleich nach Mittag kommen wir in Schawlie an, in einem Privatauto, bei einem Juden trinken wir ein Glas Tee, für 10 Pfennig. Gehen dann gleich zu der Autoabfahrtsstelle, doch ist kein Auto zu fassen, alles ist überfüllt.
Ich sehe ein, um meine Kameraden kann ich mich nicht mehr bekümmern. Es kommt gerade ein Auto langsam vorbeigefahren, das auch von Infanterie besetzt ist, d(enn)och lauf ich drauf zu und springe mit auf. Die Infanteristen ziehen mich hoch. Ich freue mich, dass ich weiterkomme. Nach gut 2 Stunden haben wir Kelmy[182] erreicht. Von hier fährt die Kleinbahn bis zur deutschen Grenze. Ich habe wieder Glück und kann um 6 Uhr[183] mit dem Zug mitfahren, doch ist es in der Nacht sehr kalt. Der Zug fährt nur langsam, auf die 80 km fahren wir 9 Stunden, ist eine schlechte Nacht. Morgens um 5 Uhr sind wir in Laupzargen[184] an der deutschen Grenze. Bei der Verpflegungsstation bekommen wir gleich Kaffee und belegtes Brot. Ist sehr gut. Dann werden wir gleich gründlich entlaust und um 8 Uhr fahren wir mit der Hauptbahn weiter nach Königsberg. Von hier fahren die Schnellzüge in guter Verbindung.

AM 22. AUGUST nachmittags bin ich in Celle, laufe dann zu Fuß[185] und bin um 19 Uhr zu Hause.

* * *

[180] Lettisch Meitene an der E77 etwa 6km nördlich der litauisch-lettischen Grenze in der Nähe der Stadt Eleja.
[181] Also wieder in Siauliai im heutigen Litauen.
[182] Wie bereits erläutert: Litauisch Kelme, ebenfalls an der E77.
[183] Um 18.00 Uhr.
[184] Litauisch Lauksargiai, im seinerzeit deutschen Memelland.
[185] Nach Wathlingen! Es sei daran erinnert, dass Wathlingen, genau wie Uetze, erst 1920 an die Bahnstrecke angeschlossen wurde, die von Celle über Plockhorst nach Braunschweig führte. Diese Bahnstrecke existiert seit den frühen siebziger Jahren des vorigen Jahrhunderts für den Personenverkehr und seit den neunziger Jahren auch für den Güterverkehr nicht

AM 5. SEPTEMBER ist mein Urlaub vorbei, fahre am Nachmitttag wieder ab. Reise auf demselben Weg zurück, woher ich gekommen bin, nur ist die Fahrt umständlicher als vorher.

AM 9. SEPTEMBER abends komme ich wieder in der Batterie an, meine Kameraden sind sehr freundlich. Doch steht die Batterie nicht mehr hinter Mitau, sondern wohl 40 km rechts[186] bei Groß-Eckau[187] in Feuerstellung. Auf der Reise sieht man doch, dass Russland[188] ein ganz schönes Land ist, es sind großartige Kornfelder, auch gibt es viel Obst, Äpfel, Birnen, Kirschen.

AM 10. SEPTEMBER: Die Front ist ruhig, wie es heißt, bleiben wir noch länger in Stellung. Alle überzähligen Leute werden zur Erntearbeit kommandiert. Die ganze Gegend steht hier voll schöner Korn(felder), wenig Kartoffeln. Unsere Batterie mäht mit drei und vier Mähmaschinen, die Bauern haben alle Mähmaschinen[189]. Nach 8 Tagen werden zwei russische Dreschmaschinen geholt und dann (wird) alle Tage gedroschen. Auch immer nachgemäht, auch wird noch Flachs gezogen. Es bringt viel Korn, wurde nachher gleich abtransportiert[190]. Kirchgang in der Kirche zu Groß-Eckau. Diese ganze Zeit ist es ziemlich ruhig.

AM 18. SEPTEMBER 6 Uhr Abmarsch, um 10 Uhr in Feuerstellung. Nachmittags schießen.

AM 19. SEPTEMBER alles ruhig, muss erst eine Brücke gebaut werden.

---

mehr. Als Bartel Soldat auf Heimaturlaub war, gab es sie noch nicht, und als er 1973 starb, transportierte sie keine Personen mehr!

[186] Soll heißen: (40km) weiter östlich.

[187] Lettisch Iecava, östlich Mitaus gelegen.

[188] Mit *„Russland“* meint Bartel natürlich das Baltikum, das zwar Teil des Zarenreiches war, gleichwohl kulturgeschichtlich und siedlungsgeographisch spezifisch geprägt war und auch nach damaligen Maßstäben keinen russischen Charakter aufwies, ganz gewiss nicht auf dem Gebiet der von deutschen Gutsherrn dominierten Landwirtschaft.

[189] Was, das hat Bartel wohl sagen wollen, selbst im Deutschen Reich nicht überall der Fall war. Häufig war die Sense noch der Bauern Haupterntewerkzeug. Es darf darauf hingewiesen werden, dass auch im Deutschen Reich *„der Osten“* agrartechnisch einen beträchtlichen Vorsprung gegenüber den kleinparzelligen Bauernhöfen des Westens und des Südens hatte.

[190] Das muss leider wohl so verstanden werden, dass das Korn *„requiriert“* wurde.

AM 20. SEPTEMBER Schießen, kaufen uns ein Schaf für 17 M, wiegt gut 100 Pfund, ist sehr fett.

AM 21. SEPTEMBER alles ruhig, die[191] Nacht geben wir Rollsalven ab.

AM 22. SEPTEMBER Stellungswechsel nach Staugut[192], gleich in Feuerstellung. Die Front ist vom Landsturm[193] schwach besetzt. Die Russen greifen mehrere Male an, werden aber glatt abgeschlagen Bleiben in dieser Stellung längere Zeit. Es wird nur wenig geschossen.[194] Kaufen uns hier vom Bauern zwei Schafe, eins für 16 M, eins für 10 M, sind schön fett.

AM 27. SEPTEMBER werden wir geimpft. An anderen Tagen wird eine Brücke gebaut. Bekommen Feuer in die Batterie.

* * *

AM 3. OKTOBER fährt die dritte Tour Urlauber.

AM 10. OKTOBER gibt es Liebesgaben. Wir schlachten uns noch ein Schaf für 15 M, es schmeckt großartig. Abends kommt eine Ersatzbatterie, um uns abzulösen.

---

191 Also: in der Nacht.
192 Der lettische Name und die genaue Lage des Ortes konnten nicht ermittelt werden.
193 Siehe dazu Fußnote zum 30. Oktober.
194 Die große Sommeroffensive des Jahres 1915 ist damit, wenngleich nach großen Geländegewinnen, beendet.

AM 11. OKTOBER machen wir Stellungswechsel, fahren in Richtung Bausk, nachmittags 2 Uhr kommen wir ins Quartier in einem Dorfe. Abends kommen 8 Mann Ersatz.

AM 12. OKTOBER 7 Uhr Abmarsch, kommen wieder nach Groß-Eckau.

AM 17. OKTOBER greifen wir an. Morgens um 6 Uhr heftiges Artilleriefeuer, unsere Infanterie stürmt und nimmt die russischen Stellungen, dann wird sofort die Verfolgung aufgenommen, die Russen laufen wie die Wilden. Um 9 Uhr fahren wir vor, kommen nicht mehr zum Schuss. (Um) 3 Uhr nachmittags kommen wir in einem Dorfe ins Quartier.

AM 18. OKTOBER morgens 7 Uhr Abmarsch, gleich in Feuerstellung an der Misse[195]. Kommen abends ins Quartier. Kaufen uns noch ein Schaf für 15 M.

AM 19. OKTOBER morgens 7 Uhr Abmarsch, gleich wieder in Feuerstellung im Walde. Beschießen die feindlichen Infanteriestellungen. Die Russen wollen nicht recht mehr laufen, sie

[195] Auf Lettisch heißt der Fluss Misa. Er mündet nördlich Mitaus in die (den?) Lielupe, also die Kurländische Aa.

kommen in die Nähe der Forts von Riga.[196]
Die feindliche Artillerie schießt sehr lebhaft, streut die ganze Gegend ab, aber ohne Erfolg.
Die Front ist nicht recht sicher. Wir sollen daher mit zwei Geschützen wieder zurückfahren ins Quartier. Die ersten beiden Geschütze bleiben in Stellung. Wir fahren wohl 7 Kilometer zurück, finden jedoch kein Quartier, da alles belegt ist. So müssen wir wieder umkehren und in Stellung fahren, spät abends sind wir wieder zurück. Unterstände können wir die Nacht nicht bauen, müssen daher im Freien schlafen, haben aber ein gutes Teil Heu, schlafen sehr gut.

AM 20. OKTOBER morgens müssen wir heftig schießen. Bauen dann Unterstände, bekommen etwas Feuer, auch werfen die feindlichen Flieger Bomben ab, jedoch ohne Schaden anzurichten.

---

[196] Die *„Forts von Riga"* nutzten die Russen, um Riga, wie bereits erwähnt, als Brückenkopf am nördlichen Ende einer Frontlinie zu halten, die inzwischen im Baltikum entlang des mächtigsten Flusses, der Daugava, deutsch Düna, verlief. Das war der Grund, weshalb die Russen *„nicht recht mehr laufen"* wollten.

Die Daugava mündet bei Riga in die Ostsee.

AM 21. OKTOBER Schießen, sonst ziemlich Ruhe. Wir bekommen neue Wäsche und Schlafdecken.

AM 22. OKTOBER werden Pferdeställe gebaut, (es wird) nur wenig geschossen.

AM 24. OKTOBER: Die Russen greifen an. Unsere Infanterie macht gleich einen neuen Gegenangriff und nehmen die feindliche Stellung. Wir müssen flott schießen.
Auch wird heute Unteroffizier Barbracke auf der Beobachtung im Schützengraben schwer verwundet, durch ein Sprengstück am Kopf. Ist dann nachher, ohne das Bewusstsein wieder zu erhalten, im Kriegslazarett in Mitau gestorben.

AM 25. OKTOBER ist Stellungswechsel. Abmarsch 7 Uhr in Richtung Mitau. Um 1Uhr[197] kommen wir in Friedrichshof ins Quartier.[198]

AM 26. OKTOBER: Es hat ziemlich viel geschneit, um 7 Uhr ist Abmarsch. Es geht sich schlecht. Um 2 Uhr[199] kommen wir kurz vor Mitau ins Quartier.

AM 27 OKTOBER Abmarsch 8 Uhr, wir fahren rechts von Mitau[200] vorbei, ist nur ein kurzer Marsch, können aber erst kein Quartier finden. Nach langem Suchen fahren wir etwas zurück und kommen in ein schönes Kloster. Es sind hier schöne Häuser, schöne Zimmer, auch Öfen. Passt tadellos, denn es hat stark gefroren, dazu liegt ein gutes Teil Schnee.
Es heißt, die Russen haben bei Tukkum[201] Truppen gelandet und wir sollen zur Verstärkung hin. Bleiben hier aber noch einige Tage liegen. Kaufen uns noch einen Hammel, holen uns Kartoffeln und lassen es uns gut schmecken.

---

[197] Soll heißen um 13 Uhr.
[198] Der lettische Ortsname und die Lage konnten nicht ermittelt werden; vermutlich handelte es sich um einen Gutshof.
[199] Also um 14 Uhr.
[200] Will sagen östlich an Mitau vorbei.
[201] Lettisch Tukums, an der heutigen E22 gelegen, die Riga mit der Hafenstadt Ventspils (Windau) an der Ostsee verbindet.

AM 30. OKTOBER ist gutes Wetter. Abends um 8 Uhr ist Abmarsch zur Front, wir fahren rechts der Aa nach der See zu. 2 Uhr nachts fahren wir in Feuerstellung. Es steht viel Artillerie hier, nur ist kein Quartier zu finden, dazu ist es sehr kalt. Wir müssen gleich Unterstände bauen.
Morgens wird kräftig geschossen und unsere Infanterie greift an. Es ist viel Sumpf und schlechtes Gelände[202], sie kommen daher nur teilweise vor(an), es ist hier Landsturm[203].
Wir sind doch nicht bis Tukkum gekommen, dieser Ort hier heißt Swikum[204].

* * *

AM 1. NOVEMBER: Es schneit. Die Russen greifen an, aber ohne Erfolg. Wir bauen Öfen in unseren Unterstand.

AM 2. NOVEMBER ist gelindes Wetter. Die Russen machen Sturm, werden aber unter bösem Feuer zurückgeschlagen.

AM 3. NOVEMBER ist trübes Wetter. Die Russen versuchen den ganzen Tag anzugreifen. Es ist hier überall niedriges Gelände, nasse Stellungen.

AM 4. NOVEMBER: Unsere Infanterie soll vorgehen. Dazu gibt es eine lange Artillerievorbereitung, wird viel Munition verschossen, unsere Batterie 250 Schuss. Die Infanterie stürmt, doch können sie wenig erzielen.

---

[202] Was Bartel als *„Sumpf und schlechtes Gelände"* wahrgenommen hat, dürfte heute Teil des lettischen Kemeru-Nationalparks sein. Wie so oft haben sich der Blick und die Einschätzung, in diesem Falle einer Landschaft, als interessegeleitet erwiesen!

[203] Der *„Landsturm"* war eine Besonderheit des deutschen Heeres. Seinen Ursprung hatte er in der Zeit der Befreiungskriege gegen Napoleon. Er war Bestandteil der Militärreformen in Preußen, die von Scharnhorst und Gneisenau durchgeführt wurden (Landsturmedikt von 1813). Grundlage für den Einsatz des Landsturms im Ersten Weltkrieg war das Gesetz über Änderungen der Wehrpflicht vom 18.02.1888. *„Der Landsturm bestand nunmehr aus allen Wehrpflichtigen vom vollendeten 17. bis zum vollendeten 45. Lebensjahr, welche weder dem Heere noch der Marine angehörten."* (Handwörterbuch zur deutschen Rechtsgeschichte, Band II, Erich Schmidt Verlag, Berlin 1978, S.1587). Er war, nach der Landwehr des zweiten Aufgebots, die letzte Station der Wehrpflicht. *„Im Laufe des Krieges wurden insgesamt 834 Landsturm-Infanterie-Bataillone formiert, von denen 492 mobil gemacht wurden."* (Ebenda, S. 1588). Sie wurden überwiegend an der Ostfront eingesetzt.

[204] Der Nachweis des lettischen Namens ist nicht möglich gewesen, für Swikums spricht lediglich die Analogie.

AM 5. NOVEMBER wieder heftiges Schießen.

AM 6. NOVEMBER gegen Abend wird noch mal flott geschossen. Am Morgen sollen (wir) wieder über Ekru[205] zurück. An der Aa liegen viele Fischerboote, werden hier viele Fischer wohnen.

AM 7. NOVEMBER morgens 8 Uhr ist Abmarsch. Es gibt einen langen Marsch. Um 3 Uhr machen wir in Paulsgnade 2 Stunden halt, es gibt warmes Essen. Um 8 Uhr[206] kommen wir in Aufhof[207], links hinter Mitau, ins Quartier.

AM 8. NOVEMBER morgens 6 Uhr Abmarsch. In Gr.-Eckau kommen wir um 4 Uhr[208] ins Quartier, da die Pferde nicht mehr können. Sonst[209] sollten wir sofort in Feuerstellung, wohin wir noch einen Marsch von 30 km zu machen hätten.

AM 9. NOVEMBER 6 Uhr Abmarsch, nachmittags fahren wir in der Nähe von Baldau[210] gleich in Feuerstellung. Schon drei Tage haben die Russen hier unter furchtbarer Artillerievorbereitung angegriffen. Viele Tote sollen vor unseren Drahtverhauen liegen, die von unseren Maschinengewehren runter gemacht[211] sind. Es ist hier eine schlechte Gegend, auch ist kein Stroh zu kriegen.

AM 10. NOVEMBER schießen wir uns ein, die Russen werden ruhiger. Die Wege sind sehr schlecht.
Wir bauen uns Unterstände.

AM 12. NOVEMBER Geschütz reparieren, sonst nichts Neues.

AM 13. NOVEMBER müssen (wir) einen bombensicheren Unterstand bauen auf der Beobachtungsstelle.

---

[205] Auch *„Ekru“* dürfte nur eine kleine Siedlung gewesen sein, die mit dem verfügbaren Kartenmaterial nicht lokalisiert werden kann.
[206] Also um 15 Uhr bzw. um 20 Uhr.
[207] Für *„Aufhof“* gilt das zu *„Ekru“* Gesagte.
[208] Also um 16 Uhr.
[209] Gemeint ist: Eigentlich
[210] Lettisch Baldone, gut 20km nordöstlich Gr.-Eckaus und 30km südöstlich Rigas gelegen.
[211] Das Wort *„runtergemacht“* wird auf besondere Weise befremden. *„Niedergemacht“* wäre ähnlich schockierend. Wir werden uns damit abfinden müssen, dass der Krieg sich sein eigenes Vokabular schuf.

AM 14. NOVEMBER beschießen wir die feindlichen Batterien mit 100 Schuss.

AM 15. NOVEMBER: Der Unterstand auf der Beobachtung ist fertig. Er ist am Berge oder besser gesagt auf einer Höhe gebaut. Die Decke ist 5 m stark, mit 5 Lagen starkem Rundholz.

AM 16. NOVEMBER nebeliges Wetter, alles ruhig.

AM 17. NOVEMBER nichts Neues.

AM 18. NOVEMBER gewöhnliches Schießen. Der General der 12. Brigade besichtigt die Batterie.

AM 19. NOVEMBER gibt es frische Munition.

AM 20. NOVEMBER: Bersemünde[212] soll heute gestürmt werden.[213] Wir bekommen noch viel Munition. Haben viel Munition verschossen.

AM 21. NOVEMBER: Die Russen streuen den Wald ab. (Wir) bekommen einige Schuss in die Batterie, jedoch ohne Schaden.

AM 22. NOVEMBER bauen wir „Turmlöcher", kleine Schützengräben neben den Geschützen.[214]

AM 23. NOVEMBER: Wir beschießen Bersemünde. Die Infanterie 24.[215] stürmt. Abends ist Bersemünde von uns besetzt und die Front geht jetzt an einen Arm der Düna.

AM 24. NOVEMBER: In der Nacht greifen die Russen Bersemünde an und besetzen es teilweise. Unsere Infanterie kriegt Verstärkung.

---

[212] Lettisch Berzmente, an der Düna, heute ein Vorort Rigas.

[213] Es geht also um das Aufbrechen des Brückenkopfs Riga, dessen strategische Bedeutung auf beiden Seiten der Front einen hohen Rang hatte.

[214] *„Turmlöcher"* waren also Verliese, denen in mittelalterlichen Burganlagen nicht völlig unähnlich.

[215] Wahrscheinlich ist ein Bataillon, vielleicht auch nur eine Kompanie der Infanterie mit der Ordnungszahl 24 gemeint.

AM 25. NOVEMBER: Unser viertes Geschütz kommt ganz nach rechts, wo wir eine zweite Stellung haben und uns einschießen müssen.

AM 26. NOVEMBER wieder einschießen und Unterstände bauen. Die Russen greifen an, werden aber glatt abgeschlagen.

AM 27. NOVEMBER schlechtes Wetter, Schneetreiben. Es gibt Liebesgaben.

AM 28. NOVEMBER Ruhe, es friert leicht.

AM 29. NOVEMBER alles ruhig, sind 13 Grad Kälte.
Es ist alles ruhig und gibt wenig Neues.

***

AM 13. DEZEMBER[216]: Es soll auf dem Berge bei unserer Beobachtung ein Tunnel gebaut werden. Sonst nichts Neues.

AM 15. DEZEMBER werden 700 qm Bretter angefordert, für den Bau des Tunnels.

AM 16. DEZEMBER: Die Russen beschießen den Berg unserer Beobachtung, wo wir bauen sollen.
Sonst wenig Neues.[217]

AM 20. DEZEMBER: Der Tunnel wird angefangen, es geht ganz gut. Es wird in drei Schichten gearbeitet von morgens 7 Uhr bis in die Nacht um 1 Uhr. Jede Schicht 6 Mann.
AM 21. DEZEMBER beschießen wir eine feindliche Batterie.

AM 22. DEZEMBER ist (es) sehr kalt, es sind 25 Grad.

---

[216] Zwischen dem 29. November und dem 13. Dezember 1915 gibt es keine Eintragungen. Eine Begründung für diese tagebuchlose Zeit liefert Bartel nicht, sie lässt sich auch nicht indirekt erschließen. Entsprechendes gilt für spätere Zeiträume, für die ebenfalls keine Notizen vorliegen.

[217] So wie hier Bartel, wie schon in seiner Zeit in Flandern, mehrfach *„nichts Neues“* vermerkt hat, dürfte es vielen Soldaten an den Fronten mit Stellungskriegcharakter ergangen sein. Die geniale Wahl des Buchtitels *„Im Westen nichts Neues“* durch Erich Maria Remarque tritt umso deutlicher hervor.

AM 23. DEZEMBER: Im Tunnel ist es[218] abgestürzt, bauen aber weiter.

AM 24. DEZEMBER (ist) alles ruhig. Unser Hauptmann lässt die Batterie antreten, wünscht den Bedienungen frohe Weihnachten und erinnert uns an die vorigen Weihnachten, wo wir furchtbares Feuer in die Feuerstellung bekamen, die Russen angriffen und unsere Infanterie zum Teil durch die Bzura trieben, wobei viele umkamen. Ein ernstes Andenken fürs ganze Leben. Da die Feinde grade an unseren Feiertagen gerne angreifen, müssen wir umso mehr wach sein. Wir haben uns einen kleinen Christbaum geschmückt, auch gibt es Liebesgaben, für jeden etwas. Alle sind froh und gut gestimmt. Am Abend singen wir Weihnachtslieder, und so verläuft der Abend ruhig und zufrieden. Der Feind verhält sich ruhig.

AM 25. DEZEMBER, der erste Feiertag, ist alles ruhig wie an gewöhnlichen Tagen. Mittags fährt die Schicht wieder an bei dem Tunnelbau. Das Wetter wird etwas gelinder.

AM 26. DEZEMBER gibt es nochmals Liebesgaben. Verleben gute Tage.

AM 27. DEZEMBER: Im Quartier der Feldartillerie, die hier dicht neben uns liegen, schlug ein 10 Zt. Geschoß in die Scheune, wo die Pferde standen. Es sind 14 Pferde gefallen oder verwundet, 8 tot, 6 verletzt.

AM 28. DEZEMBER trübes, kaltes Wetter. Schießen wenig. Mehrere größere Scheunen und Häuser sind schon abgebrochen und verbrannt, als Brennholz.

AM 29. DEZEMBER nichts Neues.

AM 30. DEZEMBER schießen wir sehr lebhaft.
Es gibt neue Anzüge.

AM 31. DEZEMBER: Der Tunnelbau geht schlecht vorwärts! Die Verpflegung ist sehr gut.

---

218 Vermutlich: das Erdreich.

1916

AM 1. JANUAR 1916: Silvester wird nur wenig gefeiert.

AM 2. JANUAR: Heute ist Tauwetter. Es gibt viel Arbeit.

AM 3. JANUAR: Das zweite Geschütz fährt in unsere Res. Stellung zum Einschießen der Ziele. Auch wird mit dem Bau der Unterstände angefangen.

AM 4. JANUAR: Heute fährt das dritte Geschütz in die Wechselstellung. Schießen aber nicht, viel zu trübes Wetter.

AM 5. JANUAR: Heute fährt das dritte Geschütz noch mal in die Wechselstellung zum Einschießen. Es müssen überall Leute zum Arbeitsdienst gestellt werden.

AM 6. JANUAR schlechtes Wetter. Anzüge werden verpasst. Wir müssen zum Bauen der Unterstände. In mehreren Ständen ist Wasser, aber nicht in unserem.

AM 7. JANUAR wieder schlechtes Wetter, mit Schneesturm. Für unsere Batteriepferde werden große Ställe gebaut. Die Russen feiern heute Weihnachten.

AM 8. JANUAR alles ruhig. Wir haben den Russen das Weihnachtsfest nicht gestört. Abends ist Gottesdienst in der Feuerstellung, sehr schön, andächtig.

AM 9. JANUAR ein wenig geschossen. Unser Herr Hauptmann lässt die Batterie antreten, spricht über den Tunnelbau, der nicht recht weiter geht, er soll und muss fertig (werden). Es gibt noch ein kleines Weihnachtsgeschenk. Ich bekomme Hosenträger.[219]

AM 10. JANUAR schlechtes Wetter. Müssen noch Unterstände bauen.

---

[219] Die auf den ersten Blick offenkundige, in Wirklichkeit aber nur scheinbare Banalität des Vorgangs offenbart, wie sehr die Notwendigkeiten des Alltags auch *„an der Front“* das Denken und Handeln von Vorgesetzten und Soldaten, vor allem derjenigen *„im letzten Glied“*, bestimmten und zur Quelle echter Freude werden konnten.

AM 11. JANUAR: Es lassen sich heute seit längerer Zeit wieder feindliche Flieger sehen.

AM 12. JANUAR: Wir beschießen feindliche Unterstände. Müssen vor dem Geschütz herum eine starke hohe Brustwehr bauen aus starken Bäumen und einen Erdwall. Das Holz wird auf einem Schlitten heran- gefahren. Es wird von einem höheren Offizier nachgesehen.

Das Foto ist ein Teil des von Heinrich Bartel hinterlassenen Materials.

AM 13. JANUAR: Die Unterstände werden weitergebaut. Es dauert lange, da sie bombensicher sein sollen, es kommen drei Lagen Holz drauf und viel Erde. Die Decke ist über einen Meter stark. Ein russischer Flieger wirft Bomben auf den Berg, wo wir den Tunnel bauen. Sie haben sicher das Arbeiten bemerkt, da viele Bretter und der helle frische Sand draußen liegen und vom Flieger gut gesehen werden (können). Auch wird der Berg fast jeden Tag beschossen.

AM 14. JANUAR: Der Tunnel ist wieder eingestürzt. Muss aber weiter gearbeitet werden. 50 m ist er drin im Berg. Die Beleuchtung drin ist schlecht.
Es kommen 24 Mann zurück zum Ersatz-Bataillon.

AM 15. JANUAR: Die Leute werden in Marsch gesetzt. Ich muss morgens um 6 Uhr zur Beobachtung mit 4 Mann. Die Fernsprecher sind in ihrem Unterstand eingeschneit und können nicht raus. Es ist ein furchtbares Schneetreiben und sehr kalt. Wir graben die Fernsprecher aus und sollen dann den Laufgraben zur Beobachtungsstelle ausschippen, aber es ist fast unmöglich in diesem Wetter. Nach einigen Stunden gehen wir zurück. Die Beobachtung kann nicht besetzt werden.

AM 16. JANUAR wieder solch Schneetreiben.
Alles ruhig. Im Unterstand ist es jetzt am besten.

AM 17. JANUAR: Das Wetter ist etwas besser. Müssen dann Unterstände bauen im Walde.

AM 18. JANUAR alles ruhig.

AM 19. JANUAR: Es soll ein höherer Offizier vom Generalstab kommen.
J. Bruns kommt vom Urlaub (zurück). Es ist wieder Tauwetter.

AM 20. JANUAR: Herr Hauptmann räumt die Batterie auf, teilt verschiedene Zigarren aus.[220]

AM 21. JANUAR Unterstände bauen, die Flieger arbeiten lebhafter.

AM 22.JANUAR: Die 35er haben die Nacht die Stärke des Feindes festgestellt.

AM 23. JANUAR: Es gehen mehrere Leute aus der Batterie zum Zahnarzt, werden sehr gut behandelt.

---

[220] Auch diese Notiz bedarf des zweiten Blickes. Im Zusammenhang mit dem *„Aufräumen"* der Batterie durch den *„Herrn Hauptmann"* wird man daran erinnert, dass *„Zigarren austeilen"* in umgangssprachlicher Verwendung bedeutet, dass gerüffelt worden ist, dass zur Ordnung gerufen wurde. Denkbar ist gleichwohl, dass tatsächlich als Lohn für sehr handfestes Aufräumen die begehrten Zigarren ausgeteilt wurden.

AM 24. JANUAR: Unsere Unterstände in der Wechselstellung werden fertig.

AM 25. JANUAR: 2 Mann von jeder Bedienung müssen weiter rückwärts eine Reservestellung bauen, mit Unterständen.

AM 26. JANUAR: Die Leute müssen wieder hin zum Bauen. Die Gulaschkanone bringt warmes Essen. Es hat sich einer wegen Urlaub an Hindenburg gewandt.[221] Es sind noch viel alte Leute, die noch nicht auf Urlaub gewesen sind.

AM 27. JANUAR Kaisers Geburtstag. Der Laufgraben zur Beobachtung muss gereinigt werden. Es ist eine böse Arbeit, denn der Schlamm und das Schneewasser (können) nicht abziehen. Nachmittags ist Vortrag über Gesundheitspflege.
Bei uns ist es sehr trocken. Keine Spur von Kaisers Geburtstag.[222] Lebhaftes Artilleriefeuer.

AM 28. JANUAR fährt das dritte Geschütz in Stellung, um eine künstliche Scheinbatterie vorzustellen und feindliches Feuer abzulenken.
Nur Nachtschießen.

AM 29. JANUAR: Überall werden die Wege in der ganzen Umgegend gut ausgebaut, Knüppeldamm gelegt. Viele russische Gefangene arbeiten daran.
Die Gefangenen kommen meistens im schlechten Anzuge. Werden hier zum Teil in deutsche Uniformen gekleidet, die sind aber durch Abzeichen kenntlich.
(In diesen Tagen) gibt es nur wenig Neues. Wir schießen nur, wenn die Russen anfangen.

* * *

---

[221] Man bedenke das Außergewönliche dieses Vorgangs: Generalfeldmarschal von Hindenburg Oberkommandierende der 8. Armee, zur der auch Bartels Einheit gehörte.
[222] Dahinter verbirgt sich wohl die Klage, dass es keinen Alkohol gab, selbst nicht an Kaisers Geburtstag. Man darf Bartels Formulierung durchaus einen ironischen Grundton zumessen.

AM 1. FEBRUAR: Der Tunnelbau wird immer schwieriger, besonders das Sandkarren ist schwer, da die Strecke schon zu ist.[223]

AM 2. FEBRUAR: Wie es scheint, hat der Russe schwere Geschütze rangezogen, es kommen schwere Granaten rüber, haben aber keine Treffer.

AM 3. FEBRUAR: Wir haben uns für unsere Geschützbedienung eine schöne Badeanstalt gebaut: Ein kleiner Unterstand, innen schön mit kleinen Schindelbrettern ausgeschalt, einem Tisch und Feldofen drin. Zum Baden ist eine große Tonne (aufgestellt), oben auf dem Unterstand ist eine etwas kleinere und man kann auch ein Brausebad nehmen.
Eine echte Wohltat für uns, obwohl Läuse bei uns seltener sind. Unser Herr Hauptmann ließ uns, da er sich sehr darüber freute, eine Tafel anbringen, worauf groß geschrieben steht >Badeanstalt der 4. Geschützbedienung<.

AM 4. FEBRUAR: Wir bekommen Handgranaten in die Batterie. Es gibt darüber Unterricht und (es) werden dieselben auch probiert. In diesen Tagen ist wenig Neues. Alles ruhig.

AM 14. FEBRUAR: Es wird heftig geschossen. Nichts Neues.

AM 17. FEBRUAR: Der Tunnel ist so weit fertig, dass heute ein Loch zu Tage gestoßen wurde. Es wird jetzt der richtige Beobachtungsstand gebaut, mit Rundhölzern ausgebaut.[224]

AM 20. FEBRUAR: Es soll ein Hochstand gebaut werden zur Reserve, für die Beobachtung im Schützengraben. Ich muss mit, um eine passende Stelle und passende Bäume zu suchen, wo der Hochstand gebaut werden soll. Mit einem kleinen Russengespann fahren wir mit einer Leiter im Walde rum, da wir die Bäume besteigen müssen, um zu prüfen, ob man das feindliche Gelände auch richtig übersehen kann. Die Arbeit dauert drei Tage.

---

[223] Wahrscheinlich ist gemeint: ... weil die Strecke schon oder noch immer zugeschneit ist.

[224] Erst mit dieser Eintragung kann man als Unbeteiligter ahnen, was es mit dem immer wieder genannten, fast schon obskuren *„Tunnel"* auf sich hatte: Die Distanz zwischen der Gefechtsstellung und dem Beobachtungsstand sollte, für den Feind nicht kalkulierbar, relativ groß sein und durch den Tunnel überbrückt werden.

AM 23. FEBRUAR bekommen wir Gasschutzmasken in der Batterie.[225]

AM 24. FEBRUAR: Der Hochstand wird gebaut im Hochwalde auf einer Höhe.

AM 25. FEBRUAR: Es sollen mehr Urlauber fahren.

AM 26. FEBRUAR: Der Tunnel und die Beobachtungsstelle werden fertig. Es ist ein schöner sicherer Bau. Morgen Nachmittag soll deshalb etwas gefeiert werden. Es war eine lange, schwere und schwierige Arbeit.

AM 27. FEBRUAR wird etwas geschossen. Es ist noch kalt und es sind noch keine Aussichten, daß der Schnee weggeht.
Am Nachmittag kommt unsere Gulaschkanone in die Batterie und muss Grog kochen, zur Feier der Fertigstellung des Tunnels und der Beobachtung.
Unser Hauptmann lässt die Leute antreten, hält eine kleine Ansprache und spricht uns seinen Dank aus für die treue Arbeit und die schwierige Leistung. Es bekommt jeder Mann erst 10 Zigarren und dann werden zusammen einige Gläser oder vielmehr einige Becher Grog getrunken, (es wird) gesungen und gescherzt.
In den nächsten Tagen sollen die Leute mehr Ruhe haben.
Da der Feind ziemlich ruhig ist, haben wir gute Tage.
Es wird nur wenig geschossen.[226]

* * *

---

[225] Es liegt nun der erste konkrete Hinweis darauf vor, dass im Ersten Weltkrieg Giftgas, und zwar an allen Fronten, eingesetzt wurde. Die Gasmaske wird zum überlebenswichtigen Ausrüstungsgegenstand der Soldaten!

[226] Diesen *„ruhigen Tagen"* an der Nordostfront steht an der Westfront der *„Kampf um Verdun"* gegenüber, der am 21. Februar 1916 mit dem deutschen Angriff begann und bis Mitte Dezember 1916 dauerte. Diese in der Geschichtsschreibung als *„Hölle von Verdun"* vermittelte Schlacht um die Festungswerke (Forts) bei Verdun – Douaumont, Thiaumont und Vaux seien stellvertretend genannt – fand ihr (vorläufiges) Ende mit dem erfolgreichen französischen Gegenangriff auf dem Ostufer der Marne. Sie wurde zum *„Symbol des sinnlosen Massensterbens"* mit 240000 deutschen sowie 275000 französischen und britischen Toten allein auf den Schlachtfeldern um Fort Douaumont und insgesamt ca. 335000 deutschen Gefallenen sowie 375000 Opfern der Alliierten, vornehmlich der Franzosen.

AM 1. MÄRZ: Die Verpflegung ist immer noch ganz gut. Abends bei Dunkelheit beschießt der Feind eine Höhe, die mehrere Kilometer hinter uns liegt, mit schwerer Artillerie. Auf der Höhe soll der Schallmesstrupp[227] liegen. Die schweren Granaten haben aber ihr Ziel nicht erreicht.

AM 2. MÄRZ alles ruhig.

AM 3. MÄRZ: Es ist Nachtschießen, ein Feuerüberfall auf feindliche Stellungen.

AM 4. MÄRZ: Die Russen haben einen hochstehenden Fesselballon, von wo aus sie unsere Stellungen beobachten. Er steht weit zurück, (so) dass wir ihn schlecht beschießen können.

AM 5. MÄRZ: Wir beschießen heute einen Wald, worin zwei russische Bataillone Infanterie in Reserve liegen. Die Stellung soll von einem Überläufer verraten sein.

AM 6. MÄRZ[228]: (Wir) beschießen die feindlichen Infanterie-Stellungen ziemlich stark. Nachher erhalten wir Munition, wird auf kleinen russischen Schlitten herangefahren. An Munition fehlt es uns nicht, haben immer reichlich.
Mit der Artillerie ist es fast wie eine Neckerei, die eine fordert die andere heraus zum Schießen. Es kommt die Nachricht, dass die „Möwe" in unseren Hafen eingelaufen (sei), eine Million Goldbarren mitgebracht und 15 feindliche Schiffe versenkt habe.[229]

[227] Der *„Schallmesstrupp"* hatte die Aufgabe, mittels Schallmessung die Position der feindlichen Artillerie zu bestimmen. Es sei an die vertrauten Entfernungsberechnungen während eines Gewitters erinnert.

[228] Bartel hat irrtümlich *„6. Februar"* notiert.

[229] Mit der *„Möwe"* ist ein Hilfskreuzer gemeint, der eigentlich unter dem Namen *„Möve"* registriert war. Der einstige Frachter wurde am 01. November 1915 von der Kaiserlichen Marine in Dienst gestellt. Unter dem Kommando des Korvettenkapitäns Nikolaus Graf zu Dohna-Schlodien (es sei an den Beginn des Vorworts erinnert!) brachte dieser Hilfskreuzer im Atlantik in den Jahren 1916 und 1917 insgesamt 39 Handelsschiffe der Alliierten auf und versenkte sie. Er genoss einen legendären Ruf, der sich, wie Bartels Eintragung belegt, bis an die Front in Kurland erstreckte. Mit *„in unseren Hafen"* ist Wilhelmshaven gemeint, das Einlaufen erfolgte am 4. März 1916. Weitere Informationen zu dem Hilfskreuzer bietet Wikipedia.

AM 7. MÄRZ: In der Nacht ist rechts von uns starker Geschützdonner und Maschinengewehrfeuer. Wahrscheinlich greift der Russe an.
Am Tage sonst alles ruhig, bis auf das gegenseitige Artilleriefeuer. Links von uns ist ein feindliches Flugzeug runtergeschossen (worden).

AM 8. MÄRZ heftiges Geschützfeuer beiderseits, dann Ruhe.

AM 9. MÄRZ ziemlich Ruhe, nur wenig Schießen.
Bekommen auch Munition, wobei es an Sport nicht fehlt.[230]

AM 10.MÄRZ leichtes Artilleriefeuer.
Von unserem Leutnant fotografiert vor dem Munitionsunterstand und der Badeanstalt.
Abends bekomme ich die traurige Nachricht, dass mein lieber Bruder Ernst vor Reims in Frankreich den Heldentod erlitten hat. Ein treuer lieber Bruder, der liebe Gott mag uns trösten. Wir wollen seiner in Liebe stets gedenken. Wir vertrauen auf den Herrn.[231]

AM 11. MÄRZ Artilleriefeuer, sonst nichts von Bedeutung.

AM 12. MÄRZ etwas geschossen. Nachmittags Holz fällen, für unsere Offiziere zum Brennen.

AM 13. MÄRZ wird nur wenig geschossen. Heute beginnt der Arbeitsdienst. Es soll eigentlich Fußdienst sein, aus Gesundheitsrücksichten, (auf) dass die Leute mehr Bewegung haben. Unsere Offiziere halten für die älteren Leute Arbeitsdienst (für) besser als Fußdienst, ganz richtig.[232]

---

[230] Diese einigermaßen zusammenhanglose Eintragung bleibt rätselhaft. Wollte er sagen, dass das Schleppen von Munitionskisten extrem anstrengend war?

[231] Der heiteren Note des Frontlebens folgt unmittelbar überfallartig die bitterernste Botschaft, dass Krieg nur zu oft oder sogar naturnotwendig Tod bedeutet. Der interessegeleitet zielgerichtet gepflegten Formel, die im Grunde nichts anderes als eine Floskel darstellte, ein soeben für sein Vaterland Gefallener habe *„den Heldentod erlitten"*, kann sich auch Heinrich Bartel in seinem tiefen Leid nicht entziehen. Aber damit hat es bei ihm nicht sein Bewenden: Als tiefgläubiger Mensch sucht er Trost bei Gott mit ungebrochenem Vertrauen.

[232] Der *„Arbeitsdienst"* (oder auch der *„Fußdienst"*) erweist sich als eine beinahe skurrile Begleiterscheinung des Stellungskrieges mit mehr oder weniger sinnlosem Materialeinsatz und überwiegend langweiligem, ermüdend-ödem Dasein in den Unterständen und den Schützengräben.

AM 14. MÄRZ (ist es) ziemlich ruhig, links etwas Artilleriefeuer. Gute Tage.
Abends wird unsere Infanterie vom Feinde belästigt, zur Beruhigung geben wir einige Schuss ab. Nachher ist alles still.

AM 15. MÄRZ morgens kommt unser Divisions-General in die Feuerstellung, besichtigt die Unterstände und erkundigt sich nach allen Kleinigkeiten. Auch nach der Verpflegung, die bis heute ganz gut ist. Auch kommen die Postsachen schnell rüber. Er sagt uns dann, dass es jetzt alle Woche einen fleischlosen Tag gibt, das schadet uns nicht.
Mittags machen die Russen einen Feuerüberfall auf unsere Schützengräben, wir feuern dann lebhaft. Unsere Infanterie hat einige Verluste. In der Nacht schießt der Feind mit Minen auf die Schützengräben.

AM 16. MÄRZ: Es wird im ganzen etwas lebhafter an der Front. Etwas Artilleriefeuer.

AM 17. MÄRZ(haben wir) Munition bekommen. Es werden kleine Eiskeller gebaut für den Sommer, zum Aufbewahren von Fleisch.[233]

AM 18. MÄRZ: Der Beobachtungsstand wird durch starke Rundhölzer verstärkt. Es ist Tauwetter, viel Nebel, (es) ist daher sehr ruhig.

AM 19. MÄRZ: Im allgemeinen ist Ruhe. Abends wollen die Russen mutmaßlich angreifen, was aber nicht wahr wird.
Die Lieferung von Alkohol, meist in Rum, hat fast den ganzen Winter angehalten. Es gibt ziemlich regelmäßig alle zwei Tage pro Mann nicht ganz ¼ Liter.
Es gibt daher manch heitere Stimmung, die manchmal sehr lebhaft wird. So z.B. kommt gestern um Mitternacht ein Mann in unseren Unterstand, um Rum zu suchen, da er weiß, dass wir mehrere Liter stehen haben, weil wir sehr wenig trinken. Er bietet 10 M aus fürs Liter. Es ist fast lächerlich, aber doch sehr

[233] Es werden also Vorkehrungen im Hinblick auf einen langen Stellungskrieg getroffen.

traurig, dass der Alkoholteufel auch im Felde nicht ausstirbt. Wann wird's besser?[234]

AM 20. MÄRZ alles ruhig. Bekanntmachung, dass alle überzähligen Wollsachen und Wäschestücke abgegeben werden sollen, um die Bekleidung für den nächsten Winterfeldzug sicherzustellen.

AM 21. MÄRZ: Morgens um 4.30 Uhr greifen die Russen unter starker Artillerievorbereitung in großen Massen an.
Es gibt einen lebhaften Artilleriekampf. Unserer Feldartillerie sind alle Fernsprechleitungen zur Beobachtung zerschossen, wodurch sie nicht recht schießen können, doch gelingt es unserer schweren Artillerie, die Hauptmasse des Feindes zurückzuhalten. Es wird dann wieder etwas ruhiger, doch nach einigen Stunden folgt der zweite Sturm. Unsere Artillerie feuert furchtbar, es gelingt dem Feind nicht in unsere Stellungen einzudringen, nur eine Vorpostenstellung wird genommen, aber alsbald wieder genommen und noch 1½ Komp(anien) Russen zu Gefangenen gemacht.

AM 22. MÄRZ ist alles ziemlich ruhig. Es schneit fast den ganzen Tag. Wir bekommen wieder frische Munition, daran fehlt es nicht. Unsere Infanterie hat sehr wenig Verluste.

AM 23. MÄRZ: Wieder ziemlich ruhig. Aber es hat furchtbar geschneit und fängt jetzt an zu frieren. Unser Hauptmann lässt die Batteriebesatzung antreten und dankt uns für die großartige Bedienung der Geschütze. Auch sollte er uns den Dank des Artillerie-Kommandeurs und des Divisions-Generals übermitteln. Unserem vierten Geschütz, sagt der Hauptmann, sei es zu verdanken, dass durch das furchtbare Schnellfeuer 400 Russen der Rückweg abgeschnitten wurde und diese so von unserer Infanterie ohne Gegenwehr gefangen genommen werden konnten.[235]

---

[234] Man wird nicht allzu lange spekulieren müssen, weshalb es für die Soldaten in den Stellungen den ganzen Winter hindurch reichlich Alkohol, speziell Rum gab: Zum einen natürlich angesichts der bitteren Kälte, um *„von innen“* zu wärmen, zum anderen aber gewiss auch, um der sich verstärkenden bedrückten Stimmung durch eine *„heitere“*, eher wohl angeheiterte entgegenzuwirken.

[235] Dieser Satz ist vom Herausgeber sinngetreu und unter Verwendung der Schlüsselworte konstruiert worden.

Die Munition kommt viel auf den kleinen Russenschlitten, wo 20 Schuss aufgeladen werden für 2 große Pferde.

AM 24. MÄRZ ist überall Ruhe. Nichts Neues.

AM 25. MÄRZ alles ruhig.

AM 26.MÄRZ ist evangelischer und katholischer Gottesdienst im Walde, wozu auch die Musikkapelle da ist.

AM 27. MÄRZ: Der Feind schießt sich mit zwei neuen Batterien ein. Es kommt viel schweres Feuer in die Nähe unserer Stellung, es ist gute Munition. Auch schießen die Russen viel mit Minen. In der Nacht kleine Gefechte, unsere Batterie muss sofort fünf Obergefreite und zwei Unteroffiziere abgeben ans Ersatzbataillon zur Neuformierung.

AM 28. MÄRZ schönes helles Wetter. Am Nachmittag bis in die Nacht ist links von uns furchbares Artilleriefeuer zu hören. Die Fernsprecher unserer Batterie sollen wieder das Winken (Morsen) üben, zur Sicherheit, wenn uns alle Leitungen zerschossen werden.

AM 29. MÄRZ nur übliches Artilleriefeuer. Es gibt überall viel Schneewasser, da es richtig taut.

AM 30. MÄRZ: Es werden alle Wollsachen und gebrauchte Kleidungsstücke gesammelt und abgegeben, sonst ist es ziemlich ruhig.

AM 31. MÄRZ: Durch das starke schnelle Tauen ist fast in allen Unterständen Wasser, doch wird versucht, es abzuleiten. Artilleriefeuer wie gewöhnlich.

* * *

AM 1. APRIL übliches Artilleriefeuer. Schönes sonniges Wetter. Überall wird gearbeitet. Entwässerung und Wegebau. Der Schnee ist jetzt zum ersten Mal verschwunden, seit November.

AM 2. APRIL: Da schönes Wetter, arbeiten die Flieger schärfer auf beiden Seiten und werden stark beschossen.

AM 3. APRIL übliches Artilleriefeuer, die Nacht ein feindlicher Angriff, wurde aber glatt abgewiesen.

AM 4. APRIL ziemlich ruhig, schönes Wetter. Nachmittags wurde ein feindlicher Flieger von der Feldartillerie runtergeschossen.

AM 5. APRIL alles ruhig, bis auf etwas Artilleriefeuer.

AM 6. APRIL morgens vollzähliges Baden in der neuen Badeanstalt.

AM 7. APRIL gewöhnliches Artilleriefeuer.

AM 8. APRIL schönes klares Wetter. Die Flieger arbeiten scharf und werden stark beschossen. In der Batteriestellung werden die Unterstände verbessert, etwas Anlagen gemacht und alles schön gesäubert.
Wir bekommen zusammengeflochtenes Rohr als Ersatz für Stroh zum Nachtlager. Es liegt sich ganz gut drauf.

AM 9. APRIL ist Gottesdienst, evangelisch und katholisch, im Walde.

AM 10. APRIL gewöhnliches Artilleriefeuer. Es gibt wieder neue Wäsche.

AM 11. APRIL wenig Feuer, alles ruhig. Es werden überall die Ackerfelder bestellt. Kartoffeln sollen schon gepflanzt sein.

AM 12. APRIL überall Ruhe. Die Entwässerung unserer Batteriestellung ist fertig gestellt. Der Wegebau geht weiter. Es sind für jede Woche vier Badetage festgesetzt.

AM 13. APRIL nichts Besonderes. Wie sehen unsere Pferde aus? Und wie werden sie gefüttert und gepflegt?[236]

AM 14. APRIL gewöhnliches Artilleriefeuer. Morgens eine kleine Andacht in der Batteriestellung, gehalten vom Divisions-Pfarrer.

AM 15. APRIL alles ruhig am Tage. Abends ein kleiner Feuerüberfall.

AM 16. APRIL morgens Gesundheitsbesichtigung. Im Ganzen ziemlich ruhig. Es wird beim Quartier unserer Gefechtsbagage eine Kreissäge mit Göpelbetrieb aufgebaut. Alles aus Bruchstücken zusammengesucht.
Bekamen diese Tage einige Schuss in unsere Stellung, ohne Schaden anzurichten.
Nach Aussage der Überläufer[237] haben wir vor einigen Tagen, wo wir eine feindliche Batterie durch künstliche Abmessungen[238] unter Feuer nahmen, zwei Geschütze zerschossen und einen Offizier und sieben Mann getötet.

OSTERN AM 23. UND 24. APRIL war alles außergewöhnlich ruhig. Es fiel kein Schuss, die Infanterie im vorderen Graben konnte sich frei bewegen. Auch sollen sie[239] sich gegenseitig besucht und allerlei Sachen ausgetauscht haben. 60-70 Russen sollen hier geblieben sein, da sie nicht wieder zurück wollten. Unsere sind wieder alle zurück. Die russischen Offiziere sollen alle in Riga gewesen sein. Der Höchstkomman-dierende im

---

[236] Im Notizbuch Heinrich Bartels sind anderthalb Seiten unbeschrieben geblieben. Wollte er seine Fragen noch beantworten? Wenn ja, muss unsere Frage lauten: Warum ist das unterblieben? Leider werden wir darauf keine Antwort erhalten können.

[237] Um welche Personen es sich handelte und aus welchen Gründen sie übergelaufen waren, bleibt leider unerwähnt. Nicht auszuschließen ist, dass es Angehörige ethnischer Minderheiten, zum Beispiel auch Letten und Litauer sowie Polen, waren. Darüber hätte man gern etwas erfahren.

[238] Was Bartel mit *„künstlichen Abmessungen"* gemeint hat, lässt sich nur eingeschränkt erschließen. Vermutlich hat es spezifisch mit der schweren Artillerie zu tun, die im allgemeinen aus verdeckter Stellung schoss und diese erst vermessen musste, um dann mit Hilfe des Richtkreises schießen zu können mit vorgegebenen, in jedem Gelände gültigen Werten, eben *künstlichen Abmessungen*.

[239] Also die deutschen und die russischen Soldaten, die sich in den Schützengräben seit Monaten, sozusagen Auge in Auge, gegenübergelegen hatten, ständig bereit, den *„Feind"* zu erschießen.

Graben (soll) ein Feldwebel gewesen sein.[240]

AM 25. APRIL abends beginnt die Artillerie auf beiden Seiten das Schießen.[241]

AM 26. APRIL: Unser Hauptmann fährt vier Wochen auf Urlaub. Leutnant Kröning hat die Führung der Batterie. Beschießen eine schwere feindliche Batterie, mit 80 Schuss, durch künstliche Messungen.

AM 27. APRIL morgens gleich wieder eine leichte Batterie beschossen, mit 100 Schuss, bekommen dadurch auch einige Schuss in die Batteriestellung, jedoch ohne zu schaden. Beschießen dann auch gleich diese Batterie mit ungefähr 50 Schuss. Es schweigt dann alles. Bekommen dann gleich wieder Munition. Die letzte Batterie beschossen wir durch Fliegerbeobachtung.

---

[240] Dies ist eine der besonders wertvollen, in vielfacher, vor allem auch in historiographischer Hinsicht herausragenden Stellen des Tagebuchs. In Geschichtswerken und filmischen Darstellungen ist immer wieder, nicht frei von einem das Sensationelle übermäßig betonenden Ansatz, auf den Christabend 1914 hingewiesen worden, an dem in Flandern britische und deutsche Soldaten die Waffen in ihren Schützengräben ruhen ließen, um gemeinsam, Geschenke austauschend und Weihnachtslieder singend, das Christfest zu feiern – und dann wieder *„die Waffen sprechen zu lassen“*. So wie die *„Ostfront“*, einmal von *„Tannenberg“* abgesehen, generell viel weniger Aufmerksamkeit erfahren hat als die Ereignisse an der *„Westfront“* mit ihren zum Teil sehr bedenklichen, fast mythischen Überhöhungen, so ist auch das hier von Heinrich Bartel dokumentierte Geschehen während des Kampfes um den strategisch außergewöhnlich wichtigen Brückenkopf Riga, wenn nicht alles täuscht, bisher nicht herausgestellt, geschweige denn gewürdigt worden. Zu beachten ist, dass Ostern für die russisch-orthodoxe Kirche, die immerhin im zaristischen Reich Staatskirchenrang hatte, als Auferstehungsfest das höchste Fest des Kirchenjahres war. Die Waffen schwiegen also für eine Nacht, die geschilderte Verbrüderung im christlichen Geist konnte unter den „gemeinen“ Soldaten stattfinden. Die russischen Offiziere, so erfahren wir, hatten sich zur Feier des Festes standesgemäß nach Riga zurückgezogen, sehr wohl darauf vertrauend, dass kein Sturmangriff seitens der Deutschen zu gewärtigen sei.
Der Kontrast zum von Bartel emotionsgesättigt geschilderten Verhalten der russischen Seite am 24. Dezember 1914 im polnischen Mittelabschnitt der Ostfront sollte nicht übersehen werden. Ich verweise auf die entsprechende Fußnote unter diesem Datum.
Dass *„60-70 Russen“* – erneut fällt die undifferenzierte Bezeichnung *„Russen“* auf – nicht in ihre Schützengräben zurückkehrten, muss als ein nicht gering einzuschätzender Vorbote des sich anbahnenden Zusammenbruchs der Disziplin und der Kampfmoral innerhalb der zaristischen, multiethnisch zusammengesetzten Armee gewertet werden.

[241] Man ist versucht, auf diese Eintragung zynisch zu reagieren: Das Osterfest hat seine Schuldigkeit getan, das Töten darf weitergehen. Gleichwohl spiegelt der Vorgang lediglich die bittere Logik des Krieges wider, der sich niemand entziehen konnte.

AM 28. APRIL wieder zwei feindliche Batterien beschossen. Es ist im ganzen sehr scharfes Artilleriefeuer. Bekommen wieder viel Munition. Die Nacht ist ruhig.

AM 29. APRIL etwas mehr Ruhe den ganzen Tag. Es ist großartig warmes Wetter. Rückwärts werden die Felder gut bestellt, wird jetzt Hafer gesetzt und (es werden) Kartoffeln gepflanzt.[242]

AM 30. APRIL fast den ganzen Tag feindliche Artillerie beschossen. Wir bekommen einen schweren Schuss wohl 50 m hinterm Geschütz. Unser Richtpunkt ist vollständig verschwunden, müssen daher kurze Zeit das Schießen einstellen. Am Nachmittag ist beim dritten Geschütz ein Frühkrepierer, wie (durch) ein Wunder ist nur ein Mann verletzt, leicht, mehrere unbedeutend. Gottes Gnade sieht man überall.

* * *

AM 1. MAI alles ruhig.

AM 2. MAI wieder Artillerie beschießen.
Es werden in der Feuerstellung Fußballspiele gespielt.

AM 3. MAI gewöhnliches Artilleriefeuer. Da wir häufig Feuer bekommen, bauen wir sichere Unterstände, kolossal stark.

AM 4. MAI wieder Artillerie beschießen, bekommen auch wieder Feuer, jedoch ohne zu schaden.[243]

AM 5. MAI ziemlich ruhig, es wird feste gebaut.

AM 6. MAI morgens 4 Uhr mit zwei Geschützen in unsere Wechselstellung bei Skuja[244], wird nur wenig geschossen.

---

[242] Der Blick des in der Landwirtschaft aufgewachsenen Soldaten für den Ackerbau geht über die vordergründige Beobachtung hinaus: Er weiß um den existenzsichernden Wert der rechtzeitigen und sachgemäßen Feldbestellung nicht nur für sich, sondern für alle seine Mitmenschen.
[243] Zu lesen: ... jedoch ohne Schaden zu nehmen.
[244] Der lettische Name und die genaue Lage konnten nicht ermittelt werden.

AM 7. MAI: Bleiben wieder in der alten Stellung, ganzen Tag feste an unseren bombensicheren Unterständen gearbeitet[245]. Am Abend einige Salven geschossen, wofür die Russen in der Nacht wieder geschossen[246] (haben), jedoch ohne Schaden.

AM 8. MAI Artillerie beschossen, worauf die Russen nicht antworteten. Rechts ziemliches Artilleriefeuer. Unsere Geschütze werden frisch gestrichen.

AM 9. MAI: (Wir müssen) wieder feste bauen an den Unterständen, werden aber fertig. Es ist eine Decke darauf von langem starken Rundholz übereinander gelegt, über 2 m stark. Sonst ist Ruhe.
Es kommen vier Mann zur Sturmabwehrbatterie -9cm- (in den) Schützengraben.[247]
2 Mann, Obergefreite, kommen nach Ehrenbreitstein[248], werden auf tropen-dienstfähig[249] untersucht.
Abends gibt es Bier.

AM 10. MAI: Morgens ist Impfung gegen Cholera. Nachmittags Waffenappell. Sonst ziemlich ruhig.

AM 11. MAI: Vor einigen Tagen war der Abschnittsgeneral in der Batterie. Heute soll wieder ein anderer kommen.

AM 12. MAI: Kaltes Wetter. Arbeit ist wie gewöhnlich.
Sonst herrscht Ruhe.

AM 13. MAI: Es wird ein großer Munitionsunterstand gebaut, ein kleines Depot für die Batterie, bombensicher gebaut. Es schneit fast den ganzen Tag.

AM 14. MAI (SONNTAG): Ganzen Tag Ruhe, wird nicht gearbeitet. Etwas geschossen, abgebrochen, da Regenwetter kommt.

---

[245] Die zunehmende Bedeutung der Luftwaffe wird erneut indirekt deutlich: Es gilt *„bombensichere Unterstände"* zu bauen.
[246] Also: zurückgeschossen
[247] Das kann nur heißen, dass die Einheit Geschütze des Kalibers 9cm einsetzte.
[248] Bei Bartel *„Ehrenbreitenstein"*. Gemeint sein kann aber nur der Ort Ehrenbreitstein bei Koblenz.
[249] Sie wurden also auf Tropendienstfähigkeit untersucht.

AM 15. MAI Arbeitsdienst, die Nacht feindliche Batterie beschossen. Schönes Wetter.

AM 16. MAI. Alles ruhig. Arbeitsdienst, es werden Brandwege gemacht, aus Vorsicht wegen Waldbrand. Es werden Kreuzottern gefangen, es gibt 25 Pfennig fürs Stück.[250]

AM 17. MAI: Das gesammelte Holz aus dem Walde ins Freie (ge)fahren wegen Feuergefahr. Sonst alles ruhig.

AM 18. MAI: Das kleine Munitionsdepot ist bombensicher fertig gestellt. Die Geschütze sind neu gestrichen. Für das Fußartillerie-Regt. 2 ist eine Unterstützungskasse gegründet, Zweck: für die Hinterbliebenen. Es sind hier viele Spenden gesammelt (worden).

AM 19. MAI gewöhnliches Artilleriefeuer, sonst alles ruhig.

AM 20. MAI mittags 1.30 Uhr ist Gottesdienst im Walde im Lager von Neu-Döbnitz.[251]

AM 21. MAI: Es wird neben dem Weinrebenstollen[252] noch eine Beobachtung für die Division gebaut. Arbeitsdienst.

AM 22. MAI: Früh morgens ein kleiner Angriff unsererseits. Es wurden 67 Gefangene gemacht, ohne jeglichen Verlust. Starke Patrouillen wurden vertrieben.

AM 23. MAI feindliche Artillerie beschossen. In der Nacht dreimal ans Geschütz, es wird wieder lebhafter. In den nächsten Tagen geschieht nichts von Bedeutung.

---

[250] Abgesehen davon, dass der ständige *„Arbeitsdienst"* mit dem Bau vermeintlich bombensicherer Unterstände und Munitionsdepots ein untrügliches Kennzeichen des Stellungskriegs ist, verrät der letzte Satz dieser Eintragung, dass zudem der Zeitvertreib zu einer täglichen und sich ständig verstärkenden Herausforderung der Soldaten im Kampf gegen die Monotonie des Frontlebens, die sich seit vielen Wochen in Bartels Einträgen gespiegelt hat, darstellte. Wenn denn aus ihrer Sicht dem Kriege überhaupt (noch) ein Sinn innewohnte, so musste sich vor allem den einfachen Soldaten die Frage nach dem Sinn ihres konkreten Soldatentums angesichts der eingetretenen und sich verfestigenden militärischen Situation umso nachdrücklicher stellen.

[251] Lettischer Ortsname und Lage konnten nicht ermittelt werden.

[252] Das ist eine mehr als eigenartige Formulierung. Gemeint ist der Stollen seiner Batterie, nämlich der *„Batterie Weinreben"*, in der Bartel als Soldat Dienst tat, wie er am Anfang seiner Aufzeichnungen herausstellte.

Es wird abermals verboten, ein Tagebuch zu führen.

AM 27. MAI zum 2. Mal auf Urlaub gefahren, 14 Tage. Die Bahnverbindung ist gut. Am 27. abends von Gr.-Eckau abgefahren, am 29. mittags in Hannover.
Zu Hause ist alles gut in Ordnung.
Telegraphisch um 10 Tage Nachurlaub ersucht, welcher auch bewilligt wird. Am 31. Mai wird der kleine Ernst geboren, am 11. Juni getauft.

* * *

AM 22. JUNI wieder abgefahren. Die Verpflegung auf der Bahn lässt zu wünschen übrig.[253]

AM 24. JUNI wieder in der Stellung angekommen. Es gibt per Tag 1,50 Mark Verpflegungsgeld. An der Front ist es ruhig. Es wird Wegebau gemacht und die Stellung noch besser ausgebaut.

AM SONNTAG, DEM 16. JULI, morgens 8 Uhr fangen die Russen plötzlich ein starkes Trommelfeuer an, welches den ganzen Tag andauert.[254]
Nachdem kommen die Russen raus zum Sturm, werden aber von unserer Infanterie und (durch) Artilleriefeuer unter

---

[253] Dieser Satz sollte nicht als Nörgelei missverstanden werden! Er spiegelt die sich dramatisch verschlechternde Versorgungslage auch und gerade in der Heimat wider, die im *„Hungerwinter"* 1916/17, dem *„Steckrübenwinter"*, ihren schrecklichen Ausdruck fand und schließlich eine der Ursachen der Revolution in Deutschland darstellte. Immerhin kommt hier indirekt auch zum Ausdruck, dass die Versorgungslage an der Front erheblich besser war als in der Heimat. Das ist nur scheinbar eine groteske Situation! Ich verweise in diesem Zusammenhang auf die Anmerkungen Bartels zur konkreten Versorgungslage unter dem Datum 18. März 1917.

[254] Das nun einsetzende und sich an den folgenden Tagen, auch Wochen wiederholende *„starke Trommelfeuer"* der Russen mit Sturmangriffen der Infanterie auf die Stellungen der Mittelmächte an der gesamten Ostfront war Teil der *Brussilow-Offensive,* benannt nach dem russischen General Alexej Brussilow. Nur im Südabschnitt, in der Bukowina, gelang den Russen ein *„bedeutender Schlachtensieg"* (vgl. Der Große Ploetz, S. 720) gegen Verbände der K.u.k.-Armee mit über 200000 Gefangenen, im übrigen blieb die Ostfront bis zur sog. Februarrevolution des Jahres 1917 und der folgenden Abdankung des Zaren weitgehend unverändert.

Nur nachrichtlich: Am 1. Juli 1916 begann die Schlacht an der Somme. Sie dauerte bis zum 18. November 1916 und war für beide Seiten die verlustreichste aller Materialschlachten. Für die Mittelmächte waren die über weite Strecken parallel ablaufenden Kriegsgeschehen Verdun, Somme und Brussilow-Offensive letzten Endes verhängnisvolle, weil sowohl personell als auch materiell nicht mehr auszugleichende Abnutzungsschlachten.

schweren Verlusten[255] vertrieben.
Die Nacht ist gewöhnliches Artilleriefeuer.

AM 17. JULI setzt das Trommelfeuer wieder früh ein mit großer Heftigkeit, welches fast den ganzen Tag andauert und nachdem die feindliche Infanterie mehrere Male zum Sturm vorkommt, aber jedes Mal abgeschlagen wird. Wir bekommen schweres Feuer in die Batterie, jedoch ohne zu schaden.
Kann die Einzelheiten nicht mehr wiedergeben, da ich es erst lange nachher noch aufschreibe.[256]

AM 18. JULI wiederholt sich dasselbe Trommelfeuer mit nachfolgendem Sturm, wieder mehrere Male, dergleichen auch am 19., 20., 21., 22. bis 23. Juli nachmittags. Trotzdem unsere Gräben vollständig zusammengeschossen sind, haben die Russen nichts erreicht als ein kleines Grabenstück. Unsere Stellung sieht böse aus, es ist kein Fenster in den Unterständen ganz geblieben.[257]

AM 23. JULI fiel unser Fernsprecher Heinzelmann in der Nähe der Batterie durch Volltreffer einer Granate.

AM 24. JULI wird es langsam ruhiger. Es gibt viel Arbeit, die Stellung wieder in Ordnung zu bringen. In der nächsten Zeit ist nichts von Bedeutung.
Bei einem Angriff kommt einmal eine feindliche Patrouille von ungefähr 16 Mann bis in unseren Graben vor. Da unsere Infanteristen noch in ihren Verstecken sitzen, werden mehrere nacheinander erstochen. Erst, wie ihnen alles klar ist, stürzt sich unsere Infanterie mit den Russen ins Handgemenge, wobei alle Russen ihr Leben lassen mussten.

* * *

[255] Vermutlich hat Bartel die *„schweren Verluste“* bei den Russen geortet, nicht auszuschließen ist gleichwohl, dass er auch eigene Verluste gemeint hat.

[256] Bartel hat also sehr wohl zwischen unmittelbaren Notizen und Eintragungen aus der Erinnerung (*„lange nachher“*) unterschieden. Wie *„lange nachher“*, wird sich nicht klären lassen.

[257] Mit dieser Feststellung wird erneut ein Kennzeichen des Stellungskriegs, dieses spezifischen Phänomens des Ersten Weltkriegs an allen seinen Fronten, überaus deutlich beschrieben: Die Materialschlachten führten zu keinen nennenswerten Geländegewinnen, der jeweils angestrebte Bewegungskrieg mit kriegsentscheidenden Schlachten blieb aus.

AM 29. OKTOBER[258] kommt plötzlich Befehl, die Batterie soll am anderen Tag mittags verladebereit sein. Bis zum 29. war nichts Neues. Wurden nur die Stellungen besser ausgebaut und die Wege in Ordnung gebracht. Auch wurde die zweite, besonders gute, starke Stellung fertiggestellt. Als Reserve-Stellung.

AM 30. OKTOBER abends sind wir dann von Skrebe[259], einem kleinen Bahnhof in unserer Nähe, um 6 Uhr abgefahren. In Mitau gab es in der Nacht Verpflegung, „Warmes Essen". Fuhren dann über Schaulen[260] in Richtung Wilna[261], wohin weiß keiner. In Radschwiliski[262] bekommen wir am 31. morgens Kaffee, gutes Stück Brot und Blutwurst. Hatten kleine Stunde Aufenthalt. Konnten dann unterwegs auf den kleinen Stationen oder vor denen, wenn der Zug hielt oder keine Einfahrt hatte, von den Einwohnern noch schöne Äpfel kaufen, zu anständigen Preisen. Auch konnte man noch Weißbrot kaufen, doch zu Preisen, die direkt ausverschämt waren. (Für) Kleine Stücke, die bei uns im Frieden 5 Pfennig kosten, nehmen sie 25 Pfennig. Die schöne Stadt Wilna konnten wir nicht sehen, da es Nacht war. In Krzedary[263] bekommen wir wieder warmes Essen und Kaffee. Von Wilna fahren wir nach Lida[264], wo es wieder Verpflegung in der Nacht gibt.

* * *

[258] Die lange tagebuchlose Zeit lässt sich mit einiger Sicherheit nur durch das am 23. Mai ergangene Verbot, ein Tagebuch zu führen, erklären. Es erfolgt also nur ein kurzer Rückblick.

[259] Lettischer Name und Lage der Bahnstation konnten nicht ermittelt werden.

[260] Bartel verwendet hier zum ersten Male den deutschen Ortsnamen Schaulen, das er sonst in Anlehnung an das Russische Schawli(e) genannt hat. Es ist das litauische Siauliai an der E77.

[261] Wilna ist der deutsche Name der litauischen Hauptstadt Vilnius.

[262] Litauisch Radviliskis, etwa 20km südöstlich der Stadt Siauliai.

[263] Litauisch Kaisiadorys, ein Eisenbahnknotenpunkt etwa 20km östlich der Großstadt Kaunas (Kowno).

[264] Lida ist eine Stadt im heutigen Weißrussland etwa 100km südlich Wilnas an der E85 (bzw. M11).

AM 1. NOVEMBER gegen 11 Uhr mittags sind wir in Molehatz[265], unserer Endstation, angekommen, werden dann gleich ausgeladen und in Marsch gesetzt. Es ist eine schöne Gegend. Nachmittags um 5 Uhr geht es ins Quartier, kommen in eine alte ausgeräumte Scheune in Jaluzewitschi[266].
Unsere Gulaschkanone kocht noch schnell Essen und Kaffee, so sind wir wieder versorgt. Es ist streng verboten, Stroh oder Brennholz zu nehmen, da die Einwohner fast selber nichts haben.[267]

AM 2. NOVEMBER ist Ruhe. Wir besehen den kleinen Ort. Kleine, arme Bauern wohnen noch da, haben aber nur noch wenig Vieh. Die Frauen arbeiten am Flachs. Kinder und Frauen gehen barfuß, obwohl es kalt ist. Die Zimmer, auch die Betten sehen traurig aus gegen die deutschen.

AM 3. NOVEMBER morgens 7 Uhr ist Abmarsch der Geschützbedienungen in die Feuerstellung, um alles in Ordnung zu bringen. Unterwegs sieht man die Einwohner beim Wegebau. Die Wege sind sehr schlecht. Wir kommen durch die kleine Stadt Garadishtschi, bald da hinter (ist) unserer Stellung bei Skarbowar. Die Stellung ist fertig ausgebaut, sogar die Unterstände schön geheizt von einer anderen Batterie in der Nähe. Es wird mehrere Tage noch alles mehr geordnet. Leitungen zur Beobachtung gestreckt, Geschütze eingefahren und Munition herangeschafft, es gibt 1750 Sp. 750 gr. Kr. 1000.14.[268]
Es wird uns bekannt, dass eine starke feindliche Stellung genommen werden soll, jedoch ist alles geheim.

---

[265] Mit dem deutschen(?) Namen Molehatz (Bartels Eintragung könnte auch als *„Molchatz"* gelesen werden) ist die weißrussische Stadt Maladziecna gemeint, ein wichtiger Eisenbahnknotenpunkt an der Strecke Wilna – Minsk.
[266] Die von Bartel verwendeten Namen der kleinen weißrussischen Orte finden keine Entsprechung in den konsultierten Landkarten. Auch die Recherche im Internet blieb erfolglos.
[267] Angesichts anderer Schilderungen Bartels ist das eine bemerkenswerte Befehlslage!
[268] Die Aufschlüsselung ist schwierig. Wahrscheinlich wollte Bartel feststellen: 1750 Schrapnells und 750 große Kartätschen mit der Bezeichnung 1000.14, die dann auf eine bestimmte Kartätschensorte verweisen würde.

AM 8. NOVEMBER wird uns bekannt gemacht, worum es sich handelt und alle Einzelheiten dazu, besonders der gr. kr. Gesch.[269] Es ist alles fertig.

AM 9. NOVEMBER morgens 4 Uhr ist Wecken, mehr unerwartet oder doch ungewiss. Um 5 Uhr setzt gleichzeitig das Feuer mehrerer Batterien ein. Es wird erst die feindliche Artillerie beschossen, aber (es dauert) nicht sehr lange und es setzen alle Batterien ein. Man hört nur noch das furchtbare Krachen und das Zittern der schweren Minen und Geschütze. Das Feuer wird immer stärker.
Zum Frühstück und Kaffee ist wenig Zeit, geht nebenbei. Nach mehrstündigem ununterbrochenem Schießen fallen von uns mehrere Geschütze aus wegen Überanstrengung. Die Federn brechen, das Glyzerin kocht, doch wird alles in Kürze ausgebessert: Die Rohre gekühlt, Federn neu eingesetzt, Glyzerin nachgefüllt. In kaum einer halben Stunde schießen alle Geschütze wieder, doch das Feuer steigert sich. Gegen Mittag immer mehr und es müssen noch vereinzelt Geschütze ausgebessert werden. Um ½1 Uhr gibt‘s Schnellfeuer und man fühlt, dass der Angriff bald folgen muss, es geht bis kurz nach 1 Uhr[270], dann heißt es *„Feuerpause“*.
Überall ist Stille, nur vereinzelt hört man feindliche Schüsse. Nach kurzer Zeit kommt durchs Telefon: Alle Stellungen genommen. Aus mehreren Stellungen holen unsere Flammenwerfer die Feinde heraus und machen Gefangene. Unsere Infanterie hat sehr wenige Verluste.
Die feindliche Stellung ist furchtbar verwüstet, alles verschüttet, darunter viele Leute (Russen). Die Gefangenen sind froh, dass sie aus dem Höllenfeuer rauskommen. Sie zittern am ganzen Körper und sehen aus wie der Tod.
Es werden 3000 Gefangene gemacht, viele Maschinengewehre und Minenwerfer erbeutet, auch 11 Gulaschkanonen mit Essen. Sonst ist überall Ruhe.

---

[269] Wahrscheinlich zu lesen: ...besonders was die großkalibrigen Geschosse (oder Geschütze) anbelangt.
[270] Also um 12.30 Uhr bzw. kurz nach 13 Uhr.

AM 10. NOVEMBER morgens früh bei dunkler Nacht machen die Russen einen Gegenstoß unter starkem Artilleriefeuer, werden aber leicht abgeschlagen, obwohl sie bis an unsere neue Stellung dicht herankommen sind.
Nachher ist dauernde Ruhe.
Die folgenden Tage wird wenig geschossen.

AM 13. NOVEMBER mittags kommt Befehl zum Abrücken, gleich nach Mittag geht's im Marsch bis Molehatz, 25 km. Die Wege sind sehr schlecht und oft zum Festfahren, dabei regnet`s.
Abends um 9 Uhr kommen wir am Bahnhof an, doch können wir noch nicht verladen (werden), es (sind) noch Batterien und Kolonnen vor uns, wir müssen daher auf einer Wiese solange auffahren und warten, bei kaltem Wind und Regen, die Nacht im Freien.

AM 14. NOVEMBER morgens um 4 Uhr werden wir verladen, bei starkem Regen. Um 5 Uhr sind wir schon fertig, im Viehwagen sucht sich dann jeder ein Lager zum Schlafen. Obwohl es sehr unbequem (ist), schläft fast jeder. Erst gegen Mittag, wir sind in Lida, einer größeren Bahnstation, wird zum Mittagessen gerufen. Alles läuft raus in den Speisesaal, es schmeckt sehr gut, auch gibt es Kaffee.

AM 15. NOVEMBER abends bei Dunkelheit kommen wir wieder in der Nähe unserer alten Stellung vor Riga an. Erst nach langem Warten geht`s ins Quartier, in verlassene Unterstände gefangener Russen. Die Pferde müssen zum großen Teil draußen stehen, da nicht genügend Ställe vorhanden sind. Es fror die Nacht so stark, dass die Geschütze auf dem Froste übergehen, traurig für die Pferde.[271]

AM 17. NOVEMBER ist Ruhe.

AM 18. NOVEMBER ist Beschießung, es klappt gut und wir können.

[271] Dies ist die wörtliche Übernahme der Eintragung Bartels. Was er gemeint hat, kann nicht sicher erschlossen werden. Wahrscheinlich hat er festhalten wollen, dass die Geschütze festfroren.

AM 19. NOVEMBER wieder in unsere alte Stellung einfahren und (in) unsere schönen Unterstände, die wir schon lange vermisst haben, einziehen. Wir fühlen uns hier recht wohl, auch können wir wieder schön baden und (uns) recht pflegen. Es ist hier noch alles beim Alten, nur ist der Russe mit der Artillerie etwas lebhaft.

AM 20. NOVEMBER: In der nächsten Zeit müssen wir viel Artillerie beschießen, bis der Russe ruhig wird. Sonst nichts Neues. Wir müssen noch wieder 3 Unteroffiziere, 4 Obergefreite und 1 Gefreiten abgeben zur Ausbildung von Rekruten in Königsberg.

* * *

AM 12. DEZEMBER wird uns bekannt gemacht, dass unser Kaiser den Feinden den Frieden angeboten (hat), möge der liebe Gott es gelingen lassen. [272]
Wie man hört, ist in Baldau ein russischer Spion erschossen (worden), ein junger Mann in Zivil von 17 Jahren, der schon viermal durch die Front gegangen ist.

AM 22. DEZEMBER gibt es Feuer in die Batterie und wird Obergefreiter Monsch verwundet, Schrapnellkugel durchs Unterbein (Wade). Er kommt gleich ins Feldlazarett in Baldau.
In der nächsten Zeit gibt es häufig Feuer, auch die Feiertage ist keine Ruhe, müssen alle Tage ans Geschütz.

AM 30. DEZEMBER: Es wird kälter, hat mehr geschneit und waren heute Abend 18 Grad.

---

[272] In bisher nicht zum Ausdruck gebrachter Deutlichkeit vertraut Bartel hier seinem Tagebuch seine tiefe Friedenssehnsucht an. Wir können sicher sein, dass wie er fast alle seine Kriegskameraden gefühlt und gedacht haben. Er ist sozusagen in Stellvertreterfunktion tätig geworden. Aber wie alle anderen wird er, durch den Befehlsgehorsam gefesselt, seine Gedanken für sich behalten und lediglich seinem Tagebuch mitgeteilt haben.

1917 [273]

AM 5. JANUAR: Es ist diese Zeit böses Schneegestöber, aber der Schnee liegt wohl 30 cm hoch. Auch war links von uns[274] ein feindlicher Vorstoß auf Mitau. Die Russen sind bis in unseren Graben gedrungen, jedoch durch einen Gegenstoß geworfen und noch 500 Gefangene gemacht. [275] Wie man hört, sind uns hinter Mitau 20 Geschütze abgenommen. Die Russen haben in starker Übermacht unsere erste Stellung genommen, wodurch unsere Infanterie in die zweite Stellung musste 4 km rückwärts und die Geschütze, da sie keine Bespannung haben, zurückbleiben.

AM 13. JANUAR: Es werden von Zeit zu Zeit Leute aus der Batterie angefordert, nach Königsberg, zur Aufstellung neuer Batterien.

16. JANUAR: Morgens waren 22 Grad Kälte.

* * *

AM 2. FEBRUAR: Morgens waren 29 Grad. Doch wird sich morgens draußen mit kaltem und warmem Wasser gewaschen, auch Arbeitsdienst gemacht. Es werden Masten gesetzt zum elektrischen Lichte, es kommt überall hin, im Schützengraben, (in) Feuerstellungen der Batterien, andere Lager usw.

AM 19. FEBRUAR brennt das Licht zum ersten Male, 10 kerzige Birnen.[276]

* * *

[273] Als Jahreslosung hat Heinrich Bartel in sein Notizbuch geschrieben: *„Unser Leben sei dem Herrn geweiht"*.

[274] Also westlich der Stellung, in der Bartels Batterie sich befand.

[275] Was nur heißen kann: ... jedoch wurden sie durch einen Gegenstoß zurückgeworfen, und wir haben noch 500 Gefangene gemacht.

[276] Mit *„Kerze"* ist eine seinerzeit gebrauchte Bezeichnung der Einheit gemeint, mit der die Lichtstärke einer Leuchtquelle gemessen wird. Heute heißt die Einheit *„Candela"*, abgekürzt Cd. Bartel bezieht sich demnach auf eine Glühbirne mit der Lichtstärke 10 Cd. Eine Glühlampe mit 60 Watt ist etwa 5mal lichtstärker (50Cd). Es handelte sich folglich um sehr schwache Leuchtquellen. *„Kerze"* darf man auch so verstehen: Das Äquivalent der Lichtstärke einer brennenden Kerze.

AM 4. MÄRZ sind morgens noch 24 Grad Kälte, dazu wohl 40 cm Schnee. Um die Feuerstellung der Batterie wird ein 3 m breiter Drahtverhau gemacht, dazu (werden) kurze Schützengräben ausgeworfen.

AM 18. MÄRZ sind in der Nacht noch gut 20 Grad Kälte, dazu noch immer hoher Schnee.

Da Anfang Februar schon die Nachricht kam[277], dass durch den verschärften U-Bootkrieg[278] Amerika die diplomatischen Beziehungen abgebrochen (hat), so hat jetzt auch China den deutschen Gesandten die Pässe ausgestellt.

[277] Es liegt, im Tagebuch deutlich sichtbar, ein kurzer Rückblick auf Geschehnisse vor, deren weltgeschichtliche Bedeutung Bartel wie fast alle seine Zeitgenossen gar nicht erkennen konnte, deren Auswirkungen auf den ihn unmittelbar berührenden und bedrückenden Krieg er aber sehr wohl zu ahnen schien.

[278] Die Fachwissenschaft spricht vom *„unbeschränkten* (oder auch uneingeschränkten) *U-Boot-Krieg“*. Dieser wurde im deutschen Hauptquartier in Pleß (Oberschlesien) von der Obersten Heeres- und Marineleitung am 09. Januar 1917 gegen den Willen des Reichskanzlers Bethmann Hollweg beschlossen, der sich sicher war, dass es dann zum Kriegseintritt der Vereinigten Staaten von Amerika kommen werde. Die Militärs wollten das in Kauf nehmen. Sie versprachen sich von dem U-Boot-Einsatz, einer Art *„letzte Karte“*, die Niederlage Großbritanniens innerhalb von sechs Monaten. Der Kaiser schloss sich in seiner militärisch-politischen Unbedarftheit und Verblendung, der ein größenwahnsinniges Wunschdenken entsprach, den Militärs an, nicht zuletzt wohl unter dem Eindruck der sogenannten *Knock-out*-Parole des britischen Premierminister David Lloyd George vom September 1916. Dieser Vorgang liefert eines der besten Beispiele für den unheilvollen Vorrang des Militärischen vor dem Politischen.

Der Abbruch der diplomatischen Beziehungen durch die USA erfolgte am 3. Februar, die von Reichskanzler Bethmann Hollweg vorausgesagte Kriegserklärung am 6. April 1917.

AM 16. MÄRZ kommt die Nachricht, dass der Zar abgedankt habe und sich in Petersburg eine neue Regierung gebildet habe. 30 000 Mann Militär haben sich der revoltierenden Bevölkerung angeschlossen, doch in der Stadt sei die Ordnung wieder hergestellt, die alten Minister (seien) verhaftet.[279] Wie man liest, hat England die Hand mit im Spiel.[280]

AM 18. MÄRZ[281]: Unsere Verpflegung ist noch gut. Es gibt an fünf Wochentagen a 200gr Fleisch, an einem 250gr und ein fleischloser Tag. Brot ist noch immer dasselbe, alle zwei Tage eins. Auch werden die anderen Zulagen gut verteilt, alles abgewogen. Das Mittagessen wird gut gekocht.

* * *

[279] Die Soldaten wussten also ziemlich zeitnah, was sich außerhalb Deutschlands bei den Kriegsgegnern ereignete, gewiss auch deshalb, weil sie, des Krieges inzwischen völlig überdrüssig geworden, auf Meldungen warteten, die sie dem ersehnten Waffenstillstand und dem Frieden näherbrachten. Die *„Nachricht“*, auf die Bartel Bezug nimmt, hat nicht weniger zum Inhalt als die *Februarrevolution*, die nach dem deutschen Kalender am 8. März in Petrograd mit dem Aufstand der Bevölkerung unter der Führung der Sozialisten gegen die erbärmliche Lebensmittelversorgung begann. Ihm schlossen sich die Petrograder Truppen an und führten ihn zum Erfolg, der sich in der Abdankung des Zaren Nikolaus II. am 15. März 1917 und seiner Festsetzung manifestierte. Es wurde zunächst eine *„provisorische Regierung“* unter dem Fürsten Lwow bei starker Beteiligung der *„Sozialrevolutionäre“*, die vorerst die wichtigste der sozialistischen Strömungen darstellten, gebildet. Der bedeutendste Vertreter der, anders als es der Name andeutet eher reformorientierten, Sozialrevolutionäre war Alexander Kerenski, der im Mai 1917 Kriegsminister (*„Kerenski-Offensive“* Anfang Juli) und am 20. Juli Ministerpräsident wurde.

Als welthistorisch verhängnisvoll sollte sich die Entscheidung dieser provisorischen Regierung erweisen, den Krieg gegen die Mittelmächte fortzusetzen. Kerenski war dabei die bestimmende Kraft.

[280] Worauf Bartel anspielt, kann nicht erschlossen werden. Aufschlussreich ist die Eintragung dennoch: Die Frontsoldaten waren ständig der Propaganda ausgesetzt, die sich häufig in Durchhalteparolen manifestierte. Gerüchte waren eine Art Lebenselixier in den Schützengräben, nicht zuletzt im Kampf gegen die Monotonie und vor allem die allgegenwärtige Konfrontation mit dem Tode.

[281] Nach dem Rückblick nimmt Bartel seine zeitnahen Eintragungen wieder auf. Sie sind aber, wie sich aus den Daten ergibt, mit größeren Abständen erfolgt. Eine Begründung dafür liefert Bartel nicht. Darf man vermuten, dass er nicht nur des Krieges überdrüssig war, sondern auch das sofortige Eintragen sich häufig wiederholender Beobachtungen und Begebenheiten als nicht mehr sinnvoll, vielleicht sogar als lästig empfand?

AM 3. APRIL morgens Abmarsch nach links (Katharinenhof)[282], woselbst eine Feldstellung genommen werden soll.[283] Mittags kommen wir in Stellung, da hier so wenig Platz, müssen die meisten Leute 8 km rückwärts ins Quartier.

AM 5. APRIL morgens früh ist nach schwerem Artilleriefeuer der Sturm, es sind starke Blockhäuser und Betonstände. Es werden 3 Gefangene gemacht, ein Maschinengewehr, doch sollen viele (Soldaten) unter den Trümmern begraben sein.
Unsere Batterie hat etwas über 300 Schuss verschossen. Am 5. mittags fahren wir wieder zurück, doch gehen die Wege so schlecht, dass wir mit dem Geschütz in den Graben fahren bei dem bösen Eisregen. Abends sind wir wieder in unserer alten Stellung, wo wir uns am wohlsten fühlen.

* * *

IM MAI: Die ganze Zeit hindurch ist es sehr ruhig an der Front. Die beiderseitige Infanterie verkehren ziemlich freundlich miteinander[284], so dass sie gegenseitig verschiedene Sachen austauschen. Tabak und Rum gegen Lebensmittel, Brot, Eier usw.. Doch wird dann bald die russische Infanterie abgelöst, unsere Division ebenfalls und alsbald ist das feindliche Verhalten wieder da.[285]
Wir sind längere Zeit, Tag und Nacht in erhöhter Alarmbereitschaft, wird dann aber wieder normal.

---

[282] Lettisch Katrinas muiza, heute Vorort Rigas.

[283] *„Eine Stellung nehmen"* bedeutete, eine feindliche Stellung erfolgreich zu stürmen.

[284] Soll also heißen: Die Infanteristen der beiden Kriegsparteien gehen ziemlich freundlich miteinander um.

[285] Das war der besondere und isoliert betrachtet angenehme Aspekt des Stellungskriegs an allen Fronten: Die sich auf Sicht- und Hörweite, zum Teil monatelang, in den Schützengräben gegenüberliegenden Soldaten kannten sich und entwickelten ein auf Vertrauen und Wohlwollen basierendes Verhältnis, das sich im Laufe des Krieges nicht auf den *„Weihnachtsfrieden"* des Jahres 1914 und den informellen Waffenstillstand zum Osterfest, wie ihn Bartel 1916 in Lettland erlebte, beschränkte. Sobald sich aber neue Truppenkontingente gegenüberlagen, das ist Bartels Mitteilung, war *„das feindliche Verhalten wieder da."*

Die schwere Artillerie bleibt hier, fast alles andere, die ganze Division geht nach den Westen.[286]

ENDE MAI: Wir bauen eine neue Stellung aus. Alles modern und sicher. Das Wetter ist sehr warm. Am 31. Mai sind über 30 Grad, im ganzen recht trocken. Es fährt öfter ein Mann zum Einkaufen hinter die Front, wo es noch Fleisch, Wurst, Speck, besonders Eier gibt. Eier kosten St. 20 Pfennig, Kalbfleisch 1.40 M das Pfund, Schweinefleisch 2.60 bis ungefähr 4.00 M, Schmalz 3.50 – 4.00 M.

ERINNERUNGEN SEIT AUGUST 1917[287]

In ruhiger Stellung vor Riga kommt unerwartet das Gerücht von großen Artillerie-Transporten und Einrichtungen von Lagern hinter unserer Front. Das dauert eine ganze Zeit, ehe wir was Besonderes davon zu sehen bekommen, bis wir selber auf einmal große Mengen Munition aller gefährlichen Arten bekommen.
Nach wohl vier Wochen langer Vorbereitung heißt am 31. August der Befehl, wenn das Wetter und (der) Wind günstig bleiben, beginnt.

* * *

[286] In der Verlegung von Truppen von der Ostfront, wo der Widerstand der russischen Streitkräfte mehr oder weniger gebrochen und ein Waffenstillstand nur noch eine Frage der Zeit zu sein schien, in den *„Westen"* drückt sich die Strategie der Obersten Heeresleitung aus, in einer, wie man hoffte letzten, Großoffensive die Entscheidung herbeizuführen, ehe die Hauptkontingente der USA in den Krieg eingreifen konnten.

[287] Über die Zeit der sog. *Kerenski-Offensive* in der ersten Julihälfte 1917 liegen keine Einträge Bartels vor. Erneut muss betont werden, dass sich einschlägige Gründe nicht erschließen lassen. Die letzten Endes erfolglose und zudem enorm verlustreiche Großoffensive der Russen hatte ihren Schwerpunkt allerdings im Südabschnitt der Ostfront, in Galizien, und war gegen die Truppen Österreich-Ungarns gerichtet, weil sich Kerenski dort einen Durchbruch versprach. Wann Bartel seine *„Erinnerungen seit August 1917"* niederschrieb, kann nicht ermittelt werden.

AM 1.SEPTEMBER 4 UHR das große Schießen des Angriffs, und so geschah es.[288] Um 3 Uhr morgens standen unsere Bedienungen fertig am Geschütz, viele Geschosse (gr. Kr.)[289] waren fertig gemacht. Pünktlich um 4 Uhr begannen wir mit einem regelmäßigen Schnellfeuer auf die feindlichen Batterien, welche bald heftig antworteten. Doch nach zweistündigem Feuer wurden sie ruhiger, da wir die böseste Munition gebraucht hatten, die acht Stunden lang wirkte.
Dann um 6 Uhr begann das Feuer auf die feindlichen Infanteriestellungen. Desgleichen hörte man links und rechts unsere anderen Batterien. Schon um 9 Uhr[290] kommt Nachricht, dass mehrere Brücken über die Düna fertig seien und große Mengen Truppen rübergehen. Die Russen haben sich nach dem furchtbaren Artillerie- und Minenfeuer zurückgezogen. So konnten unsere Truppen den Übergang fast ohne jegliche Verluste erreichen.[291]

AM 2. SEPTEMBER gehen auch wir vor, nachdem die letzten Nachhuten bezwungen sind, und erreichen abends Kelkau[292], wo wir biwakieren im Zelt bei Regenwetter.

---

[288] Was Bartel mit seinen folgenden Eintragungen beschreibt, ist als *„Schlacht um Riga"* (1. - 5. September 1917) in die Kriegsgeschichte eingegangen. Die Stadt Riga wurde am 3. September von den deutschen Truppen eingenommen.

[289] *„Gr. Kr."* steht wohl für *„große Kartätschen"*, denkbar ist aber auch *„große Kaliber"*.

[290] Aus dem Zusammenhang der Darstellung muss gefolgert werden, dass 18 bzw. 21 Uhr gemeint sind.

[291] Das von Bartel verwendete Wort *„Übergang"*, er meinte den konkreten über die Düna, ist in seiner metaphorischen Bedeutung hier von besonderem Belang: Das von ihm Geschilderte markiert im Baltikum den Übergang vom Stellungskrieg – hier vor dem Brückenkopf Riga im äußersten Norden der Ostfront – zum Bewegungskrieg. Die Kerenski-Offensive war unter schweren Opfern von Menschen und Material verpufft, Disziplin und *„Moral"* der Truppe waren aufgezehrt, massive Auflösungserscheinungen waren den deutschen Militärs selbstverständlich bekannt geworden, so dass sie sich nun das Heil in der Offensive versprachen, die in der Schlacht um Riga einen besonderen Ausdruck fand.

[292] Lettisch Kekava, am Südufer der Düna gelegen, unweit der heutigen Kreuzung von E77 und E67.

AM 3. SEPTEMBER, morgens, nach einem kurzen Gefecht, geht es weiter vor bis vor die Stadt Riga.[293] Doch ehe wir reinkommen, sprengt der Russe sämtliche Brücken. Die Holzbrücken brennen, so müssen wir vor der Stadt halt machen. Wir bleiben in der Vorstadt Kronsberg. Hier hört man noch schwere Sprengungen aus der Stadt, wo die großen Lager von Munition, Lebensmittel sowie auch der Bahnhof gesprengt und in Brand gesetzt sind. Der Übergang über die Düna wird jetzt mit kleinen Fuhren und den kleinen Dampfern verrichtet. So geht der Verkehr von Militär und Zivil Tag und Nacht durch, auch ist eine gesprengte Brücke für Fußgänger ausgebessert. Wir bleiben mehrere Tage in der Vorstadt in Ruhe, haben dann Gelegenheit, öfter nach Riga rüberzufahren. Auch sind wir zur Kaiserparade da, die am 6. September ist.

Der Besuch Kaiser Wilhelms wenige Tage nach der Einnahme Rigas durch deutsche Truppen am 3. September 1917 zeigt, welche Bedeutung diesem Ereignis auf reichsdeutscher Seite beigemessen wurde. Auf deutschbaltischer Seite waren damit große Hoffnungen auf die Eroberung des ganzen Landes verbunden.

Riga ist eine feine Stadt nach deutschem Muster. Die Leute sind sehr freundlich und sprechen meist deutsch. Die Preise

[293] Der 3. September 1917 gilt als der Tag, an dem der Brückenkopf Riga von den deutschen Truppen erobert wurde.

für Lebensmittel sind viel höher als in Deutschland. Fleisch kostet 10 Mark, Butter noch darüber. Brot gibt es auf Marken, auch sehr wenig. Schuhwaren sind nicht leicht zu bezahlen, über 100–200 Mark, desgleichen alle Schreibsachen. Nur[294] ist noch Seife zu kaufen, Waschseife kostet russisch Pfd. 2.40, Toilettenseife 2-5 Mark, Zigarren Stück 40 Pfennig.

[294] Gemeint: Immerhin oder allerdings.

AM 7. SEPTEMBER: Kommen in Marsch bis nahe vor Gr.-Eckau, wo wir Quartier beziehen, ein guter Marsch von circa 40 km. Im Quartier wird eine unserer Kühe geschlachtet, Kartoffeln gibt es die Masse, so wird dann gut gelebt.[295]
AM 9. SEPTEMBER werden wir verladen in Gr.-Eckau und wir fahren runter[296] nach Dautsewas[297]. Nachmittags ausgeladen, kommen wir nach kurzem Marsch in ein Waldlager ins Quartier.

AM 10. SEPTEMBER: Nach langem Marsch von Nachmittag 3.00 Uhr bis zum anderen Morgen um 4.00 Uhr zur Front in Stellung 12 km links (von) Jakobsstadt[298].
Hier ist es eine böse, unkultivierte Gegend, hügelig und Sumpf und Lehmboden, dazu das Regenwetter, mit Pferden ist nur wenig zu fahren, wird daher fast alles durch die Förderbahn[299] herangeschafft. Unsere Stellung ist ruhig. Wir liegen beim Geschütz im Zelt, welches auch nicht mehr dicht hält. Doch die Stimmung ist gut.

HEUTE IST SCHON DER 20. SEPTEMBER[300] und (noch) immer ist die übliche Ruhe, fast ungeduldig warten die Truppen auf Befehl zum Angriff. Munition sowie alles Zugehörige ist in großen Mengen herbeigeschafft. Eben hört man ein unsicheres Gerede. Morgen früh geht's los, ob es wahr wird?

---

[295] Mit dieser Eintragung wird erneut überaus deutlich, wie sehr die Verpflegung *„an der Front"* sich positiv von dem allgemeinen Lebensmittelmangel *„in der Heimat"*, der mit Phasen der schlimmsten Hungersnot einherging, unterschied.
[296] *„Runter"* heißt hier nach Osten in Richtung Jekabpils.
[297] Lettisch Daudseva.
[298] Das ist der deutsche Name für Jekabpils an der Düna in Zentrallettland.
[299] Warum Bartel den Begriff *„Förderbahn"* benutzte, bleibt ungewiss. Wahrscheinlich meinte er die bereits erwähnte Eisenbahnlinie von Mitau (Jelgava) nach Jakobsstadt (Jekabpils).
[300] Angesichts dieser Satzeinleitung darf man davon ausgehen, dass Bartels *„Erinnerungen seit dem 1. August 1917"* auf konkreten (Tagebuch)Notizen fußten.

Die am 24. September zu Papier gebrachte Passage bestätigt diese Lesart sehr eindeutig: Er hält dort Rückblick in einem seltenen Augenblick der *„Gelegenheit zum Schreiben"*.

HEUTE IST SCHON DER 24. SEPTEMBER und man hat kaum Zeit und Gelegenheit zum Schreiben.

Am 21. (September) morgens um 4.00 Uhr setzt das erwartete Angriffsfeuer ein. Ein gewaltiges Krachen und Rollen hört man auf der ganzen Front, besonders links auf dem Teufelsberge ist es schauderhaft, wo die starken Hauptstellungen der Russen sind. Das Feuer dauert bis Mittag.

Schon nach kurzer Zeit hört man, die ersten Stellungen sind genommen. Die Verluste der Russen sind gewaltig, aber unsere sind auch nicht gering.

Am Nachmittag fahren wir aus der Stellung, um weiter nach links auf der Hauptstraße vorzukommen, denn vor uns ist alles ein großer Sumpf.

Hier muss ich etwas mehr schreiben, denn es ist mehr als interessant. Die Hauptstraße ist etwa 4 km links, doch sind die Wege so schlecht, dass wir auf die ungefähr 22 km 4 Tage brauchten. Den ersten Nachmittag bis abends 9.00 Uhr sind wir wohl 2 km fortgekommen, obwohl die größte Strecke Knüppeldamm war. Die Nacht wurde (dort) verbracht, wo etwas Unterkunft zu finden war. Jeder war froh, wenn er bei dem furchtbaren Regen nur etwas im Trockenen sein konnte.

Am anderen Morgen geht es bei Tagesgrauen weiter und wir kommen bis mittags wohl 10 km weit, wo wir unsere alte Stellung am Teufelsberg erreichen. Hier müssen wir halten, da die ganze Straße von Fahrzeugen voll ist, (die) überall festgefahren sind. Hier sieht man überall das Schreckliche der Schlacht, zwei große offene Zelte sind aufgeschlagen, wohin die vielen Verwundeten gebracht wurden, doch sind es meistens russische Verwundete. Da die Wege so schlecht sind, können sie noch nicht fortgebracht werden.

Ein trauriges Bild ist es am anderen Morgen, die Verwundeten liegen fast alle ohne Decken, nur ein Mantel ist zum Zudecken, doch fehlt auch das noch vielen.

Am Boden ist nur etwas Heu. Dann kommen am Morgen die Krankenträger und bringen die Toten, die während der Nacht noch gestorben sind und noch zwischen den anderen Verwundeten liegen, hinaus, damit sie begraben werden. Unsere Batterie ist am Morgen wieder marschbereit, doch sind die Straßen

noch immer überfüllt, so dass wir noch nicht weiter können. Die Feldgendarmen haben für Ordnung auf der Straße zu sorgen. Es geht alles nach der Reihe. Am Nachmittag können wir anfahren, doch kommen wir nicht weit, da überall die Fahrzeuge festgefahren sind, viele tote Pferde liegen an der Seite im Graben. Wir kommen wohl 3 km vor, da wird es dunkel und das Fahren auf der Straße ist vorbei, denn es ist unmöglich.
Wir machen daher Halt und schlagen uns am Wege unsere Zelte auf. Stroh oder Heu ist nicht zu finden und jeder muss sehen, dass er einen trockenen Platz findet. Die Pferde werden im Busche angebunden und gefüttert.
Am anderen Morgen geht es zeitig los. Wir helfen erst den festgefahrenen Wagen mit Reservepferden zur Seite, so dass wir vorbei können, und dann geht's weiter.
Die Straße geht noch sehr schlecht, wir lassen daher die meisten Wagen zurück. Es kommen nur 4 Geschütze und 4 Munitionswagen mit und der Beobachtungswagen. Während sonst 6 Pferde vorgespannt werden, kommen 10 Pferde vor ein Geschütz und so kommen wir einigermaßen nach vielen kleinen Pausen durch. Mittags sind wir etwa 10 km weiter gekommen und sind noch vor Jakobsstadt. Da alles freies Gelände vor uns ist, müssen wir halten, bis es dunkel wird. Dann fahren wir im Walde auf und biwakieren.
Am anderen Morgen fahren wir dann in Stellung, ungefähr 3 km vor Jakobsstadt. Die Front ist hier nur mäßig besetzt, da die Düna zwischen liegt.[301] Die Russen schießen nur wenig, nur die Stadt liegt unter Artilleriefeuer.
(Auch) wir schießen nur wenig, Unterstände werden nicht gebaut, da wir nicht lange bleiben werden. Es werden Leute hingeschickt, um in der Stadt, wo noch allerlei Lebensmittel der Russen zurückgeblieben sind, (Verwendbares) zu holen.
Es gibt da viel Brot, Mehl und Gemüse, nur kein Fleisch.
Hier sind wir nur wenige Tage, nehmen nur einige Orte mal richtig unter Feuer und müssen dann wieder zurück bis Pickstan am See[302], wo wir mehrere Tage Ruhe haben.

[301] Jakobsstadt (Jekabpils) liegt an beiden Ufern der Düna, die also „(da)*zwischen liegt*", weil die „*Front*" bereits am nördlichen Ufer verläuft.
[302] Lettisch Pikslauki, etwa 20km südwestlich.

Dann in Dautsewas werden wir verladen und fahren bis Skarbe[303], in der Nähe unserer alten Stellung vor Riga. Werden dann in Marsch gesetzt und gehen bei Ayküll[304] über die Düna, mit einer Fähre.
Haben den Tag einen strammen Marsch und kommen am Abend noch in Stellung. Auf der Hauptstraße[305] haben die Russen wohl 10 km lang Bohlen gelegt und es fährt sich die Straße daher tadellos. Sollen deutsche und österreichische Gefangene gebaut haben. Wir kommen in eine ziemlich fertig gebaute Stellung, welche die Hauptstellung werden soll.
Die richtige Front ist noch 30-40 km weit vor, soll aber, nachdem diese Stellung ausgebaut ist, zurückgenommen werden.
Das zu räumende Gelände wird erst durch ein großes Sprengkommando zerstört, die Gebäude abgebrannt, Vieh und Proviant (werden) zurückgeschafft. Große Lastautos fahren alle Tage und bringen Korn usw. zurück. Für die Zivilbevölkerung ist es ein trauriges Elend und jammern furchtbar, wenn ihnen das Ihrige genommen wird. Obwohl es ihnen freigestellt ist, zurückzugehen oder auch zu ihren russischen Landsleuten rüberzugehen.

* * *

AM 3. NOVEMBER: Wir sind jetzt fest bei dem Bau der Stellungen. Die Arbeitszeit ist von morgens 8.00 Uhr bis 11.00 Uhr, von 12.00-3.00 Uhr nachmittags.
Die Verpflegung ist gut, auch ist für einen guten Wintervorrat an Kartoffeln gesorgt. Unsere Unterstände sind fertig, angenehm und warm. Das Wetter ist noch schön. Es werden viele schwere Batterien herausgezogen und kommen fort.
Wohin?[306]

---

303 Lage und lettischer Name konnten nicht ermittelt werden.
304 Lettisch Ikskile auf dem Nordufer der Düna. Ayküll muss wohl durch den in Lettland geläufigen Namen Uexküll ersetzt werden – man denke an die Adelsfamilie von Uexküll!
305 Es kann sich nur um die heutige A6 handeln, die, autobahnähnlich ausgebaut, von Osten her nördlich der Düna nach Riga hineinführt.
306 Es spricht einiges, insbesondere die Separatstellung des Frageworts im Tagebuch, dafür, dass es sich lediglich um eine rhetorische Frage handelte, weil Bartel sehr wohl wusste, dass die *„schweren Batterien“* an die Westfront verlegt wurden.

AM 20. NOVEMBER: Das Ausbauen der Stellung ist noch in vollem Gange, das Wetter war noch immer schön bis auf einige Regentage und kleine Nachtfröste. Die Russen haben die Front noch nicht fest besetzt, sondern haben nur kleine Patrouillen vor. Daher müssen auch unsererseits welche vor.
Jetzt hörte ich, dass eine Patrouille (drei Mann) nicht wieder zurückgekommen ist. Bei der Suche ist der Unteroffizier tot aufgefunden (worden), ausgezogen und mit einem Bajonettstich in der Brust.
Unsere Patrouillen haben auf über zwanzig km nach vorn nichts vom Feinde gesehen.

ENDE NOVEMBER kommt der erste Schnee, dazu ein böser Dreck. Die Pferde haben daher viel zu leiden und bei dem wenigen Futter gehen viele kaputt.[307]

***

AM 5. DEZEMBER sind über 10 Grad Kälte.
Am 2. Dezember abends kommt die amtliche Nachricht, dass Russland mit uns am 3. Dezember in Verhandlungen wegen eines sofortigen Waffenstillstands und eines allgemeinen Friedens treten (will).
Es liegt was in der Luft, dass wir in nächster Zeit nach dem Westen kommen.[308]

AM 11. DEZEMBER ist Stellungswechsel nach rückwärts. Kommen auf ein großes Gut ins Quartier in der Nähe von Riga. Eine lange Zehnzentimeter-Batterie kommt in unsere alte Stellung.[309]

AM 13. DEZEMBER ist Fußdienst.
Am ersten Abend im Quartier wurde durch Gottes Gnade eine große Kohlengasvergiftung verhütet.

---

[307] Es fällt auf, dass Bartel den Putsch der Bolschewiki (mit Lenin und Trotzki an der Spitze) vom 6./7. November 1917, nach russischem Kalender im Oktober, deshalb als *„Oktoberrevolution"* bekannt, anders als die zwar bedeutungsvolle, gleichwohl weltgeschichtlich nachrangige *„Februarrevolution"* mit keinem Wort erwähnt.

[308] Bartel bestätigt also die Vermutung: Er erwartet die Verlegung seiner Einheit *„nach dem Westen"*.

[309] Gemeint ist wohl eine Batterie mit Langrohrgeschützen des Kalibers 10,5 cm.

Unser Quartier, ein schönes neues Haus, ist mit großen Kachelöfen ausgestattet. Da wir einen anstrengenden Marsch hatten, wurde gegen Abend kräftig geheizt und dann schlafen gelegt. Unglücklicher Weise hatten die Leute einer Stube ihren Ofen gleich richtig zugemacht, um Wärme zu halten, wodurch sich Gas bildete und ins Zimmer drang und so die fünf Mann stark gefährdete.
Doch der liebe Gott wollte nicht den Tod der Kameraden. Der ablösende Posten hatte den Unfall bemerkt und alarmierte gleich das ganze Haus. Es wurden drei Mann bewusstlos herausgebracht, welchen sofort durch Sauerstoffapparate wieder geholfen werden und so ein größeres Unglück verhütet werden konnte. Heute sind die Leute bis auf einen Mann wieder ziemlich gut gestellt.

AM 15. DEZEMBER abends rücken wir ab zur Bahn, in der Nähe von Riga. An der Straße nach Petersburg[310] werden wir verladen und fahren über Mitau bis Skarbe und kommen im Nollendorf-Lager[311] ins Quartier, wo das Geschütz- und Fußexerzieren weitergeht.[312]

AUCH ZU WEIHNACHTEN sind wir noch hier.[313]
Leider ist vom Gottesdienst nichts bekannt[314]. (Den) Christabend verleben wir sehr gut, ein schöner Weihnachtsbaum ist zurechtgemacht, es werden dann die Weihnachtslieder gesungen.

---

[310] Bartel meint die Fernstraße, die über Riga nach St. Petersburg führte (heute E77). Jedenfalls fuhren sie nach Süden.

[311] Der Name ist wörtlich übernommen worden, genaue Lage und lettischer Name konnten nicht geklärt werden!

[312] Unter diesem Datum hätte man die Eintragung erwartet, dass am 15. Dezember 1917 ein Waffenstillstand zwischen dem Deutschen Reich und Russland in Kraft trat, nachdem Leo Trotzki als Volkskommissar des Äußeren am 28. November 1917 an alle Kriegführenden den Vorschlag zum Waffenstillstand gerichtet hatte, den die Ententemächte einschließlich der Vereinigten Staaten ablehnten, während die Mittelmächte auf ihn eingingen. Der erwähnte Rückzug über Riga hinweg nach Süden aber dürfte genau damit zusammenhängen!

[313] Zum Zwecke der allgemeinen Orientierung sei erwähnt, dass am 22. Dezember 1917 in Brest-Litowsk (die Stadt liegt am ostpolnischen Grenzfluss Bug) die Friedensverhandlungen zwischen den Mittelmächten und Russland aufgenommen wurden.

[314] Der gläubige Christ Heinrich Bartel vermisst den Gottesdienst zum Weihnachtsfest. Sein Satz dürfte mit scharfer Ironie geschrieben worden sein.

Die Bescherung fällt ja nicht so großartig aus, da nicht viel zu haben ist. 10 Paar Hosenträger, 30 Paar Einlegesohlen und Blei- und Tintenstifte werden vom Batterieführer ausgeteilt.

Außerdem gibt es a Mann

* ¼ Pfund Honig,
* ½ Paket Keks,
* 2 Zigarren und
* 2 Zigaretten.

Am zweiten Feiertage ist morgens zwei Stunden Dienst, dann ist frei. Am zweiten Weihnachtsabend bekomme ich das E.K.[315]

---

[315] E.K. = Eisernes Kreuz, eine besondere Auszeichnung für Tapferkeit und furchtlosen militärischen Einsatz. Zur Geschichte des E.K. und zu den Stufungen vgl. *Meyers Taschenlexikon Geschichte in sechs Bänden*, Mannheim 1982, Bd. 2, S. 86.

1918

AM 7. JANUAR haben wir Besichtigung. Weiter ist nichts Neues. Alle Tage ist Geschütz- und Fußdienst.
Dann haben wir Gewehrschießen, mehrere Übungen. Auch wird in Gasmaske geschossen.

HEUTE IST **DER 16. JANUAR:** Der Winter ist etwas strenger geworden. Liegt viel Schnee und sind häufig hoch über 20 Grad Kälte. Vom Verschieben hört man nichts.
Es melden sich viele Leute krank und kommen ins Lazarett.
Gestern kamen unsere Leute vom Einkaufen hinter der Front zurück, doch ist nur wenig zu haben und nur zu furchtbar hohen Wucherpreisen. Z.B. Speck pro Pfund 7 Mark, Butter 7 Mark, geschlachtete Hühner 3-4 Mark, Puten 2.50 Mark.
Heute am 16.1. kommen die zehn Leute zurück, die bei der M.G.A. ausgebildet sind. 12 Tage ausgebildet und in der Besichtigung als tüchtige Leute bezeichnet. Wie es heißt, soll die Batterie zwei M.G. erhalten.

AM 25. JANUAR: Seit mehreren Tagen ist Tauwetter, der viele Schnee schmilzt gewaltig zusammen.

AM 24. JANUAR: (Es) ist eine Fahrübung, einer Besichtigung gleich, durch Major N. Auch ist jetzt täglich Turnen.
Die Batterie hat hier ein M.G. bekommen, woran zwei weitere Bedienungen ausgebildet werden.

* * *

AM 2. FEBRUAR soll morgens Fahrübung sein. Wie wir alle zur Abfahrt bereit stehen, kommt Befehl zum Einrücken, da wir verladen werden sollen. Um 4.00 Uhr fahren wir ab zur Bahn, wo verladen wird.
Wir fahren über Riga und sind abends in Rodepur[316] (an der) Strecke Riga-Petersburg, wo wir ausgeladen werden. Ungefähr 7 km vorwärts kommen wir in ein Lager ins Quartier. Die ersten

---

[316] Lage und lettischer Name konnten nicht ermittelt werden.

Tage ist Ruhe, es werden nur die Quartiere in Ordnung gebracht. Die Unterstände sind gut, auch mit elektrischem Licht versehen. Zu welchem Zweck sind wir hier hergekommen?
Antwort später.

AM 9. FEBRUAR morgens 2 Uhr ist mit der Ukraine Frieden geschlossen und der Vertrag unterzeichnet.[317]
Gleich nachher werden die Verhandlungen in Brest-Litowsk abgebrochen. Trotzki erklärt, die russischen Truppen zurückzuziehen und die wirtschaftlichen Beziehungen sofort einzuleiten.[318]

HEUTE IST **DER 18. FEBRUAR**, wir liegen noch immer im Ruhequartier. Nur ist hier starker Truppen- und Proviantverkehr.

AM 19. FEBRUAR morgens in der Früh ist Abmarsch aller Truppenteile nach vorn. Um 9 Uhr ist die Front erreicht, doch hier gibt es einen langen Halt, bis nachmittags. Dann heißt es, es soll ein Funkspruch von den Russen gekommen sein, worin Lenin und Trotzki den Friedensvertrag unterzeichnen (wollen). Es wird dann in die alten Quartiere zurückgegangen, nur die Geschütze bleiben aufgefahren stehen, mit einer Wache.

AM 20. FEBRUAR morgens früh geht der Vormarsch weiter.

* * *

[317] Es war ein Separatfrieden, den das Deutsche Reich gemeinsam mit seinen Verbündeten Österreich-Ungarn und Türkei mit der Ukraine schloss, nachdem die Ukraine sich im Gefolge der Oktoberrevolution für unabhängig erklärt hatte.
[318] Wichtiger ist, dass Trotzki, der russische Verhandlungsführer, erklärt hatte, Russland sehe den Kriegszustand als beendet an und werde demobilisieren, ohne die deutschen Friedensbedingungen (auf die hier nicht näher eingegangen werden muss) anzuerkennen. Gleichwohl kam es zum Abbruch der Verhandlungen und am 18. Februar 1918 zur Wiederaufnahme der Kriegshandlungen, die nach einem massiven Vormarsch der deutschen Truppen, vor allem auch im Baltikum – Bartel belegt das eindeutig (siehe Eintragung zum 19. Februar) – , dazu führten, dass die Sowjetregierung kapitulierte.

AM 2. MÄRZ: Reval[319], Dünaburg[320] und viele andere große Städte sind schon nach einigen Tagen nach leichtem Widerstand genommen, viele Geschütze und Fahrzeuge erbeutet. Doch noch immer gehen unsere Truppen weiter vor. Die Verhandlungen in Brest-Litowsk sind wieder im Gange. Auch wird mit Rumänien verhandelt[321]. Doch ist noch keine Entscheidung gefallen.
Wir liegen noch im Waldlager an der Petersburger Straße.Auf der Hauptstraße ist sehr starker Verkehr, unaufhörlich fahren Autos und schwere Lastkraftwagen hin und zurück.
Desgleichen kommen seit mehreren Tagen russische Flüchtlinge[322] auf der Hauptstraße herunter gezogen. Auf kleinen Wagen oder Schlitten mit dem Notwendigsten bepackt, fahren sie ihrem früheren Wohnort zu.
Alte Mütter und Kinder oben auf den Fahrzeugen, auch Kühe, liegend auf den Schlitten gebunden, werden mitgeführt. Es ist ein buntes Bild. Doch traurig für leidende Menschen, die viele Tage bei der Kälte ohne rechtes Obdach die Reise verbringen müssen. Die Reisenden sind zum Teil schon im Sommer 1915 bei dem Vormarsch in Kurland geflüchtet.

AM 4. MÄRZ rückt der Rest der Batterie zurück nach Straßdenhof[323], einer Vorstadt von Riga. Wir erhalten hier ein schönes Quartier in einem guten Hause. Das Leben ist hier doch bedeutend angenehmer als im Waldlager. Es sind mehrere Kantinen da, wo es allerlei zu kaufen gibt. Das Beste ist das Soldatenheim. Es gibt daselbst gemütliche Erfrischungs- und Leseräume, wo man es sich ungestört bequem machen kann.
In Straßdenhof bei Riga haben wir viel freie Zeit, so dass wir öfter zur Stadt gehen können. Die Preise sind ungeheuerlich hoch.

---

[319] Die heutige estnische Hauptstadt Tallinn.
[320] Lettisch Daugavpils, also an der Düna (Daugava) gelegen, im Südosten Lettlands.
[321] Die Verhandlungen der Mittelmächte mit Rumänien mündeten in den Frieden von Bukarest am 7. Mai 1918.
[322] Ob es tatsächlich *„russische"* Flüchtlinge waren, bleibe dahingestellt.
[323] Lettisch Strazdumuiza, heute ein Stadtteil Rigas.

* Schuhe kosten bis	240 Mark,
* Pfund Brot	2.00 Mark,
* Seife	6.00 – 7.00 Mark das Pfund,
* 1 Flasche Bier ½l	1.30 Mark,
* Strumpfwolle	22.00 – 35.00 Mark.

AM 3. MÄRZ nachmittags 5.00 Uhr ist der Friede zwischen Deutschland und Groß-Russland unterzeichnet.[324] Livland und Estland sind von unseren Truppen besetzt.[325] Alle Tage ziehen noch russische Flüchtlinge zurück.

AM 30. MÄRZ kommen wir zur Batterie, die in der Nähe von Dorpat[326] liegt, doch nur einige Tage, denn am 2. April werden wir schon verladen und kommen nach dem Westen.[327]

* * *

---

[324] Der „*Friede von Brest-Litowsk*", der letzten Endes ein Diktatfrieden war und den „*Alliierten*", späteren Siegermächten, als ein für das Deutsche Reich verhängnisvolles „*Vorbild*" diente.

[325] Auf seine bisherigen Hoheitsrechte in Polen, Litauen und Kurland verzichtete Russland vollständig zugunsten des Deutschen Reiches, das sich verpflichtete, die Verhältnisse in diesen Gebieten im Einvernehmen mit den Völkern gemäß dem Selbstbestimmungsrecht zu regeln. Wie das geschah, bleibt hier ausgeklammert.

[326] Das ist der deutsche Name der estnischen Universitätsstadt Tartu.

[327] Mit dem Waffenstillstand an der Ostfront und dem Frieden von Brest-Litowsk konnte sich das Deutsche Reich, der unheilvollen Zweifrontenlage weitgehend ledig, auf den „*Westen*" konzentrieren. Es erfolgten deshalb massive Truppenverlegungen von der Ostfront an die Westfront. Bartels karge Eintragung lässt die militärstrategische Bedeutung des Vorgangs und den logistischen Aufwand allenfalls ahnen. Im Westen hatte Ludendorff im März die „*Jetzt oder nie*"-Offensive der deutschen Truppen ausgelöst, Verstärkungen jedweder Art waren willkommen und bitter notwendig.

AM 9. APRIL mittags werden wir in Schirmeck (Vogesen)[328] ausgeladen und kommen nach 1½ Stunden Marsch ins Quartier in einem kl. Dörfchen (Wackenbach).
Auf der achttägigen Fahrt werden wir gut verpflegt. Es ist eine schöne Fahrt. Herrliches Wetter, das Land sieht großartig aus und überall winken und grüßen uns die Leute freundlich zu, aber auch hier in den Vogesen sind die französischen Einwohner sehr freundlich.[329]
Nach eintägigem Marsch sind wir an der Front. In Grandrupt, einem kleinen Dörfchen, kommen wir ins Quartier in der Nähe von Heiligblasien[330]. Die Geschütze gehen in Stellung auf einem hohen Berg, was schon große Schwierigkeiten macht, wie überhaupt das ganze Bergsteigen sehr anstrengend ist.

AM 15. APRIL kommt Befehl, in Köln neue Geschütze abzuholen. Es wird ein Kommando von 20 Mann bestimmt, wo ich auch mit bei bin.

AM 17. APRIL kommen wir in Köln an, erhalten Quartier in der Stadt, Essen in der Verpflegungsanstalt ist ganz gut, gibt satt.

AM 18. übernehmen wir die neuen verlängerten 15cm F.H.13[331], dann haben wir Ruhe bis auf weiteres, nur Wache.
Im Depot gibt es viel zu sehen. Alle Gebäude sind voll neuer Geschütze und viele der schwersten Kaliber stehen draußen, Mörser, schwere Langrohr-Motorgeschütze und auch eine Reihe 42er, alles fertig zum Ausfahren.[332]

---

[328] Stadt und Bahnstation westlich Straßburgs am Fuße der Vogesen.

[329] Möglicherweise hat Bartel nicht bedacht, dass *„in den Vogesen"*, die seinerzeit noch Teil des Reichslandes Elsass-Lothringen waren, neben den *„französischen Einwohnern"* auch ein hoher Anteil deutschsprachiger und das Deutsche Reich präferierender Bewohner lebte.

Im übrigen fällt das relativ bescheiden daherkommende Wort *„freundlich"* auf. Viele mögen noch an den Kriegserfolg geglaubt haben, aber im Vergleich zur Truppenverlegung, die Bartel Ende 1914 beschrieben hat, ist nun von einer Jubelstimmung nichts zu spüren.

[330] Das ist das heutige Saint-Blaise-la Roche, südlich der Bahnstation Schirmeck gelegen.

[331] Die Buchstaben und Zahlen stehen für Feldhaubitze 13 des Kalibers 15cm.

[332] Es dürfte sich um die Rüstungsfabrik in Köln-Deutz gehandelt haben, um den Ort also, wo später die Firma Klöckner-Humboldt-Deutz Maschinen, Motoren und Lastwagen produzierte und wo heute die Motorenfabrik Deutz angesiedelt ist.

AM 20. APRIL übernehmen wir noch 7 Batterien, werden sofort alle verladen und fahren abends um 11.00 Uhr ab mit zehn schweren Batterien über Lüttich, Namur bis Jurbise, Nähe von Brüssel.[333]

AM 21. APRIL abends um 11.00 Uhr kommen wir an, unsere eigenen drei Batterien müssen wir fürs Bataillon sofort ausladen. Alle anderen werden von den dazugehörigen Truppen ausgeladen. Wir kommen dicht am Bahnhof in eine Baracke ins Quartier für die Nacht. Am anderen Morgen holen unsere Pferde, die schon Tags zuvor aus den Vogesen hier eingetroffen sind, unsere Geschütze ab.
Nach 12km Marsch kommen wir in einem Dorfe ins Bürgerquartier, bekommen ein schönes sauberes Zimmer. Die Leute sind sehr nett und uns sehr behilflich, waschen unsere Wäsche und stopfen auch unsere Strümpfe, holen uns auch verdeutschte Bücher[334], (auf) dass wir uns besser verständigen können.
Die Verpflegung ist noch gut, auch auf der Reise gibt es schöne frische Butter und Wurst. Die Einwohner bekommen für ein gutes Zimmer jährlich 300 Francs Miete.[335]

---

[333] Jurbise liegt 13km nördlich der belgischen Stadt Mons (Bergen), *„Nähe von Brüssel"* ist ein wenig irreführend.
[334] Vermutlich handelte es sich um deutsch-französische Wörterbücher oder Grammatiken.
[335] Diese Passage dürfte einen hohen Informationswert haben. Jedenfalls überrascht das geschilderte Verfahren, Quartiere zu organisieren.

AM 20. APRIL werden wir, das Kommando von 20 Mann, neu eingekleidet, es gibt gute Sachen.

AM 23. APRIL fallen zwei Pferde um und sind tot, sie sollen von einer fremden Tanne gefressen haben. Am 24. April wird dann von allen Pferden Blut entnommen zur Untersuchung.

(Heute) bekomme ich Nachricht, dass mein lieber Bruder Karl schwer verwundet sei, ein Sprengstück in die Schläfe, aber weiter keine Nachricht. Der Herr erbarme sich seiner. Er ist unser Trost und (unsere) Hilfe in trüben Stunden und führt alles wohl hinaus. Ihm sei herzlicher Dank.[336]

AM 24. APRIL werden unsere alten Geschütze und mehrere schlechte Wagen abgegeben.

* * *

---

[336] Die Nachricht erreichte ihn erst etwa vier Wochen nach der Verwundung, an der sein Bruder Karl noch am selben Tage gestorben ist. In seinen Tagebuchnotizen erwähnt Heinrich Bartel den Tod des Bruders an keiner Stelle, lediglich in seinen Lebenserinnerungen ist er vermerkt. Wir kennen aber das genaue Todesdatum aus einem Brief, den seine Mutter ihm am 5.5.1918 schrieb. Aus diesem Brief sei eine Passage zitiert, die in ihrer einfachen, ungekünstelten, gleichwohl sehr anrührenden Sprache für Millionen von ähnlichen kriegsbedingten Lebensumständen zu sprechen vermag: *„Von unserem lieben Karl weißt Du doch, dass er am 21.3. gefallen ist. Es ist ein schweres Überstehen, aber man muss sich in Gottes Fügung schicken. Lust zu leben und zu arbeiten hat man nicht mehr, wenn man zwei liebe, gute Jungen hingeben muss. Aber man muss den lieben Gott nur bitten, dass er Euch beiden nur das Leben schenkt und Ihr gesund wieder heimkehrt“*. Sie meinte mit *„Euch beiden“* Heinrich Bartel und dessen Bruder August.

Frau Bartel teilte ihrem Sohn dann auch mit, dass sie aus dem Brief eines Kriegskameraden erfahren habe, *„dass unser lieber Karl von seinem Tod nichts gespürt hat. Sie haben ihn zum Verbandsplatz gebracht und nach zwei Stunden ist er gestorben. Lieber Heinrich, unser lieber Karl ist wohl dran, er braucht nicht mehr zu kämpfen und zu quälen, keine Angst mehr aufzustehen, aber es tut so weh, er war zu gut... Es ist hart zu tragen, aber wir wollen Gott danken, dass er einen schönen Tod gehabt hat.“* Sie schließt mit den Sätzen: *„Der Herr möge uns helfen tragen. Auf ein baldiges Wiedersehen“*. Fast gegen alle Erfahrung und Wahrscheinlichkeit bleibt das Gottvertrauen ungebrochen, die Hoffnung auf das Wiedersehen mit den zwei noch lebenden Söhnen wird zur einzigen verbliebenen Lebensbasis, denn sie schreibt: *„Was hat man noch auf dieser Welt“*.

Wie dieser Brief, gleich vielen ähnlichen Inhalts und Tenors, auf einen Soldaten an der Front im Angesicht des Todes gewirkt haben wird, muss Spekulation bleiben. Gleichwohl wird man sich vergegenwärtigen müssen, mit welchen nicht nur körperlichen, sondern auch und zuvörderst psychischen Belastungen das einst so idealisierte *„Fronterlebnis“* inzwischen einherging.

Nachdem wir am **3. MAI** auf dem Schießplatz unsere neuen Geschütze nochmals eingeschossen haben, kommt am 4.Mai Befehl, dass die Batterie am 5.Mai verladen wird.[337]

AM 5. MAI mittags fährt die Batterie in ...[338] bei Mons ab und wird in Jurbise um 2.30 Uhr verladen. Nach längerer Fahrt sind wir um 5.00 Uhr am Ziele und werden ausgeladen.[339]

In einer Vorstadt von Laon[340] kommen wir ins Quartier. Bleiben in Reserve, die Front ist ruhig. Nur wird der Bahnhof von Laon viel beschossen.

---

[337] Diesem Satz vom 03.05. hat Bartel die Anmerkung *„Fortsetzung von Mai 1918“*, mit der er ein weiteres Notizbuch eingeleitet hat, vorangestellt. Weshalb seit dem 24. April keine Eintragungen vorliegen, muss ungeklärt bleiben.

[338] Der Name hat nicht entziffert werden können; möglich ist Thiausier. Es handelt sich jedenfalls um einen französischen Ortsnamen. Da Bartel des Französischen nicht mächtig war, wird er zwangsläufig Probleme gehabt haben, den Namen korrekt niederzuschreiben.

[339] Also um 14.30 Uhr bzw. um 17.00 Uhr.

[340] Damit hat der Soldat Bartel im staatsrechtlichen Sinne zum ersten Mal französischen Boden betreten. Die Front verläuft also im Mai 1918 noch in Nordfrankreich. Im Raum Laon, wo ursprünglich starke französische Befestigungswerke existierten, waren derweil deutsche Befestigungslinien (vorgezogen *„Siegfried“*, rückwärtig *„Hermann“*, *„Hunding“*, *„Kriemhild“*) angelegt worden. In der Nähe sind der berühmte Chemin des Dames und der Fluss Aisne, der einer Schlacht im September 1914 im Kontext der Marneschlacht den Namen gegeben hat. Nicht weit entfernt auf belgischem Staatsgebiet bei Avesnes hatte die deutsche Oberste Heeresleitung (OHL) 1918 nach dem Frieden von Brest-Litowsk und dem Wegfall der Ostfront ihr Hauptquartier, das als Folge des Vormarsches der alliierten Truppen am 5. September 1918 nach Spa in den nördlichen Ausläufern der Ardennen unweit der deutschen Grenze verlegt wurde.

Seit März/April 1918 hatte es bei Arras heftige Offensiven der deutschen Armeen gegeben, um die französischen Truppen von den britischen zu trennen und diese an den Ärmelkanal zu drücken und zur Aufgabe zu zwingen. Dieses Ziel wurde bei schwersten Verlusten auf beiden Seiten verfehlt, vielmehr war die fast vollständige Erschöpfung großer Teile der deutschen Armeen die Folge, die obendrein durch das nun Wirkung entfaltende massive Eingreifen amerikanischer Einheiten und vor allem den verstärkten Einsatz der Panzerwaffe *(„Tanks“)* seitens der Briten und der Amerikaner demoralisiert wurden und die vorderen Verteidigungslinien in Flandern und Nordfrankreich schließlich nicht mehr halten konnten.

Mit diesen Anmerkungen ist der Hintergrund der nun folgenden Eintragungen Heinrich Bartels skizziert.

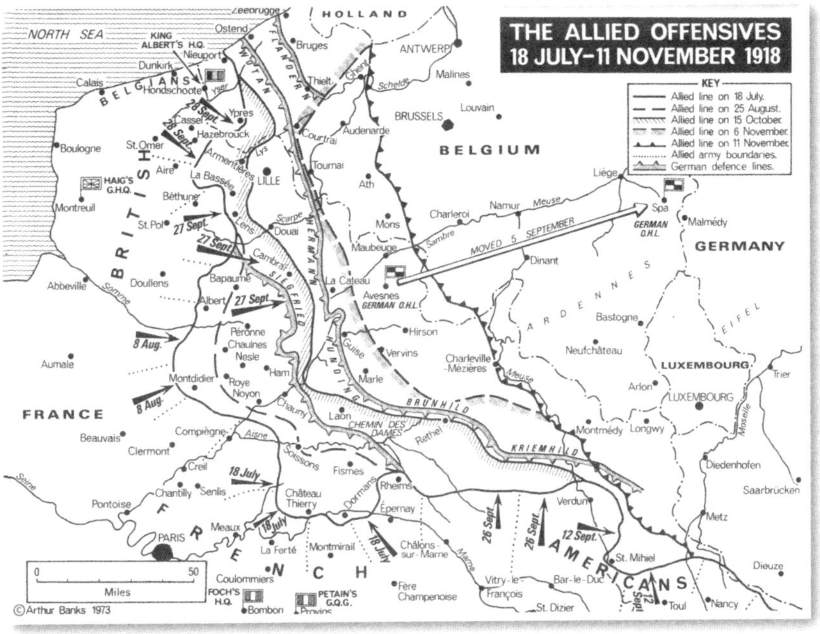

AM 9.5., HIMMELFAHRT,[341] beginnt der Munitionstransport zur Front. Es sollen viele hunderttausend Schuss hingeschafft werden. Das gibt eine sehr schwierige Arbeit, da die Straßen furchtbar zerschossen sind und die neuen Stellungen einen Teil auch voll von Trichtern sind. Dazu kann nur in der Nacht gefahren werden. Auch bei Regenwetter gibt es keine Ausnahme.

AM 18. MAI: Wir sind gegen Typhus geimpft. Der Urlaub soll mehrere Monate gesperrt sein.[342]

341 Im Tagebuch Heinrich Bartels steht „*8.5.*". Das ist aber objektiv falsch: Der Himmelfahrtstag 1918 war am 9. Mai. Deshalb ist auch seine nachfolgende Angabe „*19. Mai, Pfingsten*" mit der Zeitdifferenz von 10 Tagen richtig. Da er sich gezielt auf den Himmelfahrtstag beziehen wollte, ist die Korrektur des Datums erfolgt.

342 Es handelte sich um ein zwangsläufiges Nebenprodukt der bereits eingeleiteten deutschen Großoffensive.

AM 19. MAI, PFINGSTEN: Der Verkehr geht ununterbrochen weiter. Jede Nacht gehen viele Batterien in Stellung, vom kleinsten (Kaliber) bis zu den 42 cm und anderen schweren Motorbatterien.
Alles, was man sieht, deutet auf einen großen Kampf hin. Die Batterien stehen bis dicht hinter unserer Infanteriestellung. Unsere Batterie steht 1800m vom feindlichen Graben (entfernt) und ist am 17.5.1918 in Stellung gegangen, es bleibt nur eine Wache da bis zum Angriff, alle anderen Leute werden zum Munitionsfahren verwendet. Die Front ist ruhig.[343] Nur die Stadt Laon wird dauernd abwechselnd beschossen, besonders der Bahnhof.

Am zweiten Pfingsttag, 20.5.1918, muss ich zum Batterieführer kommen, da ein Gesuch für mich da ist, um mich aus der Feuerlinie zu entlassen, da meine lieben Brüder gefallen oder noch nicht ausgeheilt sind.[344]

---

[343] Man wird unwillkürlich an die Redewendung *„Ruhe vor dem Sturm"* erinnert; man sollte sich aber genauso vergegenwärtigen, dass es für die Soldaten eine gespenstische, nervenzehrende Ruhe war.

[344] Es muss Spekulation bleiben, gleichwohl drängt sie sich auf: Heinrich Bartel hat dieser rücksichtsvollen Entscheidung vielleicht sein Überleben des Ersten Weltkriegs zu verdanken – und wir verdanken ihr seine Tagebuchnotizen und Erinnerungen. *„Noch nicht ausgeheilt"* muss wohl so gelesen werden, dass Heinrich Bartels Bruder August zu dem Zeitpunkt nach einer Verwundung „auf Genesungsurlaub" war, wie ein Brief der Mutter an ihn vom 7.7.1918 erkennen lässt.

Aus diesem Brief geht zudem hervor, dass die Eltern das *„Gesuch"* eingereicht hatten: *„Wir dachten immer, Du wärst zurückgekommen. Aber leider ist das Gesuch abgeschlagen"*. Nicht völlig, wie wir erfahren haben.

In ihrer tiefen Betrübnis fuhr sie fort: *„Lieber Heinrich, wir können leider nichts dran machen. Es tut mir sehr leid, aber der liebe Gott mag Dich bewahren, sonst möchte ich an das Elend nicht denken. Der liebe Gott möchte mich doch erst abrufen, doch hoffe ich fest, dass Du, lieber Heinrich, wiederkommst. Der liebe Karl hat so oft geschrieben, er wolle gern für Euch sterben, wenn ihr man wiederkämt. Er ruht sorgenlos schon über drei Monate und wir (sind) in großem Schmerz. Doch nicht verzagen."* Und sie beendete ihren Brief mit den Sätzen: *„Hier ist alles munter. Ich habe bloß Angst vor der großen Offensive. Der liebe Gott mag Dir gnädig sein"*.

Auf diese *„große Offensive"* geht Heinrich Bartel dann sehr detailliert ein; das elterliche *„Gesuch"* hat ihn davor bewahrt, in vorderster Front eingesetzt zu werden.

AM 23. MAI. Das Heranschaffen der vielen Batterien wird immer gewaltiger. In jedem kleinen Wald und Dorfe lebt es von Militär. In der Nacht ist die Fliegertätigkeit sehr lebhaft. Die feindlichen Bombengeschwader werfen auf Laon und Umgebung schwere Bomben ab.[345]
In letzter Nacht wurde(n) die kleine Vorstadt Ardon, unsere Quartiere des ganzen Bataillons und andere mehr von (der) feindlichen schweren Artillerie stark beschossen. Es gibt Tote und Verwundete, desgleichen bei Pferden.
Die Mannschaften ziehen die Nacht aus ins Freie. Gegen Morgen wird es ruhig. Die folgende Nacht ist dasselbe. Unsere Batterie hat keine Verluste als zwei verwundete Pferde.

AM 24. MAI ist eine neue Einteilung und ich komme aus der Geschützbedienung raus.

AM 25. MAI fahren wir, 23 Mann, mit der Bagage zwei Tagemärsche hinter die Front zurück.[346]

In letzter Zeit verlebte ich herrliche Stunden mit meinem treuesten Freunde Egemann in Jesu Christi und treuer Liebe. Welch selige Herrlichkeit kann man doch erfahren, im Blick auf unseren lieben Heiland, auch in Not und schwerer Zeit. Möchten es alle Leute wissen, dann würde mancher noch ein Christ.
Laon im Mai 1918.[347]

AM 27. MAI morgens früh setzt das gewaltige Artilleriefeuer ein. Wir sind im Biwak, liegen in einem großen Obstgarten unter den Apfelbäumen. Es ist kein einzelner Schuss zu hören als nur ein furchtbarer Wirbel. Wie es hell wird, lässt das Feuer nach. Wir haben nochmals wieder Marsch, in Vervins erfahren wir schon, dass die ganze Höhe des Chemin des Dames gestürmt und in unserer Hand ist. Wir kommen in Fontaine bei Vervins, unserem Bestimmungsorte, an, schlafen noch eine. Nacht im Obstgarten. Dann kommen wir den nächsten Tag bei

---

[345] Die erhebliche alliierte Luftüberlegenheit kommt hier ansatzweise zum Ausdruck.

[346] Bartel ist also beim Tross und damit hinter der Front eingesetzt.

[347] Wie von Bartel in seinem Notizbuch eingetragen, ist diese Passage mit ihren sehr persönlichen Bekenntnissen, die so etwas wie die Summe seines Frontdaseins beinhalten und vielleicht auch als Vermächtnis gedacht waren, von einem bestimmten Datum losgelöst abgedruckt worden.

den Einwohnern ins Quartier, bekommen ein gutes Zimmer. Unsere Verpflegung ist hier sehr gut.[348]
Es ist hier eine herrliche Gegend, fruchtbares Ackerland und Wiesen. Die Dörfer liegen schön in den Tälern. Überall sieht man die großen Obstgärten, mit Hecken umgeben, worin das schöne starke Vieh geweidet wird.[349]
Der Krieg ist den Einwohnern eine furchtbare Last, da ihnen fast alles genommen ist. Nur hat jeder einen kleinen Gemüsegarten. Durchweg müssen sie alles abgeben.
Bekommen von der Heeresverpflegung und müssen für unsere Verwaltung arbeiten, wofür ihnen ein niedriger Lohn gezahlt wird.Die Einwohner sind sehr anständig und freundlich gegen uns. Wir wohnen bei zwei alten Leuten, mit denen wir gut auskommen. Häufig bringt uns die alte Mutter einen Teller voll dicke schöne Erdbeeren, einen Korb voll Salat, auch öfter eine Flasche Wein zum Mittagessen. Der alte Vater schenkte öfter bei Gelegenheit ein Glas Wein ein.
Nur kann man sich mit den Leuten schlecht verständigen.[350]

* * *

AM 20. JUNI kommt Nachricht, dass die Bagagen wieder zu ihren Truppenteilen zurück sollen[351]. Abmarsch ist noch nicht bekannt.

AM 26. JUNI Abmarsch, da die Batterie auch in Ruhe und zurückgekommen ist, treffen wir schon am Abend in der Nähe von Laon mit ihr zusammen. Sie liegt in einem großen alten französischen Lager. Es wird uns über alles berichtet, was auf dem Vormarsch geschehen ist: Die Batterie hat 22 Mann Verluste, ein Leutnant tot, 2 Mann schwer verwundet, die anderen leicht. Dazu ist eine große Zahl Leute erkrankt an einer unbekannten

---

[348] Bartel befindet sich, nun dem Tross zugewiesen, immer noch in Nordfrankreich!
[349] Diese Beschreibung einer bukolischen Landschaft wird dem vom Kriege zermürbten, vom friedvollen, im Einklang mit der Natur ablaufenden Leben auf dem Lande aber weiterhin geprägten Soldaten Bartel ein Herzensanliegen gewesen sein.
[350] Was Bartel soeben geschildert hat, will überhaupt nicht in das Bild passen, das gewöhnlich gezeichnet wird, um die grauenvolle Realität des Ersten Weltkriegs widerzuspiegeln.

In ihrer Einzigartigkeit und Aussagetiefe mögen die Sätze für sich sprechen!
[351] Dies bedeutet, dass Bartel wieder zur Front verlegt wird. *„Zurück“* heißt also nach vorn!

Krankheit, die sich bei einigen schon wieder gelegt hat.
Doch man muss staunen, dass sich trotz aller Not und Gefahr viele Leute Sachen bei dem Durchbruch angeeignet haben. Viele große Kisten und Pakete werden abgeschickt. Was ist das für ein böser Geist. Möchten wir doch unseren Blick nach oben lenken, zu unserem lieben himmlischen Vater, der uns doch auch für Kleidung sorgt und alles andere Nötige.[352]
Auch in Vervins bei Fontaine[353] herrscht ein böses Treiben, ein sehr unkeusches Leben, das man nicht für möglich gehalten hätte.[354]

AM 30. JUNI: Viele Leute der Batterien bleiben im neuen Lager zurück, die die Krankheit noch nicht überwunden haben oder erst noch erkrankt sind.

Die Batterie rückt zur Front ab. Es wird die Nacht marschiert. Bei Tagesgrauen wird in einem zerschossenen Wäldchen Biwak bezogen und den Tag über geruht.
Auf dem Marsche ging es durch die furchtbaren Trümmer, die durch die letzte Offensive und auch (jene) von früheren Zeiten angerichtet waren. Es sind traurige Bilder. Alles ist ruiniert, ganze Dörfer, Äcker und Wälder.

* * *

[352] Die vorstehenden Zeilen sind bewusst separat gesetzt worden. Auch sie sollen für sich sprechen!
[353] Hier liegt ein kleines Versehen vor. Bartel meinte Fontaine bei Vervins, wie weiter oben.
[354] Dieser sehr bekenntnishafte Satz ist im Grunde nichts anderes als ein Spiegel des Gesamtbildes, das der Krieg bei Heinrich Bartel eingraviert hat.

HEUTE AM 1. JULI fahren dauernd Batterien zur Front, schwere und leichte, desgleichen in der vergangenen Nacht. Die Straßen sind voll von Militär, woraus zu schließen ist, dass wieder ein Angriff bevorsteht.

Infolge der Trockenheit ist ein gewaltiger Staub, so dass man nur graue verdreckte Gestalten sieht.
Möchte der Krieg doch bald ein Ende nehmen, damit das furchtbare Elend aufhört.[355]

AM 5. JULI: Nachdem wir noch zum zweiten Mal Biwak bezogen haben und die Nächte hindurch marschiert (sind), sind wir in der Nähe rechts von Reims angekommen[356]. Wir liegen in einem Walde unter Zelten, die Front ist ziemlich ruhig und von Fliegern sind wir noch nicht belästigt.

Viele einzelne deutsche Gräber liegen zerstreut im Walde umher, viele ohne Namen, die von den letzten Kämpfen herrühren. Ich bin seit dem Abmarsch bei Laon zu den Wagenbedienungen eingeteilt, nicht mehr zum Geschütz.[357]

AM 14. JULI[358] abends kommt Befehl zum Abrücken in die Stellung. Bis zur Front sind vier Stunden Marsch. Die Fußmannschaften werden bis zur letzten Höhe gefahren, da das Gelände von da ab vom Feinde einzusehen ist, (es) wird da

---

[355] An keiner Stelle seiner Tagebuchnotizen hat Bartel seiner tiefen Friedenssehnsucht so knapp und gleichzeitig so eindringlich Ausdruck verliehen wie in diesem Satz. Noch wichtiger aber ist: Wir können sicher sein, dass hier ein einzelner Soldat für Millionen seiner Kriegskameraden geseufzt hat.
Als Herausgeber kommt man nicht umhin, darauf hinzuweisen, dass selbst bedeutende evangelische Theologen wie Martin Rade, immerhin Herausgeber der Zeitschrift >Christliche Welt<, ganz im Einklang mit dem überhöhten Verständnis der Verbindung von Thron und Altar, der nach der Anfangseuphorie sich einstellenden und verstärkenden Friedenssehnsucht entgegenhielten, diese werde zum *„Unrecht, wenn sie Gott abtrotzen möchte, wofür die Zeit noch nicht reif ist"*. Das schrieb er 1915. War die Zeit jetzt, im Sommer 1918, endlich reif? Es löst mehr als Erstaunen aus, wenn Otto Dibelius, Pfarrer in Berlin und nach 1945 Ratsvorsitzender der EKD, noch Anfang Oktober 1918 postulierte, wer für sein Volkstum kämpfe und für sein Volkstum alles opfere, *„der erfüllt Gottes Gebot... Wer ein Christ sein will, dem muss sein Volkstum über alles gehen in der Welt"*. Vgl. Heinrich August Winkler, a.a.O., S. 336.
[356] Also westlich der Stadt Reims am Chemin des Dames, wo die berühmt-berüchtigte *„Siegfriedlinie"* ihr südöstliches Ende hatte.
[357] Man denke an das *„Gesuch"* der Eltern.
[358] Es ist der französische Nationalfeiertag!

gewartet, bis es dunkel wird. Nur einzeln können die Leute hinüber, werden aber auch dann noch von der feindlichen Artillerie beschossen.
10.30 Uhr kann alles frei gehen, es drängt auch schon gewaltig von allen Seiten.
Die Straßen sind übervoll. Stundenweit hält Fahrzeug an Fahrzeug. Bald nach 12.00 Uhr sind wir in der Stellung. Um 1.10 Uhr soll das Trommelfeuer zum Angriff beginnen.[359]
Der Feind hat Straßen und Dörfer abwechselnd unter Feuer, auch die Stellungen, überall, wo sich was zeigt, und die ganze Gegend ist mit Artillerie vollgestopft. Jetzt müssen die Batterien eingerichtet werden und die Geschütze feuerbereit gemacht werden. Da geht es nicht ohne Licht, überall sieht man Lichter flackern und das auf eine Entfernung von 1300m und weniger. Es dauert auch kaum einige Minuten, da schlagen Granaten in unsere Stellung ein. Die Leute laufen auseinander und nur unter großen Schwierigkeiten können die Geschütze eingerichtet werden. Doch wir bekommen zu viel Feuer und werden nicht bis zur bestimmten Zeit fertig und schon löst sich das Feuer aus allen Geschützen. Man sieht nur das Aufblitzen, sonst (vernimmt man) nur ein Rummeln als ob die Hölle los sei, ein tieftrauriger Anblick.
Dem Herrn sei Dank, dass Er mir ein festes Herz geschenkt hat, das im Vertrauen auf Ihn stille ist und sich geborgen fühlt. Viel, viel Dank sei dem Herrn dafür, denn es ist zu herrlich, sich in solcher Not sicher zu fühlen.[360]
Wie viel Leute sieht man fast vor Schrecken starr.
Sowie das gewaltige Feuer einsetzt, hört das feindliche auf, nur einzelne Schüsse kommen noch herüber, besonders aus schweren weittragenden Geschützen. Bei Tagesgrauen geht unsere Infanterie vor und nimmt die erste Stellung. Bald nachher kommen die ersten Gefangenen, es sind

---

[359] Also um 13.30 Uhr. Das könnte auf die *„große Offensive"* hindeuten, vor der Bartels Mutter, wie sie in ihrem erwähnten Brief vom 7. Juli bekundete, *„Angst"* hatte.

[360] Diese Passage erinnert an ein Stoßgebet: Trotz aller Verzweiflung, die durchscheint, bleibt das Vertrauen Heinrich Bartels in seinen Schöpfergott ungebrochen und vermag sich in erstaunlich poetischer Wortwahl mitzuteilen. Bemerkenswert ist zudem, dass die Fürwörter, mit denen er auf Gott Bezug nimmt, tatsächlich mit Großbuchstaben beginnen.

Italiener[361]. Mit freude-strahlenden Augen kommen sie gelaufen, und man freut sich mit ihnen, dass sie lebend davon gekommen sind.
Es sollen auch Franzosen und schwarze Gefangene[362] gemacht sein. Das Feuer dauert bis 10.30 Uhr, dann wird's ruhiger. Es geht alles vor. Doch wie es scheint hat der Feind alles früh genug gemerkt. Seine Artillerie fängt wieder gut an und unsere Infanterie kommt nur noch wenig oder gar nicht vor, so ist es bis heute am 18.Juli 1918.[363]
Ein trauriges Bild geben die vielen Leichen der Gefallenen von dem vorherigen Angriff im Juni. Unbegraben liegen die Toten in Feld und Dörfern, bei dieser Julihitze. Der Kampf ist zum Stehen gekommen. Beiderseits erfolgen starke Angriffe mit vorhergehendem Trommelfeuer, doch wird nichts erreicht.[364]

AM 21. JULI morgens haben wir durch Streufeuer in der Protzen-Sammelstelle 2 Tote und 7 Verwundete, ein Pferd tot, mehrere verwundet. In der Nacht zum 22.7. 10 Pferde tot und einige verwundet.
Der Halteplatz wird nochmals weiter rückwärts verlegt.

AM 26. JULI: Die Protzen-Sammelstelle ist noch drei km zurück gelegt. Hier ist‘s ziemlich ruhig, ist 3½ Stunden von der Stellung. Die Batteriebedienungen haben keine Verluste.

* * *

---

[361] Mit dieser eher beiläufig erfolgten Notiz wird deutlich, dass im Sommer 1918 auch italienische Einheiten in Nordfrankreich zum Einsatz kamen, ein Phänomen, das in der Geschichtsschreibung relativ wenig beachtet worden ist.

[362] Das soeben Ausgeführte gilt mutatis mutandis auch hier. Die Alliierten, vornehmlich Frankreich und Großbritannien, die wichtigsten Kolonialmächte, hatten von Anfang an auch Soldaten aus ihren Kolonien im Einsatz, also kann es nicht überraschen, dass auch *„schwarze Gefangene“* gemacht wurden. Für Bartel ist das immerhin noch, und auch das darf nicht überraschen, eine besondere Erwähnung wert.

[363] Erneut liefert Bartel den Beweis, dass er, was er an der Front unmittelbar erlebt hat, auf Grund der Umstände einige Tage später *„aus der Erinnerung“* niedergeschrieben hat, wenn sich dazu ein winziges Zeitfenster öffnete. Das wiederholt sich nun einige Male.

[364] Es ist die Formulierung *„doch wird nichts erreicht“*, die besondere Aufmerksamkeit verdient. Mit dieser für sich betrachtet dürren Eintragung vermochte er das Gesamtergebnis der jahrelangen Materialschlachten einzufangen, das Sinnlose des Krieges, das Widersinnige, die Absurdität des Tötens in den Befestigungslinien.

AM 1. AUGUST abends werden die Geschütze herausgezogen, obwohl die Stellung unter feindlichem Feuer lag und dabei leider unser Batterieführer und 4 Mann den Tod fanden, dazu mehrere Verwundete, schwere und leichte.
Ein Wagen wird getroffen, dessen Pferde wir nicht wiedersehen.
Der nächste Tag ist Ruhetag. Am Morgen werden die Toten geholt, außer einem, der nicht gefunden wurde.
Am nächsten Morgen geht eine Gruppe Leute mit den Leichen nach Laon, wo sie begraben werden.
Die Batterie kommt dann weiter zurück in Ruhequartiere, wo sie noch heute am 8. August liegt.

AM 10. AUGUST geht die Batterie weiter zurück. Hier ist nur 1 Tag Ruhe, da kommt Befehl zum Abrücken in Richtung auf St. Quentin[365], wo wir nach zwei Tagen Marsch in der Nähe der Stadt wieder zur Ruhe kommen und noch heute am 17. August liegen.
In dem zerschossenen Dorfe Remoucourt finden wir noch ganz gute Quartiere.
Inzwischen sind unsere Truppen ein gutes Stück zurückgegangen und haben schwere Verluste erlitten.[366]

---

365 Die nordfranzösische Stadt St. Quentin liegt etwa 50km nordwestlich der mehrfach genannten Stadt Laon, ungefähr auf halbem Wege zu den Städten Cambrai und Arras und 70km östlich der Stadt Amiens.

366 Was Bartel einige Male mit den einfachen Worten *„Batterie weiter zurück"* festgehalten hat, ist nichts anderes als der sich Schritt für Schritt und unumkehrbar vollziehende Rückzug der deutschen Einheiten auf rückwärtige Befestigungslinien als Folge der verlustreichen Schlacht bei Amiens an der Somme. Den Briten gelang am 8. August mit 450 Tanks ein tiefer Einbruch in die deutsche Verteidigungslinie zwischen Amiens und St. Quentin. General Ludendorff nannte diesen 8. August den *„schwarzen Tag des deutschen Heeres"*.

Die großangelegte, von vollmundigen Ankündigungen begleitete Generaloffensive des Frühjahrs 1918, die *„Jetzt oder nie-Offensive"*, war gescheitert, das deutsche Heer war in der Defensive, demoralisiert und kaum noch verteidigungsbereit, wie Bartels folgende Sätze unzweideutig belegen. Im September konnten die Alliierten erhebliche Geländegewinne erzielen, die Siegfriedlinie konnte nur unter großen Verlusten gehalten werden, das Hauptquartier der OHL wurde, wie bereits erwähnt, am 5. September nach Spa verlegt, am 29. September erging von der OHL in einer panikartigen Reaktion auf die Frontlage die Forderung an Reichsregierung und Kaiser, sofort bei den Alliierten um Waffenstillstand nachzusuchen. Das Gesuch wurde unter Bezugnahme auf dessen 14-Punkte-Programm, auf das hier nicht näher eingegangen werden kann, an US-Präsident Woodrow Wilson gerichtet. Als der folgende Notenwechsel mit für das Deutsche Reich gravierenden Bedingungen zu keinem befriedigenden Ergebnis führte, wollte die OHL noch einmal, Ende Oktober 1918, gegen alle

Die Stimmung ist schlecht, da die Leute glauben, dass unsere Regierung aus Gewinnsucht den Krieg fortsetzt.

Unser Quartier wird nochmal gewechselt nach Seboncourt bei Bohain.[367]

Vor Le Cateran, den 17.10.1918

Vor Renoicout, den 22.08.1918[368]

Vernunft auf die militärische Karte setzen.

Ludendorff wurde abgesetzt, es begannen die Meutereien der Matrosen der Hochseeflotte, Anfang November erfassten die Aufstände, denen bereits an zahlreichen Orten Streiks vorausgegangen waren, sozusagen entsprechend vorbereitet durch die erbärmliche Versorgungslage, auch die großen Städte des Reiches. Sie hatten die Abdankung des Kaisers am 9. November, die Ausrufung der Republik am selben Tage und die Unterzeichnung des Waffenstillstandsvertrages in Compiegne in Nordfrankreich am 11. November zur Folge.

Die Kriegshandlungen des Ersten Weltkrieges waren beendet (vgl. *Der Große Ploetz,* S. 728 - 730).

[367] Bohain liegt etwa 20km nördlich St. Quentin.

Die Notiz *„wo wir... noch heute am 17. August liegen“* zeigt sehr eindeutig, dass Bartel immer noch direkt Tagebuch geführt hat. Warum er jedoch seine Notizen mit dieser Eintragung hat enden lassen, kann auch nicht mittelbar erschlossen werden. Es ist deshalb abwegig, irgendwelche Vermutungen anzustellen.

Er hat immerhin an sehr isoliertem Ort, nämlich in einer handschriftlich verfassten Übersicht seiner Einsätze im Ersten Weltkrieg, vermerkt: *„12.11.1918 – 14.12.1918 Räumung der besetzten Gebiete und Marsch in die Heimat“.* Davor findet man die Eintragungen *„2.08-6.09.18 Armee- und Heeresreserve“, „7.9.-26.9.18 Kämpfe vor der Siegfriedfront“, „27.9.-8.10.18......“* sowie *„09.10.-11.11.18 Kämpfe vor und in der Hermannstellung“.*

Aus einem Brief seiner Mutter an ihn vom 27.10.1918 geht allerdings hervor, dass er *„auf Heimaturlaub“* gewesen sein muss: *„Lieber Heinrich, Dein Urlaub ist mir nichts gewesen, kein bisschen Ruhe hast Du gehabt. Wenn doch bloß erst Friede wäre und Du zu Hause bist. Dann hätte man einen, dem man sein Herz ausschütten könnte. So ist nichts mehr los als Kummer und Qualen... Ich hoffe doch, dass Du wiederkommst und wir noch ein paar Jahre zusammen leben können“.*

[368] Diese Einträge stehen, noch dazu in dieser Reihenfolge, völlig isoliert am Ende seiner Aufzeichnungen. Eine Zuordnung ist nicht möglich.

So bleibt die Endphase des Ersten Weltkriegs leider im Grunde eine Leerstelle in den ansonsten ungewöhnlich aufschlussreichen, überwiegend direkt im Kampfeinsatz vorgenommenen Tagebuchnotizen des Soldaten Heinrich Bartel einschließlich seiner *„Erinnerungen“,* die Zeiträume erfassen, in denen er aus unterschiedlichen Gründen daran gehindert war, Beobachtetes und Erlebtes sowie Erlittenes unmittelbar niederzuschreiben.

Wir sollten allerdings aus guten Gründen noch einmal in seinen Militärpass schauen. Unter *„Zusätze zu den Personalnotizen“* findet sich der folgende Eintrag eines Leutnants der Reserve in der Funktion des stellvertretenden Batterieführers (das allein verdient besondere Beachtung!): *„Bartel war seit 3.8.14 bei der Batterie und wurde am 14.12.18 nach Wathlingen (Bez. Kdo. Celle) entlassen.“* Seine Führung wird nunmehr als *„sehr gut“* benotet – man ist versucht, mit bitterer Ironie festzustellen, dass der Krieg ihn von einem guten zu einem

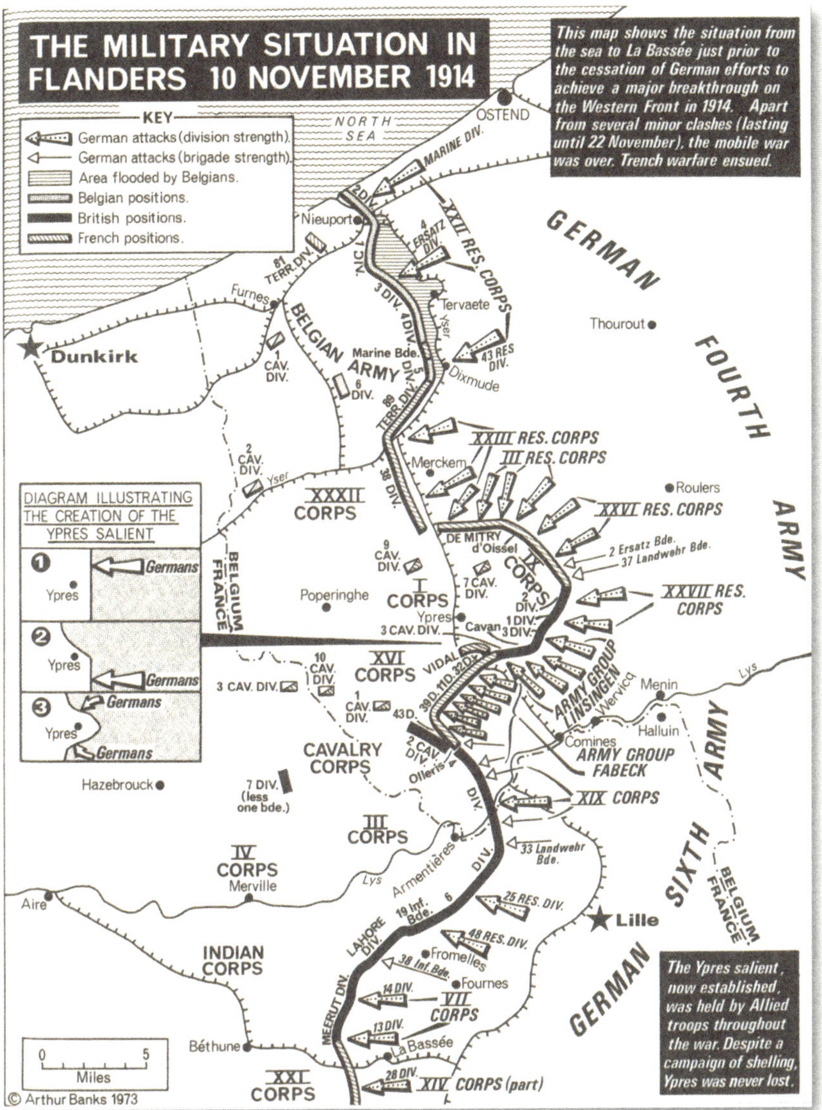

sehr guten Soldaten gemacht hatte. Unter *„Strafen"* steht erneut: *„Keine"*. Und mit dem gebotenen deutschen Ordnungssinn folgt eine Seite später der amtliche Vermerk: *„Angemeldet für Wathlingen. Celle, d. 24.3.1919"*. Die Frage, warum der Vermerk das Datum 24.3.1919 trägt, wird nicht zuverlässig beantwortet werden können. Gewiss aber ist: Heinrich Bartel war aus dem Krieg unversehrt heimgekehrt zu seiner überaus geliebten Familie in seiner ihm vertrauten Gemeinde Wathlingen - mit wertvollen Notizen im Gepäck, die auch nach 100 Jahren nichts von ihrem Rang eingebüßt haben.

Worte des Dankes

Jeder Herausgeber nachgelassener Schriften muss zunächst demjenigen Dank sagen, der ihm die Rolle des Editors überhaupt erst ermöglicht hat.
In unserem Falle ist es der Tagebuchschreiber Heinrich Bartel, der, für diese Annahme spricht einiges, an vieles gedacht haben mag, nur nicht an die Veröffentlichung seiner Aufzeichnungen für ein interessiertes und zugleich dankbares Publikum fast 100 Jahre nach seinen Eintragungen. In seiner Bescheidenheit hielt er nämlich fest, das von ihm Niedergeschriebene sei *„zum Andenken für meine Familie" bestimmt.*
Wenn seine Familie, zunächst vertreten durch seine Tochter, Frau Elisabeth Wrede geb. Bartel, nunmehr durch die Enkelgeneration, mir gleichwohl sein *„Kriegstagebuch"* zur Publikation überlassen, sozusagen freigegeben hat, ändert das nichts an der Notwendigkeit, dass ich zunächst ihm herzlich danke, dem Soldaten, der sein Tagebuch unter schwierigsten Bedingungen hat führen müssen, um es dann sorgfältig aufzubewahren und zu vererben. Er hat einen höchste Anerkennung verdienenden Beitrag zu einem vertieften Verständnis der Lebensumstände eines einfachen Soldaten im Ersten Weltkrieg und zur immer wieder beschworenen *„Erinnerungskultur"* geleistet.
Seiner Tochter Elisabeth Wrede hätte ich gern noch einmal vor aller Öffentlichkeit dafür gedankt, dass sie, mit dem gebührenden Respekt für das angetretene Erbe, die inhaltsschweren Büchlein ihres Vaters in ihrer Obhut gehegt und dann weitergegeben hat.
Ihr Tod vor etwas mehr als einem Jahr hat das verhindert.
Die außergewöhnliche Mühe, mit der sie bereits 2007 fast alle in der Sütterlinschrift vorliegenden Texte in die lateinische Schrift übertragen hat, ist zudem für sich genommen Grund, ihr sehr herzlich zu danken. Ich hatte als Herausgeber dadurch

eine erheblich erleichterte Arbeitsgrundlage, zumal Frau Uta Grams mir dankenswerterweise die rechnergestützte Textbearbeitung ermöglichte.
Frau Wredes Tochter, Frau Claudia Meyer, und ihrem Sohn Reinhard Wrede danke ich für die ohne Zögern aufgebrachte Bereitschaft, mein bereits in Absprache mit ihrer Mutter eingeleitetes Vorhaben zu unterstützen. In diesen Dank seien auch die in Wathlingen wohnenden Enkelinnen Heinrich Bartels, Frau Ruth Hose und Frau Gisela Klüber, eingeschlossen. Sie haben mir im direkten Gespräch manche aufschlussreichen Einzelheiten mitteilen können.

Angesichts der komplexen Materie, die der Erste Weltkrieg darstellt, habe ich fachliche Hilfe in Anspruch genommen. Für wertvolle fachwissenschaftliche Beratung, Korrekturen und Empfehlungen danke ich Herrn Oberstudiendirektor i.R. Dr. Martin Kronenberg und Herrn Oberstudiendirektor Martin Thunich, der, welche Koinzidenz, in Wathlingen zuhause ist und mir auch wichtige Kontakte in den Landkreis Celle hinein eröffnet hat.

Beim Verständnis und in Bezug auf die Einordnung militärtechnischer Begriffe habe ich große Unterstützung durch den Leitenden Regierungsschuldirektor i.R. und Oberleutnant d.Res. Ulrich Harzbecker erfahren.
Meinem Sohn, Dipl. Pol. Univ. Markus Weilandt bin ich für die Überlassung wichtiger Literatur und für weiterführende Recherche im Detail, z.B. auch im Internet, sehr zu Dank verpflichtet. Für die Ermittlung aktueller lettischer Ortsnamen ist die Hilfe der Deutsch-Baltischen Gesellschaft in Darmstadt in der Person des Herrn Siegfried Woith sehr willkommen gewesen.

Ein editorisches Vorhaben, welches ich hier mit diesem Buch verwirklichte, bedarf auch der sicheren finanziellen Grundlage. Meine Bemühungen, für die Druckkosten Unterstützung zu erhalten, sind von verschiedener Seite positiv aufgenommen worden.
Herrn Thorsten Harms, dem Bürgermeister der Gemeinde Wathlingen, wo der Tagebuchschreiber Zeit seines Lebens gewohnt hat, sowie Herrn Bürgermeister Werner Backeberg als

Vertreter der Gemeinde Uetze, wo die Tagebücher seit nun fast vierzig Jahren ihr Zuhause haben, danke ich für vertrauensvolle Zusammenarbeit und die Vermittlung, die zu dem Beschluss ihrer Ratsgremien geführt hat, das Publikationsvorhaben finanziell zu unterstützen.
In gleicher Weise habe ich dem Bundestagsabgeordneten Henning Otte, zu dessen Wahlkreis Celle-Uelzen Wathlingen gehört, sowie dem Landtagsabgeordneten Ingolf Angermann aus Langlingen-Hohnebostel, der Wathlingen im Niedersächsischen Landtag vetritt, für die Hilfe beim Einwerben von Mitteln zu danken.
Die Hannoversche Volksbank hat durch Fürsprache des aus Uetze stammenden Filialdirektors Eckard Paga die Drucklegung unterstützt.
Dankbar bin ich selbstverständlich und nicht zuletzt auch meiner Frau, die mit großer Geduld über viele Monate hinweg ertragen hat, dass ich mich mehr als eigentlich zumutbar in das konzentrierte Lesen und Schreiben zurückzog. Ihr fachwissenschaftlich begründetes Mitinteresse, das mir zudem erlaubte, mich in Einzelfragen zu einschlägiger Fachliteratur an sie zu wenden, war dabei gewiss der ausschlaggebende Faktor, der ihr geduldiges Verständnis auslöste.

Uetze, im März 2014.

KLEMENS WEILANDT

Nachgelesen

Sprachpfusch(er) beim Wort genommen.

Mit diesem Buch und seinem Titel „Nachgelesen“ knüpft Klemens Weilandt an Blütenlese“ an, seine Publikation aus dem Jahre 2008, die sprachkritische „Glossen und so“ enthält und fast ausschließlich positiv rezensiert worden ist.

„Es ist nicht so, dass überpersönliche Mächte für den Unfug verantwortlich wären. Es sind identifizierbare Sprecher, die der Sprache Gewalt antun“.

Jens Jessen in Die ZEIT, 26.07.2007

ISBN 978-3-923976-81-2 € 14,99

Leuenhagen & Paris Lister • Meile 39 • 30161 Hannover
Telefon: 05 11- 31 30 55 • Fax: 05 11- 31 30 10
www.Leuenhagen-Paris.de • email:Leuenhagen-Paris@t-online.de